河流是部文明史

RIVERS of POWER

自然如何决定
文明兴衰与人类未来

How a Natural Force Raised Kingdoms,
Destroyed Civilizations, and Shapes Our World

Laurence C. Smith

[美] 劳伦斯·C. 史密斯———著
周炜乐———译

河流是这个星球的主宰
也是人类赖以生存的根本

中信出版集团 | 北京

图书在版编目（CIP）数据

河流是部文明史 /（美）劳伦斯·C. 史密斯著；周炜乐译 . -- 北京：中信出版社，2022.7
书名原文：Rivers of Power: How a Natural Force Raised Kingdoms, Destroyed Civilizations,and Shapes Our World
ISBN 978-7-5217-2311-3

I. ①河⋯ II. ①劳⋯ ②周⋯ III. ①河流－文化史－世界 IV. ① K928.42

中国版本图书馆 CIP 数据核字（2020）第 201242 号

Copyright © 2020 by Laurence C. Smith. All rights reserved.
Simplified Chinese translation copyright © 2022 by CITIC Press Corporation
ALL RIGHTS RESERVED
本书仅限中国大陆地区发行销售

河流是部文明史——自然如何决定文明兴衰与人类未来
著者：[美]劳伦斯·C. 史密斯
译者：周炜乐
出版发行：中信出版集团股份有限公司
（北京市朝阳区惠新东街甲 4 号富盛大厦 2 座　邮编　100029）
承印者：河北鹏润印刷有限公司

开本：880mm×1230mm 1/32　　印张：11.5　　字数：244 千字
版次：2022 年 7 月第 1 版　　印次：2022 年 7 月第 1 次印刷
京权图字：01-2020-6488　　审图号：GS（2021）1686 号
书号：ISBN 978-7-5217-2311-3
定价：98.00 元

版权所有·侵权必究
如有印刷、装订问题，本公司负责调换。
服务热线：400-600-8099
投稿邮箱：author@citicpub.com

献给令人惊叹的
塞尔玛·阿斯特丽德
和她强有力的水流

目 录

前 言   V

第一章   巴勒莫石碑

两河流域   005
两河流域的方舟   008
辩才天女的秘密   010
大禹回归   012
来自哈比神双乳的知识   016
汉穆拉比法典   019
为所有人共享的河   023
代表影响力的水轮   025
新大陆的河谷   029
乔治·华盛顿的大美国   033

第二章   边境上的河

作为领土边境的河流   045
河流背后的政治私利   048
国家的范围与形状   052
对水域战争的担忧   055
曼德拉也会用轰炸机争夺水源   056
水源，也是天然护卫   058
由"哈蒙主义"衍生的国际合作   060
争夺湄公河   063

第三章　由耻辱和战争故事注解的世纪

- 恐怖的溺水处决　074
- 撕裂美国的南北战争　078
- 中国的"百年国耻"　086
- 扭转战争的河流与矿藏　093
- 英国的惩戒行动　095
- 默兹河和德军的虚招　100
- 越战中的冒死服役　104

第四章　毁坏与新生

- 改变人口构成的洪水　121
- 被冲垮的防洪堤，被重组的政治版图　124
- 扭转中国局势的黄河　134
- 影响美国司法的约翰斯敦洪水　143

第五章　追寻水流

- 修建埃塞俄比亚复兴大坝　155
- 属于大型水坝的世纪　163
- 三项改变世界的水利发明　165
- 人造河流　169
- 加州的北水南调　174
- 大型河流改道计划　177
- 不可忽视的治河代价　184

第六章　河流污染与治理

- 美国的超级基金　193
- 中国的"河长制"　198
- 疾病缠身的水流　200
- 格陵兰岛的里维埃拉　205
- 顶峰水期　209

第七章　随着水流而行

- 再现二战时的大坝摧毁　220

	渴求沉积物	224
	减少危害	226
	未来的水轮	229
	小型水电，广阔中国	232
	被烹煮的蛇头鱼	235
	最"先进"的三文鱼	240
	偶发性的水产养殖	243
	旧河新用	248
	价值 30 亿美元的电池	248
	抽空碗状峡谷	251
	黑暗沙漠公路	254

第八章　渴求数据

	河流的目的	265
	辛苦劳作 vs 冰与火两重天	268
	记录地球的人	271
	戴上你的 3D 眼镜	277
	当大数据遇上全球水域	280
	模型的威力	286

第九章　重新发现河流

	非自然的区隔	293
	自然与大脑	297
	曼哈顿的三个瞬间	300
	全球各地的城市重建	308
	当城市人口变成大多数	319
	拥有力量的河流	325

致　谢		330
参考文献 & 拓展阅读		334

前　言

从最早的几场雨开始，我们的星球就被永久地重塑了。

要不是地球与那颗和火星差不多大小的行星相撞，这些雨或许还能再早 1 亿年左右。当时，剧烈的撞击燃起大火，吞噬了年幼的地球，把它的大部分都烧熔了。行星上断裂的大块岩石，极有可能成了月球的前身。在被撞得坑洼不平的地球表面，岩浆洋猛烈地翻腾着，咆哮着。

之后，原始地表开始冷却。由富含铁质的岩石所组成的地壳，开始在岩浆洋上凝固，更薄的地壳也随之成形，像熔炉里的矿渣一样，在熔岩上漂着。如今被用作低端宝石的锆石，也在那时开始结晶。今天，我们依然可以在澳大利亚、加拿大和丹麦的格陵兰岛的古代岩石中发现它们的遗迹。

澳大利亚锆石出现的时间，最早能追溯到 44 亿年前。这意味着，地球的大陆地壳形成的时间可能比我们预想的还要早得多。也就是说，在约 46 亿年前，地球从由宇宙尘埃和气团所组成的旋涡状星盘中脱胎而出，开始凝固，又过了 2 亿年，就有了地壳。虽然当时因为大撞击，地球上熔岩奔涌，好似炼狱，但我们可以从这些晶体的化学结构中得知，那时至少已经出现了微量的液化水。这一颗颗锆石，好似一台台迷你时光机，我们由此可以对最早的地质年代，也就是冥古宙（取名自希腊冥王"哈迪斯"）和太古宙（源于希腊语"arkhē"，意即"开端"），产生些许了解。从地壳的化学反应来看，早期岩浆洋很快就冷却了，随后出现了大陆和水。

最晚于40亿年前，雨水在初生的大气中形成，降落，汇聚成湖，渗入大地。这些水经陆路流入小溪、支流、大河，再汇入新填成的大海。水汽蒸发，飘向有毒的空气，凝结成云，又再次降落，以此循环。落到地面上的水，开始冲刷地球上刚刚出现、日渐增厚的大陆地壳。自此，水和陆地展开了一场永不停歇的攻守战。

雨水一点一点地冲开了高地，填平了洼地。它们溶解了岩石，松动了矿物，侵蚀了山脉，还推着碎石继续往下流。一滴接着一滴，慢慢汇聚，势力渐强。水滴汇聚到一起，一点又一点，一遍又一遍，直到数百万颗水滴聚成了一种磅礴的力量——河流。

河流只有一个使命：往下流，一直往下，流向大海。

当地壳板块相撞，山脉隆起时，水便在重力的作用下冲刷、打磨山的棱角。当板块张裂，辟出海洋时，河流便源源不断地涌入。混杂着淤泥的河水互相融合，就像植物的根和茎合而为一。沙砾相互推挤着，顺着河水的支流往下走，以抵达某个终点。

一旦投入海洋和湖泊的怀抱，河流的旅程便结束了。终了，它们将沉积物倾泻入海，像酒一样蒸发，升腾，又化成雨，落在高地上，削去山峰，卷携泥沙，再次倾泻入海。山峰很坚硬，但即使是最坚不可摧的山峰，也会在河水这样勤攻不倦的劲敌面前败下阵来。源源不断、能循环再生的水，终将笑到最后。

在至少 37 亿年前，河流开始不断地将沉积的泥沙倾倒入海。几亿年后，地球上最早能产生光合作用的生物蓝绿藻，开始呼出微弱的含氧的气体。而在距今 21 亿年前，这种植物的产氧量迅速增多。黄铁矿（又名"愚人金"）和其他氧化了的矿石，随之在河床中消失。富含铁的土壤呈现出了锈红色。

又过了 10 多亿年，约 8 亿至 5.5 亿年前，海洋的放氧量骤然增多。海绵动物、扁形动物和其他形态清奇的海洋生物出现了。在接下来的几个宙（地质年代等级系列中最高一级的地质时间单位）里，这些早期生物以奇特的方式坚守着，演化着，最终奇迹般地在我们的星球上安居下来。

在生物演化的同时，陆地也变厚了，开始移动、冲撞，新的山脊隆起又崩塌。山崩塌后，其岩石物质并没有消失，而是被改变了。这些奔腾不息的河流，将碎石残屑撒向低地，堆积成宽阔、平坦的谷地平原。深厚的地质层序就此累积而成，一层叠一层，慢慢填充了盆地和海洋。在下游，河流三角洲推着新大陆向远处伸展，伸向海洋。

不只地球上有河流，宇宙中的其他星球也有河流。通过绕轨飞船，我们也能在其他星球上看到河流的踪迹。火星上曾经有充裕的液态水，而如今它的地表随处可见已经干涸的水道、三角洲和古代河流中层层叠叠的沉积物。与此同时，河水正在土星的卫星"泰坦"（即"土卫六"）上欢快流淌，那里和地球相隔甚远、温度极低。那些河里的"水"，其实是液态甲烷，而它们冲刷出的河床，其实是冰。但神奇的是，由这样的河流所形成的山谷、三角洲和大海，在样貌和形态上，和地球上的都非常相似。

海洋张开又闭合，陆地相撞又隆起。有些河流的沉积物被拖进下沉地壳板块背面的地幔深处，遭到了猛烈的挤压、炙烤。经历了高温的残留物，垫厚了陆地，又像熔岩灯里热熔的蜡一样，受热慢慢升起，在坚硬、新生的山脉底部冷却，凝固。最终，某些物质又被河流掘出、磨碎，卷携上路，再经历一番旅程，流入海里。

在我们的星球上，破坏与建造都从未停止。山脉隆起，又碎裂成砂石。颗颗碎石继而散布河谷、三角洲和离岸大陆架。两支古老的力量，板块和水，总是互相拉锯，塑造了地表的样貌。而每一场地震、滑坡和凶猛的洪水，只是为这场永不休止的拉锯战增添了一些轰隆声。板块和水还会拉锯28亿年，直到不断衰亡、膨胀的太阳将最后的水滴蒸烤成水汽。

时至今日，河流仍不断卷携着泥沙，流向大海。它们穿过坚固的城市，被大坝聚拢，被工程师截断，也被大多数人忽视。但河流依然是这个星球的主宰，它们终将比我们存在得更久。

无论如何，河流都是我们赖以生存的根本。

人类利用河流的方式，因地理和时间而异，但一直以来，河流总能为我们带来五个最基本的优势：运输通道、自然资本、领土疆域、生态健康以及展示权力的方式，因而它们的重要意义是恒久存在的。现如今，这些优势的表现形式已经发生了改变，但我们还是一样需要它们。

比如，在埃及，尼罗河曾经用富含泥沙的洪水为当地提供自然资本。如今，它带来的资本则变成了水力发电、城市供水和开罗市中心价值连城的河滨地产。历史上，纽约的哈得孙河曾为当地土著莱纳佩人滋养鱼群，也是欧洲移民往来北美大陆的交通枢纽之一。如今，顺着这条河，可以通往纽约那些极为珍贵的海滨公园，要知道，在这座人头攒动的城市，鲜有绿地可寻。关于河流价值的细节各有不同，但那五大优势是一直存在的。人类最早的庞大的社会形态，是沿着底格里斯河—幼发拉底河、印度河、尼罗河和黄河流域兴起的，位于如今的伊拉克、印度—巴基斯坦、埃及和中国境内。自那时起，河流就通过以上这些方式持续不断地供养着人类文明，直到今日。

在整个人类历史中，我们对河流的着迷经由艺术、宗教、文化和文学显露而出。河流在凡·高和雷诺阿的画作中蜿蜒，在缪尔和梭罗的著作里流淌，也在小约翰·施特劳斯和布鲁斯·斯普林斯汀的音乐中穿行。在那些经久不衰的虚构作品里，无论是马克·吐温的小说《哈克贝利·费恩历险记》，还是科波拉执导的电影《现代启示录》，故事都是从昏暗的水域开始的。听到从小溪、喷泉和助眠器所发出的潺潺流动的水声，世界各地的人都会变得心平气和。对数百万印度教徒来说，在恒河沐浴是震撼他们心灵的虔诚时刻。对数百万福音派基督徒来说，经受洗礼也是如此。实际上，所有大型城市——世界的知识、文化和权力的中心——都有河流从中穿过。

这本书认为，正如我们所知，河流对于人类文明极其重要，但其意义还是被低估了。河流的实际作用显而易见，比如它们为我们提供饮用水，满足能源工厂的冷却需求，以及清理垃圾。但与此同时，它们也以我们难以觉察的方式塑造着人类社会。沿着河流，我们对世界各大洲进行了一遍又一遍的探索和殖民活动。因河流泛滥而引发的洪水，破坏力十足，急速改变着战争、政治和社会人口的样态。河流能界定并穿越国际边境，迫使民族国家相互协作。我们需要河流提供能源和食物。而民族国家的领土主张，各国之间的文化、经济联系，迁徙人群和人口历史，都肇始于河流、河谷和那些由河流所形成的地理区隔。

河流是美丽的，但它们对我们的影响，远超审美价值。自史前时期，我们就与河流的自然景观特征密不可分，它们对我们的吸引力也正来源于此。人类依靠河流获取自然资本、交通渠道、领土疆域、健康躯体和权力，因而得以繁衍千年，而这种依赖至今依然深深影响着我们的社会。

第一章

巴勒莫石碑

在开罗繁忙的市中心附近，人造岛的尽头，有个方方正正、毫不起眼的建筑。在它厚重的石墙上，有个拱形的矮墙，在这周围，有一个小型宫殿，一个祭奠享誉阿拉伯世界的埃及女歌手乌姆·库勒苏姆的博物馆，以及我们所熟知的尼罗河。

如果你走进建筑内部，会发现它是架在一口深井上的，井壁由石头砌成，井口的面积约40平方英尺[①]，深入地下。石阶则沿着井壁顺势而下。你还能看到一根大理石柱子从暗处升起，直穿中心。石柱上的刻度沿着柱面的八个角等距排列。沿着石室的低墙，有三条地下通道伸向尼罗河。

这座中东最拥挤的城市所带来的喧闹，会在石室内部化作一片寂静。整个石井被混凝土包裹着，地下通道也被严密封住了。如果重新疏通通道，尼罗河的水就会涌过来，将石室淹没，水位会不断上升，直到与外面的河流平齐。大理石柱子上的刻

[①] 1平方英尺≈0.09平方米。——编者注

度用于丈量河水水位。5 000年来，数十个这样的建筑，为埃及的社会管理和人类文明的延续发挥了相当重要的作用。

这样的建筑叫作"尼罗河丈量仪"（用阿拉伯语来说就是"miqyas"），其建造目的是让埃及的统治者能及时了解尼罗河每年泛洪的情况。尼罗河称得上是全球最有规律的河流之一：每年夏天，干旱少雨，热气腾腾，尼罗河却能在好几周内神奇地充盈起来，漫过河岸，缓慢地淹没土地，之后再缓缓地退去。对居住在现今撒哈拉沙漠一带的古代人来说，河水的升降是无法捉摸、令人敬仰的年度盛事，带有超自然的神圣色彩。他们虽然不能洞悉河水每年准时泛滥的原理，但能感受到它的影响。

尼罗河洪水对早期埃及人的重要性，再怎么强调也不为过。洪水是维系整个文明的关键，使人们能在沙漠中种植粮食，饲养牲畜。因而，对埃及统治者而言，掌握涨水的确切日期与达到洪峰的时间，是至关重要的。河水的水位在丈量仪上爬升，随后趋于稳定，再缓慢下降，他们严密地监视这一过程，以确定当年尼罗河最大的用水供给量。了解了水势，官方就会发布公告，传布公告的人随即在街上大声呼号，奴隶们赶忙推开土石坝，让尼罗河的水漫溢干裂的农田。在刺眼的阳光下，河水肆意地在河谷间流淌，泛滥好几个星期，随后消退。一旦涨水，农民便顺势在肥沃的土地上播种。这些河谷旁低洼处的土地和形似耳垂、向地中海延展的三角洲，像深色的腰带一样裹住了沙漠，很快变得郁郁葱葱。田里的庄稼得到了充分灌溉，来年的生计就有了着落。

在夏季播种之前，埃及的统治者们就已经通过水势推断出了庄稼的收成，他们知道来年是丰收还是歉收。尼罗河丈量仪所划定的洪峰高度与周围被淹没的土地面积和播种的范围直接相关。由此，他们预测出了农民能收获多少粮食，便随之划定了当年的税收水平。

尼罗河丈量仪仍矗立在开罗的劳代岛上，始建于861年，是埃及最晚出现的丈量仪之一。早期的丈量仪通常建在如今已经消失了的古代河道上，有几千年的历史。目前已经发现的丈量仪有四种类型：简单的石柱，通入水里的、由阶梯组成的墙或是通道，被环形墙包围的、能连通河水的井（通常由阶梯环绕，阶梯沿着边向下延伸），或是井和柱子的结合体，类似开罗的那个丈量仪。柱子上用于丈量长度的刻痕叫作"腕尺"，与一个人的前臂长度相当。著有《博物志》的古罗马学者老普林尼曾使用丈量仪数据预估普通埃及人的食物储备，他所参考的丈量仪位于尼罗河三角洲上如今已被损毁的城市孟菲斯。这种预测方法，有可能是如今公共卫生定量测量的最早操作。他曾写到，如果水位升至十二腕尺，就意味着会有人死于饥荒。如果水位升至十三腕尺，还是会有人挨饿。如果水位升至十四腕尺，就可以开心起来了。如果水位升至十五腕尺，一切就会平安无事。要是水位升至十六腕尺，那简直是天大的惊喜了！

数千年以来，埃及人（甚至是后来的入侵者）都在用丈量仪追踪每年尼罗河洪水的情况。由于这些数据至关重要，因而每年的水位值和其他重要记录，包括农业产量、税收收入等一起被刻在了一块重要的石碑上，即"王室编年记"。七块残存的编年记石碑，如今被收藏在开罗、伦敦和巴勒莫的博物馆中。

数十年来，它们的重要价值一直被人们忽视，因为上面的文字一直没有得到翻译，而且这几块石碑是偶然从几个古董商那里收来的。据说其中一块在被发现时，还充当着门槛。最大、保存得最好的那块石碑，一直到 1895 年才被发现。当时是一位到访意大利巴勒莫地区的法国人在一个博物馆的院子角落注意到了它，它显然已经在屋外久经风霜了。

这块石碑就是如今被人所知的"巴勒莫石碑"。与其他的考古发现相比，它和其他六块残片对阐释古埃及历史的帮助更大。石碑铸造的年代是在法老统治的第五王朝，即公元前 25 世纪。这块石碑上记载了尼罗河每年洪水顶峰的水位，最早能追溯到第一王朝，约公元前 3100 年左右。因而，尼罗河泛滥的历史成了人类历史上记载最久远的科学数据记录。研究者们用这些记录来解释古埃及的一切现象，从自然气候的变迁到社会起义的偶然爆发。

在 20 世纪 70 年代早期，哈佛大学的天文学家芭芭拉·贝尔最早将洪水的低水位和早期埃及的第一黑暗时期联系起来。在黑暗时期，原本长期稳定的文明陷入了混乱状态，使得埃及第六王朝和古王国走向崩裂的结局。埃及历史上最压抑的几个年代，都和这个时期有关。当时埃及的社会秩序完全崩溃了，起义、谋杀、抢劫、盗墓层出不穷，农民吓得不敢出来种田。

在古埃及的漫长历史中，这样崩坏的时期是很罕见的。为了避免这样的悲剧重演，埃及的统治者严格限制获取丈量仪数据的途径。丈量仪通常建在受统治者控制的神庙内部或是其附近，只有像祭司这样的神职人员或是其他高层官员才能获准进入检查。以洪水测量系统为中心的农业规划，是埃及法老帝国得以延续3 000多年、只经历了三个黑暗时期的原因之一。整个埃及帝国的历史，起始于统一的埃及帝国的出现（即第一王朝，约公元前3100年），终结于亚历山大大帝的占领，以及公元前30年罗马帝国的吞并。

富有魅力的、埃及最后的独立统治者克娄巴特拉七世，也就是我们熟知的"埃及艳后"，在吞下毒物奄奄一息之时，是否曾回想过尼罗河丈量仪的重要意义，我们不得而知，但丈量仪的确是法老遗产中长期存留的一部分。埃及成了罗马帝国的附属国，罗马三分之一的谷物供应都仰赖尼罗河河谷。开罗的丈量仪一直到1887年还在运转，已经累计运作了1 000年之久。天然的洪水灌溉式农业则一直延续到1970年，当时阿斯旺水坝的建成终结了尼罗河较低河谷每年的洪水泛滥。埃及因而把天然的洪水灌溉替换成了稳定可控的灌溉模式，更多地依靠风力产能。

数千年来，尼罗河每年良性的洪水泛滥维系了埃及人民的生计，也巩固了帝王的统治。倘若洪水未曾出现，那么此地所孕育的最稳定、辉煌的人类文明之一，也将荡然无存。

两河流域

埃及法老统治的王朝都异常持久，但它们并非世界上最早出现的河流社会。在公元前4000年，也就是在建造第一个埃及金字塔的1 000多年前，一个由苏美尔人创立的文明，在美索不达米亚的低海拔地区建成了世界上最古老的城市，这座城市位于如今伊拉克巴格达的南部，在底格里斯河和幼发拉底河之间，拥有干燥却肥沃的土地。这个文明的源头能追溯至更为久远的时期，可能是公元前7000至6000年间。当时小规模的农户已经开始在伊拉克北部试行溪流灌溉了。他们所发明的技术，是把水从自然流淌的水道中引出来，灌到农田里，如此一来就为人类最长久的地理发明——城市的出现，奠定了基础。

"美索不达米亚"一词，意即"两河流域"，美索不达米亚地区的情况与埃及完全不同。在夏季，尼罗河渐渐轻柔地漫过地表，它在每年8月泛滥，和农业用水高峰期刚好重合。幼发拉底河和底格里斯河则不同，它们在每年3月至5月泛滥，远远早于当地农作物的最佳种植期。为了灌溉庄稼，必须要把河水存储在节制坝之后，再引到面积更小、更狭窄的耕种区域里。或者是在每年的后期，当水位较低时，从主要河道中抽出河水，浸润田地。两河流域的洪水来势汹汹，难以预测，破坏力强。尼罗河通常是安静地流入单一的、稳定的河道，而幼发拉底河则会不加约束地分裂成不断变换的分支，有时会突然放弃某个河道而开辟新的流向。这样突然的改道使多年来修建河堤和灌溉水渠的辛勤努力毁于一旦。

因此，美索不达米亚的农民只能顺应着河流的回转半径，挖出新的储水区，清理那些被沉积物阻塞的部分。即使没有河水改道，两河流域也极易遭受破坏性洪水的侵袭，每过一段时间，洪水就会将农民的辛苦劳作全部毁掉，在农田埋上毫无用处的沙子。洪水、改道和日常沉积物所带来的长期破坏，使得当地需要不断改变精心维护的耕地和灌溉设施的布局，时而修建，时而废弃。

尽管有种种问题，灌溉肥沃的平原还是能获得可观的收成。农民们一般种得多吃得少，把盈余的粮食放到市场上进行销售。随着人口增长，最早在公元前5200年左右，已经有像埃利都、乌鲁克这样的城镇兴起，出现在不断变换的河岸上。对于塑造城镇的经济和政治推力，我们还未有定论，但可以确信的是，如果没有这些灌溉设施所保障的粮食盈余，这些定居点是无法发展起来的。

随着这些年轻城镇的扩张，农业生产强度和精细度有所提升，灌溉所用的储水系统愈加复杂，供水规划也趋于集中管理。城市里的神职人员和官僚开始左右决策，向庄稼收税，以供养统治阶层。其他的技术发明——例如由牛驱动的"刮地犁"和减少了犁地转弯次数的狭长耕地，均加快了小麦和大麦的生产速度。埃利都、乌鲁克和其他沿着两河流域水道而建的定居点，逐渐变成了区域权力中心和令人敬仰的庞大城邦。市场交易勃兴，河道成为运送船只的重要交通方式。到了公元前4000年，城市化的进程已经席卷美索不达米亚的南部地区，当时有多达80%的苏美尔人住在城市。人口多达10万的乌鲁克，是当时世界上最大的都会。

在公元前2000年后，河流改道，离乌鲁克城远去。没了水源，原本聚居的人口也逐渐消散。如今，通过卫星绘图，我们能看到数十个废弃的苏美尔城市和考古地点的所在地，旁边是已经难以辨识的、干涸了的古代河道。乌鲁克城的一半，已经被掩埋在风沙之下。它那充满鬼魅色彩的废墟，也标志着一系列早期帝国，如阿卡得王国、巴比伦王国、亚述帝国、奥斯曼帝国、大英帝国和伊拉克王国，曾经在这块历史色彩浓郁的区域历经千年，兴衰交织。

两河流域的方舟

底格里斯河—幼发拉底河相伴相生的河道，为当地人提供了食物、供水和贸易通道，使苏美尔人的城邦兴盛了起来。正是这些城市的出现，催生了有组织的政府、商贸、宗教和一些世界最早的文学著作。

这些作品，包括那12个刻着楔形文字的系列石碑，是从今日的伊拉克摩苏尔地区附近，也就是古代亚述王国重镇尼尼微的遗址中被发掘出来的。其中一块石碑记载了一位古代空想家收到神的旨意，要建造一艘巨船。这艘船必须要足够大，能装得下所有动物的代表。后来，一朵黑云从海平面腾空，带来了一场灾难性的洪水。整个世界被淹了整整六天七夜，万物皆被损毁，唯独留下了这艘大船。当洪水散去，空想家和乘船的人发现他们正处于山顶上，毫发无损，可以重新在世间自由聚居。

这场洪水的故事，听上去像是《圣经·创世记》里对挪亚方舟和大洪水的描述，但这个故事出现在记录《吉尔伽美什史诗》的石碑上，比《旧约》早了1 000多年。记录《吉尔伽美什史诗》的石碑一共有12块，讲述了乌鲁克传奇君主吉尔伽美什的故事。这些石碑的出现可以追溯到公元前1200年，石碑上记载的故事可以追溯到公元前2100年，而且它们很有可能是从更古老的版本改编、重拓而来的。

通过其他的考古证据，我们可以知道历史上的确有一位乌鲁克城邦的领主名叫吉尔伽美什，在公元前2800年至2500年间的某个时段统治该地区。他所统治的城市在《旧约·创世记》中曾被提及，叫作"以力"。《吉尔伽美什史诗》和《圣经》挪亚方舟故事之间的相似之处，表明两个文本的缘起均与古代伊拉克有关。基于苏美尔石碑的历史（以及它们所借用的更早期的文本），大洪水故事的源头可以追溯到好几千年之前，甚至可以追溯到美索不达米亚地区的新石器时期，约8 000年至12 000年前。

虽然没有任何地理学的证据表明，当时或在其他时间曾发生过全球大洪水，仍有众多值得信赖的研究显示，一场在当地真实发生过的灾难可能为人们创作大洪水的故事提供了灵感。一个热门推测称，不断上升的全球海平面迫使海水从博斯普鲁斯海峡的出水口涌入黑海。另一个推测则认为水是从古代两河流域河谷低洼的末端涌出，如今这里成了波斯湾海底的一部分。

约21 000年前，在最后一个冰期（即末次冰盛期），全球海平面的平均高度比现在低125米。如今从迪拜延伸到科威特城的波斯湾，当时是一个宽阔的河谷，旁边分布着数个淡水湖。今日的霍尔木兹海峡是世界上最具战略意义的、高度军事化的海上通道，当时是一个平坦、宽阔且肥沃的河谷。

在约公元前10000年至公元前4000年间，全球海平面骤升，由于地势平缓，这个古代的河谷被完全淹没了。海水上升的起因是大陆冰面的融化，以及海水变暖后的热膨胀效应。上升的海水将海岸线向内陆推进了1 000多千米，淹没了河谷，也形成了如今的波斯湾。由于河谷的走势极为平缓，海水平均每年前移100米，有的年份甚至前移了1 000米。

这里的居民世代居住在波斯湾泥泞的海床上。对他们来说，这场无法抵挡的洪水淹没了好几代人的家园，自然是难以忽视且极度痛苦的。先辈口头上（后来是书面上）对因洪水被迫迁徙的叙述，可能在后代中流传了下来，成了《吉尔伽美什史诗》《旧约》挪亚方舟以及其他古代大洪水神话故事的源头。

辩才天女的秘密

埃及和苏美尔文明已经被人广泛研究，但它们在跨度上仍无法与南亚的古印度文明（哈拉巴文明）相匹敌。在约公元前2500年至公元前1900年间，这个高度发达的文明在印度河和克格尔-哈克拉河河谷以及它们的支流中兴起，横跨今日巴基斯坦和印度西北部的大片地区。一个探究印度北部古代定居点比拉纳的研究表明，克格尔-哈克拉河的定居点甚至可能建立于更早的时间，大约在公元前7000年至公元前5000年间。如果这是事实，那么古印度文明的出现时间就比最早的苏美尔城邦还要早近2 000年。

古印度的村落、城镇和城市的面积超过了100万平方千米，它们从喜马拉雅山山脚延伸到了阿拉伯海海岸，超过了埃及和美索不达米亚文明聚居面积的总和。在此生活的人们发明了文字、粮仓、砖砌水井和城市规划，建造了复杂的城市管道系统，包括使用流水的浴室、厕所、渡槽和封闭式下水道——这些现代化文明的典型特征的出现，比古代罗马的同类发明还要早大约2000年。

与埃及人和苏美尔人类似，生活在古印度的哈拉巴人也是依河而生的。他们在肥沃的洪水冲积平原与河流沉积物上种植并灌溉小麦、大麦、小米和红枣等农作物。盈余的粮食可以供给城市居民，当时的城市居民已经聚居在由烧制瓦砖堆砌的、经过精心规划的城市里了。在古印度文明中，目前被研究得最多的是摩亨佐·达罗和哈拉巴，这两地曾经是当时的大型都会，它们的遗迹在今日巴基斯坦境内被挖掘出土。在19世纪中期，这两个城市的遗迹曾被英国殖民者派来的铁路工程师掩埋，当时他们把古城瓦砾当作道砟来铺垫轨道路基了。这些遗迹的悠久历史和重要意义，直到1924年第一次考古研究开启，才逐渐为人所知。

令人唏嘘的是，由于不明原因，古印度文明和其高度先进的技术最终消失了。聚居在克格尔-哈克拉河河谷的人口，在公元前1900年左右最先开始骤然消散。在目前所知的15 000个哈拉巴考古地点中，几乎三分之二都位于克格尔河及其支流的古老、干涸的遗迹上。关于文明的消失，一个主流的假说认为，当时的印度季风长时间处于弱势，导致河流干涸，土地干裂，无法再种植作物。如今，卫星图像可以在已经干涸的区域展示出当时消失的河道踪迹。克格尔河的遗迹看上去像一条飘忽不定、偶尔复淌的溪流，消失在塔尔沙漠的深处。它的消亡极有可能启发了人们对萨拉斯瓦蒂河神秘蒸发的解读。第一个与此相关的故事于公元前1500年左右出现在最早的梵文宗教著作《梨俱吠陀》里，它成了如今印度重要的历史传奇。

大禹回归

让我们把视线再向东移。东边的中华文明起源于长江和黄河流域，那里有肥沃却时常被洪水侵袭的平原。早在公元前6000年，最初的水稻文明出现于长江沿岸的两个地点，在如今的上海和长沙附近。中国最早发现的稻田发掘于今日杭州附近的跨湖桥遗址，出现于公元前5700年左右。最早的马家浜文化和河姆渡文化，依赖的是由淡水灌溉的食物，如野生大米、莲子、香蒲植物和鱼。

在北边的黄河河谷，有一大群种植粟米的农民创造了仰韶文化，该文化兴盛于公元前5000年至公元前3000年。中国目前可知的最早的文字书写就出现在这一区域，先是在骨头上，之后依次出现在铜器、木头、竹子和纸张上。根据这些记录，中国的文明肇始于黄河流域，由三皇五帝开启，以夏、商、周这三个朝代作为开端。中国的口述记录显示，出现最早的夏朝起源于公元前2200年至公元前2070年之间，创立者是大禹。

大禹是中国历史上的一位重要人物。据《史记》记载，一系列大洪水给生活在黄河河谷、以种植粟米为生的农民们带来了接连不断的灾害。大禹的父亲想用造坝建堤的方法堵住洪水，他努力了9年，以失败告终。但大禹成功了，他造沟挖渠，分流了洪水。在超过13年的时间内，大禹坚持不懈地疏通河道，与工人们一同劳作，终于控制了黄河，也赢得了民心。他借此巩固了自己的政治权力，创立了夏朝，也就是中国的第一个朝代，其后继者由世袭制产生。

这样的传统历史叙述在中国如今仍然被广泛接受，但和考古学证据的结论有所矛盾。20世纪20年代，一群怀疑记录的历史学家组成了"疑古派"，质疑关于大禹和夏朝的记述的真实性。他们指出，通常认为的夏朝的开始，即公元前2200年至公元前2070年左右，与值得注意的那些黄河遗物的扩散和发明都不相关。他们所认为的、更有关联的二里头文化曾创造出一系列陶器、青铜器和玉器，它出现得更晚一些，最早能追溯到公元前1900年，比通常所知的夏朝的开端大约晚两个世纪。

在疑古派提出质疑的100年后，绘制和追溯古代洪水遗迹的科学技术已经可以帮助解答这一疑问。2016年，由北京大学吴庆龙教授所领导的研究团队，在《科学》杂志上公布了有关黄河上游破坏性大洪水的、有启发性的地理学证据。他们的研究表明，一场地震在积石峡上游引发了山体滑坡，上游的河水在青藏高原附近切断了一个极深的峡谷。这场山体滑坡以近800英尺[①]高的碎石掩埋了峡谷，形成了阻截河水的天然大坝。一个巨大的湖泊开始填充大坝的后方，最终水位超过了大

[①] 1英尺≈0.3米。——编者注

坝，将其冲垮了。湖水形成了一场特大洪水，席卷了整个黄河河谷。用放射性碳测年法测算洪水遗迹，可以发现这场洪水发生于公元前1922年前后的28年间。

这一时间恰好和二里头文化的开端重合，这一文明的兴盛区域在积石峡下游1 500英里[①]处，在这里，黄河从原本的河道中跃起，开辟出了一个流向华北平原的新河段。随后流经新河床的河水经过多年才被完全控制，这一过程很可能与大禹和他父亲多年治水的传奇故事相对应。在河水改道附近的地点、临近的时间内，也恰好有关于陶器、青铜器和玉器技术的发明集中出现。这一时间上的巧合，印证了中华文明出现于黄河流域大洪水之后的说法，二里头文化其实就是"遗落的"夏朝文明。

我们可能无从考证大禹到底是真实存在的人还是神话人物，这需要更多研究来证实或辩论。但这一古代神话，的确将成功的黄河治水、大规模劳动力组织、由上而下的政治权力和朝代的起源清晰地结合在了一起。换句话说，一个社会从特大洪水中复苏，由此在中华大地上衍生出了持续了约4 000年之久的朝代更迭。

上述四个伟大文明的故事有一个共同的主题。那就是文明都是沿着宽阔、平坦的河谷兴起的，这些地区拥有肥沃的沉积土壤，但鲜有雨水的浸润。在这些地区，很难发展出以雨水灌

[①] 1英里≈1.6千米。——编者注

溉为主的农业，因而河水灌溉就成了这些社会发展和生存的重要条件。

河水的自然资本——提供灌溉水源和适宜耕种的、肥沃的河漫滩土壤——都是通过巧妙的人类发明而得到有效开发和管理的，这些发明包括尼罗河丈量仪、运河、河堤、大坝和提水的装置，如阿基米德式螺旋抽水机。尽管存在像洪水、河流改道和干旱这样无处不在的威胁，农业还是能成功地发展起来，也能实现粮食盈余——尤其是可以储存的谷物。而围绕着盈余的粮食展开的征税、贸易，又衍生出了新的职业、社会阶级和城市。

人们从每日自给自足的粮食生产中解放出来以后，就发展出了新的职业，包括抄写员、会计、神职人员、商人、政客和军人，等等。他们居住在集中的定居点，更便于互动往来，也能抵御伺机抢劫的团伙。随着居住区的发展，发明家发现了更多新的方式，以更有效地让河水为自己所用——河水能为城市提供水源、排污，也能协助当地和其他人口中心开展贸易往来。

社会形态越来越多，也越来越复杂，它们对于农业产能的需求也与日俱增。这些伟大文明的生存前途及政治稳定，往往仰赖对灌溉系统的良好维护。

尼罗河、两河流域、印度河和黄河流域之所以能创造出早期的伟大文明，是因为成功地开发了河流的自然资本，同时也能充分适应洪水和改道的变化，或是能从破坏中自我修复。一旦满足这些条件，社会就能获得充分的粮食盈余、税收，产生等级制度。对河流的利用与控制，催生了拥有密集人口、复杂系统和严密等级的社会（可能是威权社会或其他形态的社会）。由此，由精英们所主导的、能容纳多样职业和多重阶级的城市，开启了属于它们的时代。

来自哈比神双乳的知识

一个设有税收系统、衍生出多元职业的城市社会的众多优势之一是：它能支持一些思想家实现社会革新。那么早期的知识分子关心的是什么难题，又有着什么疑问呢？基本上大家都承认科学、工程和法律为整个人类所做的贡献，也认为由这些领域提供的解决问题的方式，是支撑我们今天的社会顺利运转的关键。那么这三大领域的源头又在哪里呢？

虽然科学、工程和法律一直到文艺复兴时期才开始成形，但它们的滥觞可以追溯到最早期的文明，而且常常与利用溪流、河水和其他形式的水源有关，人们以此获取自然资本，促进人类的健康发展。在公元前3000年左右，一位不知名的艺术家将灌溉水渠的形状刻在了印有"蝎子王"图像的石锤上，而蝎子王代表的是一位在前王朝时期统治下埃及的君主。通过不断的试错，苏美尔人、古印度人、埃及人和中国人知道了如何将河水从定居点抽出，引到配有运河和堤坝的庄稼地里。在古希腊的迈锡尼文明中，人们曾大量使用陶制水管和下水道处理装置，这些技术之后又被古罗马人沿用。罗马人用铅制的水管或是烤制的泥土搭建了公共浴室、喷泉和别墅，而且修建了大面积的输水管道系统，把水引到他们的城市里。在公元前1世纪，罗马建筑师维特鲁威在他著名的著作《建筑十书》里用一整卷阐释了如何导流并管理流水的问题。

秉持着务实的精神，这本早期的著作无意中遵循了土木工程领域的基本原则。一些早期的原型工程师所创造的作品，例如罗马著名的拱形渡槽，的确令人赞叹。虽然从其他层面上来讲，这些工程师其实比我们想象的要孤陋寡闻，但他们所设计的很多依靠重力运作的结构完好保存到了今天。

以一个最基本的河流测量指标流量（出水量）为例。流量描述的是在数个单位时间内，经过同一个固定地点的水的容量（例如，每分钟有多少加仑①，每秒有多少立方米，每年有多少立方千米，等等）。这一指标有助于管理所有大坝、水库的水量，也能帮人们算出浴室花洒的最大流速。一条河流、运河或是一个渡槽所有的流量，相当于其流水的横截面积乘以经过该面积水域的平均流速。这个概念很简单，但古代的希腊人和罗马人认为，只要扩大或限制河道本身就能控制流速。令人奇怪的是，他们忽视了流速的重要性，而流速其实是可以通过调整河道的坡度来改变的。

一个罕见的例外是一位名为希罗的数学家和原型工程师，他居住在公元1世纪的埃及亚历山大港。希罗为现在所知，是因为他当时出版了两本极具革新精神的书，一本是提出了水力学基本原理的《气体力学》，另一本则是创制了土地测量法的《窥管》。希罗的著作内容非常有开创性，他因而得到了"第一

---

① 1加仑≈3.8升。——编者注

位工程师"的美名。在《气体力学》这本书里有很多关于水的概念，例如虹吸管、灌溉、排水，等等。希罗讲解了为什么除了横截面积，水流速率也会决定流经渡槽、河流或是泉水的水量大小。同时期的人没能注意到他对计算流量的清晰解释，而且在随后的600年内，都没有人确立"流量"这一概念。最终，1628年，贝内代托·卡斯泰利在其著作《论流水的测量》里创建了这一概念，他是一位本笃会修士，也是伽利略的学生。

需要注意的是，我们一不小心就会过度称颂古代人的智慧。事实上，古代希腊人喜欢用大而化之的、夸张鲜活的方式来解释自然世界，但常常忽视定量测算，或是对此并不关心。水资源研究学者阿西特·比斯瓦斯在其1970年出版的《水文学史》一书中表示，即使是像亚里士多德这样历史上最伟大的先哲，也曾散播没有根据的传言。例如，他断定男人的牙齿比女人多，但他从来没有数过自己妻子或是情人的牙齿，来验证这个判断。

古希腊人偏好定性的解答方式无可厚非，因为当时很少有人能分析整个自然世界。而且在众多神秘的、需要解释的自然现象中，很少有像夜空中的星星移动和尼罗河的洪水起源这样能引起早期哲学家的兴趣的问题。

来自米利都（古希腊当时一座重要的城市，它的废墟存于现今土耳其的西部）的哲学家泰勒斯，是第一个寻求自然的、而非超自然的解释的人。3 000多年来，古代埃及人一直安稳地生活在尼罗河的河岸，认为每年泛滥的、维系生存的洪水是从尼罗河神哈比丰满的双乳中倾泻而出的。哈比被描绘为雌雄同体的形象，他的画像常常被刻在古代雕像上，他留着胡子、裹着腰布，腹部凸出，好似有孕在身。泰勒斯驳斥了这一过于神化的解释，指出埃及夏季向南吹的风一直反推着向北流去的河水，限制着河水的流动，当水力胜过风力时，洪水就暴发了。

然而，史学家希罗多德否定了泰勒斯的假说。他曾观察到，洪水在南风还没出现的时候就有了，而且流向与风向相反的其他河流并没有受到类似的影响。由此，希罗多德提出了一个令人难以理解的解释：洪水是由太阳的季节性移动和埃及少雨导致的。在接下来的600年间，很多其他的希腊和罗马哲学家，包括第欧根尼、德谟克里特、埃福罗斯、斯特拉博、卢克莱修和普林尼，都提出了自己对洪水起源的物理解释。尽管他们并未开展任何实地研究或是做出测算，这些辩论仍具有重要意义：它们标志着科学辩论的最早雏形出现了。

上述猜测都没能还原真相。因为没人能完全理解尼罗河上游埃塞俄比亚高原的季节性降水循环，而正是降水循环驱动了这一现象的发生。但是，这些关于尼罗河洪水诱因的辩论，以及与天文学、宇宙学和数学相关的争议，一同孕育了新的讨论方式：众人为了解释周遭的现象，提出理性的、以实体现象为基础的假说，并相互辩论。排斥神秘主义，追求真知的风气渐开。因而，我们可以将泰勒斯和早期哲学家关于尼罗河洪水来源的辩论视为科学和理性思想的源头。

汉穆拉比法典

从最早期开始，人类社会就制定了规则，规范社会秩序，妥善分配自然资源。如果规则被破坏了，就通过惩罚犯罪者、赔偿受害者，或者两者并举，来实现社会正义。事实上，我们自身对司法系统的渴求，至少可以追溯到4 000年前，当时人们开始以成文条款的形式制定最早的法律。那么早期律师最关心什么问题呢？他们的努力又是如何影响我们现代的司法系统的呢？

我们所知道的最早的成文法律，发掘于幼发拉底河岸边的三个苏美尔古城遗址，即尼普尔、乌尔和西巴尔。考古学家从遗迹中出土了四块小型的楔形文字石碑，在1954年破译了其中一块，又花了30多年做前后对照并翻译。当这些辛苦的语言学研究接近尾声时，人们意识到这些能追溯到公元前2100年左右的石碑，是目前能发现的最古老的法律文本。在石碑上至少刻有39部法律，其中的32部已得到破译。它们就是如今被世人所知的《乌尔纳姆法典》。

另一个体量更大的法典包含282部法律，被刻在了一个约两米高的大型黑石板上。这些法律实施的时间比《乌尔纳姆法典》晚300年。石碑是从苏萨遗址被挖掘出来的，位于底格里斯河以东250千米处，在今日的伊朗境内，它原本在一座美索不达米亚的庙宇里。这部法典被称作《汉穆拉比法典》，是由一位强势的古巴比伦国王汉穆拉比颁布的，他曾在公元前1792年至公元前1750年间统治美索不达米亚地区。和《乌尔纳姆法典》类似，《汉穆拉比法典》规定了条款和惩罚措施。在这个人类早期的文明中，它们维护着社会秩序，管理着资源。如今，《汉穆拉比法典》和《乌尔纳姆法典》均陈列在卢浮宫里，为帮助我们理解 4 000 年前在两河流域肥沃的河岸上诞生的文明，提供了宝贵的参考。

详阅两部法典就能发现，当时的人们担忧着有关性、暴力、离婚、奴役、谎言的问题，也为灌溉水源而焦虑。在乌尔纳姆统治的时期，大部分的惩罚是以罚款来计的。比如，如果一位奴隶处女被"以暴力夺取了贞洁"，那么施暴者需上缴五个银舍客勒（古巴比伦的钱币单位）。谋杀、抢劫，或是与仍是处女身的已婚女子（其丈夫不是奴隶）发生性关系的人则会被判处死刑。

《汉穆拉比法典》实行的时间更长，它规定了很多关于犯罪和惩罚的细节。惩罚的等级是根据社会阶级（贵族、自由人、奴隶）来划分的，其中包含最早的《同态报复法》的相关表达：

> 如果一个人挖出了另一个人的眼球，那么他的眼球也会被挖出。如果一个人打断了另一个人的骨头，那么他的骨头也会被打断。如果一个人打碎了另一个人的牙齿，那么他的牙齿也会被打碎。

以"相称的报仇"（即"以眼还眼，以牙还牙"）作为守护公正的原则，这一思想也贯穿了《希伯来圣经》和基督教的《旧约》，并仍在世界上的部分地区继续延续着。这种同罪不同罚的原则，也就是以施害者的社会阶层来划定罪责的方式，在后来的殖民地、美国的奴隶制时期均有体现，而如今也以更为隐蔽的形式存在着。

同时，出人意料地，这些最早期的法条体现了很多对社会弱势成员的保护。例如，《汉穆拉比法典》认为，一个被强奸的处女是无罪的，而强奸犯则应该被处决。如果一个男性奴隶和一个女性自由人结婚，那么奴隶主就不能继续奴役他们的孩子。抢劫的受害者可以获得政府的补偿。其中的一些规定在当时以及在某些地区显得过于先进，甚至在当今社会也是十分超前的。

那么，对自然资源的司法管理又是什么样的呢？在两部法典里，河水或是它们所灌溉的作物，是最常被提到的自然资源。相关的犯罪包括没能妥善维护沟渠和堤坝、不小心淹没了邻居的耕地、偷盗了灌溉设备。这些早期的法律设立了司法判例，以有效划分对水源、个人责任、财产权的责任归属，同时也对被社会道德所谴责的行为，包括夫妻不忠、性犯罪、殴打他人、偷窃、拖欠贷款、贪污和其他极为相似的犯罪形式，做出了司法界定。

当然，文本里其他的一些司法概念，如今在我们看来非常荒诞。例如，有时候案件会交由老天爷来裁定。如果有人涉嫌用巫术整蛊他人，或是女性被怀疑对丈夫不忠，那么底格里斯河就会同时充当法官和执行者：被指控的人会被扔入水中，如果最后他们还活着，就说明他们无罪；如果他们死了，就说明他们有罪。

为所有人共享的河

如今,全球都公认河流是无法被单方持有的。即使在资本主义传统较为深厚的国家,例如美国和英国,河流也往往是被单独考量的一类,它们通常被视为公共财产,因而河流和其他自然资源截然不同。土地、树木、矿物和其他自然资源(如泉、池塘和地下水层),通常都会被视为私人财产。然而,人们对河流、空气和海洋的处理方式则完全不同。这样的判例的源头是什么?它们又是如何塑造今日的司法系统的?

这样的司法理念最早能追溯到古罗马时期。由查士丁尼皇帝在公元530年下令编纂的《学说汇纂》,是重要的罗马司法文本的汇编。据其记载,早期的罗马律师就已经围绕着河水的使用、进入河流的公共权限,以及河流沿岸私有土地的所有权,订立了很多司法原则。这些司法文本显示,罗马社会认为流水和其他淡水资源不同,它应该为整个公众所有。同时,罗马人也很重视维护航运自由,尤其是保障船只的自由通行。泉水、间歇流淌的溪流、地下水井和其他更为小型的水源,应该被私人所有,但是整年都流淌的自然河流,甚至是不能通航的那些,都应该属于公众,并为所有人造福。这项法则基本上被延续了下来,时至今日,它仍能确保公众有权进入大型河流,并在上面自由通航。

罗马的法学家也为河岸湿地的拥有者划定了所有权范围。虽然任何公民都可以在河流中驾船、游泳或是捕鱼,但是穿越河水的权限就是另外需要议定的范畴了。如果要穿过私人土地,就需要协商公共地役权或通行权（地役权），而且需要平衡私人土地持有者的需求。地役权一般会由土地测量人员和法官共同划定，与今日的美国和其他国家对公共地役权的裁定方法类似。

罗马政府有权批准有关河流改道、修建堤坝和其他主要的河流工程。为了完成这些事情，如有必要，政府甚至可以占用私人用地，这是土地征用权的一个古老的先例。但是，法律也明确规定要保证河流的"自然流动"，也就意味着那些河流沿岸的土地主的权利也是受到法律保障的，他人无权污染他们的上游区域，或是擅自将水引至别处。

通航自由权、公共财产权和私有财产权这些核心的原则，都在幅员辽阔的罗马帝国得以贯彻。前两项原则助推了众多欧洲国家对河流贸易、通信和旅行自由的司法保护，受到保护的河流包括台伯河、波河、莱茵河、多瑙河、罗讷河、索恩河、瓜迪亚纳河、瓜达尔基维尔河、埃布罗河、奥龙特斯河、迈安德河。这些河流穿行于多个国家，包括意大利、德国、法国、瑞士、荷兰、罗马尼亚、匈牙利、塞尔维亚、保加利亚、斯洛伐克、乌克兰、摩尔多瓦、西班牙、葡萄牙、黎巴嫩、叙利亚和土耳其。

私人财产权，连同英国普通法和中世纪思想的影响，最终演化成了水权的法律概念。这一概念认为，河流沿岸的私有土地拥有者有权使用河水。几百年后，美国法院放宽了从古罗马沿袭下来的、保证河水"自然流动"的要求，把它改成了"合理使用"，允许工厂排污。这一变动使北美洲东部和西欧地区河流沿岸的工厂数量激增，人们在供水河道旁新建数千个定居点。如果当初罗马人用不同的理念治理河流，比如尊重河流的私人产权而非公共产权，那么如今世界河流的样貌就会截然不同。

代表影响力的水轮

跟大家一样，我希望能有充足的时间旅行。如果路途要花四小时以上，我会首选坐飞机；如果少于四小时，我就会开车。而在我工作过的最偏远的地方，比如阿拉斯加、加拿大北部和西伯利亚，驾船出行是更好的选择。在这些没有机场和道路的地方，独木船就像摩托车一样便捷。搭乘一艘配有舷外发动机的铝制船，也能获得可以匹敌运动型多用途车的驾驶体验。在这里，河流就如同道路，它们在荒野中蜿蜒穿行。河岸常有动物留下的足迹。从原始时期开始，即使在深冬，北边的河流也会成为常用的交通通道，人和动物都能在光滑的冰面上顺势滑行。如今在这样偏远的水道穿行似乎过于冒险，也过于奇特。但是直到近些年，在河上驾船出行都是人们在内陆通行、探索的主要方式。

驾船出行相对来说较为便捷，且已经有了将近千年的历史。没人确切地知道，或许我们永远没法判定人们是什么时候建造了第一艘船。的确，在人类历史上，船经历了无数次的发明和改造。最早的船的样式，独木舟、紧密捆绑的芦苇筏，或是由树皮、兽皮包裹的木制船架，都曾在全球各个考古地点被挖掘

图1-1 在阿拉斯加育空河沿岸出现的狼的脚印。从远古时期开始，野生动物和人，包括那些最早抵达北美洲的移民，都曾使用河流或是河谷作为天然的通道。（劳伦斯·C.史密斯/摄）

到。在临近杭州的跨湖桥遗址，也就是发掘了中国最早的稻田的地方，也曾发现一艘有8 000年历史的独木舟。其他的古船，在埃及、美索不达米亚、西非、东南亚、印度、美洲和欧洲等地也均有出土。

由厚木板所搭建的船，算得上一次提升船只适航能力的技术革新。它的出现可以追溯到公元前1670年或者更早的英国。1996年，人们发现了当时遗留下来的船的木板。公元500年，居住在加利福尼亚海岸的丘马什人也打造了类似的船。在公元9世纪至10世纪，维京人曾经用轻便的木板战船占领过欧洲，而且沿着河流顺势侵占了如今属于波罗的海沿岸国家和俄罗斯的疆域，也在如今的诺曼底、斯旺西和都柏林等地建立了新的定居点。他们占领了格陵兰岛，以及之前渺无人烟的冰岛，而且探索了北美洲东北部崎岖不平的海岸，比1492年到达那里的克里斯托弗·哥伦布还要早500年。

在11世纪至12世纪，安特卫普、根特和鹿特丹等西欧城市沿着莱茵河—默兹河—斯海尔德河三角洲上的通航河道蓬勃兴起，船运和商贸已然成为城市发展的原动力。其他重要的滨河重镇，也包括如今的阿姆斯特丹、佛罗伦萨、巴黎和伦敦。这些城市所形成的贸易网络，预示着未来的欧洲经济将以城镇为中心，以商业为重，也意味着旧时以农业为基础的封建领主制和农奴制终将崩溃。

当时，人们用水轮从河流中获取机械动力，这一举动也助推了欧洲的城镇化进程。至少从古罗马时期开始，居民用小型水轮来研磨面粉，这在整个欧洲的村落和庄园里非常常见。最简单的操作方式是，将水流引到水平的桨轮上，将安装着石磨的、竖直的曲轴固定在上方。曲轴一般会由小的木棚覆盖，木棚安装在水流的上方，这样也能为碾磨工工作和粮食储存提供空间，上方的石盘会抵着下方固定的石盘慢慢转动、研磨。这种简陋的设备没有齿轮或飞轮，但在具备可用的水流的地方，如果要研磨不太多的面粉，它能发挥重要作用。此外，人们还用它磨碎发芽大麦来酿制啤酒。

到了11世纪，水轮的技术进一步发展，催生了更为先进的系统。借下方水流转动的水轮，即下冲式水轮，利用齿轮连接着一个更大的、垂直安装的、且一部分沉入水中的轮子。如果河流流势过猛，难以控制，人们就会在船上安装大型下冲式水轮，这些原本承载工厂磨盘的船，会停靠在莱茵河、易北河和多瑙河沿岸。像维也纳、布达佩斯、斯特拉斯堡、美因茨和里昂这样的历史古城，在历史上也曾多次依靠这些船上磨坊来维系生计。在12世纪的法国城市图卢兹，曾经至少有60个船载磨坊设在加龙河上，而在巴黎的塞纳河上，则有将近100个船载磨坊。

借上方水流转动的水轮，即上冲式水轮，也有垂直安装的轮子，水流的位置更靠上。水流通常由贮水池拦截下来，或是通过自然瀑布引流的稳定的流水，从水轮上方流下。这一设计改良使得水流落下的重力势能增加，推动水轮转动，动力加倍，还能节水。

通过这些技术发明，人类对河流功用的开发，从原本最简单的研磨面粉，拓展到了更广的领域。人们开始用水轮来运转锯木厂、造纸厂和铸铁厂。他们从矿井里提水，转动木头车床，锤击毡布。人们懂得了如何使用齿轮、滑轮、飞轮、凸轮轴、活塞和传送带，最大限度地将水流转换成机械动力，于是机械工程相关的创新层出不穷。由此，在欧洲河流沿岸，利用水能的新工业蓬勃兴起。尤其是造纸厂和纺织厂，需要大量的河水来制造木浆、布匹和染料，冲掉废弃物。到了 18 世纪中叶，适应了机械化运转的社会已经准备好迎接工业革命了。

新大陆的河谷

与此同时，在大西洋的另一端，自从北美洲被殖民统治以来，人们一直在河流上通航，在岸边定居。

2019 年，考古学家在爱达荷州的萨蒙河（该河流入了斯内克河和哥伦比亚河）下游的河岸上，取得了具有突破性的发现。他们在此处发现了数十个石制的矛头和刀片，以及含有石头制品和动物骨头的灶台和炉子。在如今被称为"库珀渡船"的地方，通过放射性碳测年法，考古人员研究了出土的煤炭和骨头，发现当地的人们在 16 000 年前就开始烧炭了，这是北美地区使用放射性碳测年法发现的最早的人类的证据。重要的是，这一时间比人类穿越科迪勒拉山系冰盖（存在于约 14 800 年前）、开辟无冰的陆地走廊，还要早 1 000 多年。在北美最早出现的定居者并不是像以前设想的那样，穿越白令海峡而来，而是在上一个冰期的末期从海路而来，沿着太平洋海岸南下，沿着哥伦比亚河向东行进。哥伦比亚河河谷是此地第一个大型的河谷，它位于加拿大西部和太平洋西北地区大片冰层的南边。

在公元 8 世纪至 15 世纪之间，一个发达的文明诞生于密西西比河河谷，当地首府卡霍基亚的建造标志着其发展达到了顶峰。当时卡霍基亚建在密西西比河和密苏里河交汇处附近（如今已废弃）的河湾上，临近如今的圣路易斯市。卡霍基亚和好多个规模更小的人口中心，一同将影响力辐射到了整个河谷流域。

当时该地的居民从事农业，也制造精细的艺术作品，用泥土和木头建造大型金字塔。他们衍生出了新的社会风俗、思想和政治体系。在约1 000年前，在影响力最盛之时，卡霍基亚设有数个行政和宗教中心，还形成了政治文化，影响波及北美大陆的一大部分地区。600年之后，该地的居民可能曾与西班牙的探险家埃尔南多·德·索托会过面，之后他们仍抵抗着白人移民的西进行动。这座城市所遗留的金字塔，如今依然能在卡霍基亚土墩群历史遗址看到，从圣路易斯的市中心驱车几分钟即可到达那里。

我们再向南聚焦中美洲。最近的考古发现显示，神秘的玛雅文明也属于水利社会。一群由杜兰大学组织起来的研究者利用激光扫描穿透树林的层层遮盖，在危地马拉的北部发现了6 000多个建筑，包括房屋、宫殿、典礼中心和金字塔。这一庞大的人类文明，曾有700万到1 100万人聚居，有超过1 000平方千米的精耕农田，配有沟渠、梯田、运河和水库，这些设施将圣佩德罗河的流水引入耕地，实现了灌溉。

当欧洲的探险者和动物毛皮交易商来到北美的东北部后，他们见到了繁荣发展的印第安原住民社会。原住民当时已经在用轻便、结实的木舟了，木舟上有弯曲的船筋，外面还裹着桦树皮。毛皮交易商发现这样的设计十分新颖，于是雇法裔加拿大船工以此为参照建造了更大型的船，这些商人在17世纪90年代至19世纪50年代曾驾船深入探索加拿大的内陆。最大型的这种船被称作"主人的独木舟"，一般是约36英尺长、6英尺宽的货船。这些精力十足的船工们高亢地唱着曲子，嚼着印第安人特有的干肉饼，像是行驶在高速公路上一样在河流中畅快穿行，划着桨运货，每天行进18个小时，力求将这块陆地上的所有毛皮悉数收纳。

在19世纪早期，毛皮贸易达到最盛，在加拿大可能有3 000个这样四处探索的船工们。他们的形象一直以来都被过度美化了，实际上他们只是一小群收入很低的合同工，依傍河水艰难求生。他们中的大部分人都是文盲，也不会游泳。日常航行和运货的工作十分艰苦，他们的脊柱被压弯了，脚也变了形。很多人被淹死、饿死，或是遭遇意外不治而亡。他们是搬运工，而不是直接猎取毛皮的人，负责将公司的货物送到原住民手里，同时又学习、吸纳原住民的服装设计和生活方式。在当时，这些人相当于为毛皮贸易服务的长途卡车司机。

然而，他们不光运送了货物，也传播了致命的疾病。对加拿大中部和西部肺结核患者的DNA（脱氧核糖核酸）样本的分析显示，其病原体可以追溯到单一谱系的结核分枝杆菌。大约从1710年起，这一病原体被一些船工（可能刚开始只有两三个人）携带，沿着河流贸易的通道传播到了加拿大内陆。该病原体在100多年间一直保持着较低的传染率，但随后在

19世纪晚期和20世纪早期开始大范围传播，因为当时的环境非常适宜病原体的传播，还发展出了致命的肺结核。由此可知，河水流域的空间分布不仅决定了加拿大早期殖民者进行探索、开展贸易和定居的区域，还衍生出了早期肺结核传染病学。

船工的出现开启了北美洲北部的对外贸易，从五大湖流域、加拿大西部延伸至北冰洋。条件严酷的通航河道以蒙特利尔或魁北克为起点，经过圣路易斯和渥太华的河流，一直延伸至内陆的水运中心。这些航道一直被毛皮贸易公司（如哈得孙湾公司和西北公司）用于巩固自己的市场、利润和区域影响力。这些沿着河道而建的贸易点和驻军要塞，形成了北美内陆第一批永久的外国移民的定居点。

而在加拿大的南部，法国和英国在很长一段时间里都在争夺北美重要航道的控制权。自从法国探险家勒内-罗伯特·卡瓦利耶·德·拉萨尔探索北美的河川以来，法国对密西西比河的兴趣就有增无减。1682年，拉萨尔曾沿着密西西比河向南一直航行到墨西哥湾，成为完成此举的第一个欧洲人。他曾经在密西西比河河口竖了一块雕字的石板，宣称整条河的流域都归法国所有，为了纪念法国国王路易十四，他将此地命名为"路易斯安那"。

拉萨尔当时可能没有料到，他所划定的流域十分广阔，足足有320万平方千米，其水源来自美国的31个州和加拿大的两个省。对于这片遥远的领土，当时的法国一直疏于管理，但在1749年，法国与英国的领土争夺开始白热化。俄亥俄河是密西西比河东侧最大的支流，占据了一大片流域，也成了争夺的热点。当时，英国、弗吉尼亚殖民地和由当地原住民组成的易洛魁联盟，都宣称该地归自己所有。一群来自弗吉尼亚的土地投资商组建了一个小型私营公司，即俄亥俄公司，试图从当时的英格兰国王那里获取对俄亥俄河谷（即如今的西宾夕法尼亚地区）上游50万英亩[①]土地的控制权。国王准许了，先批复了20万英亩，又承诺如果这家公司能在7年内安置100户家庭，并建立一座抵御法国的堡垒，就会再批复30万英亩的用地。当时俄亥俄公司的股东有弗吉尼亚时任副总督罗伯特·丁威迪，还有劳伦斯·华盛顿，他是日后美国的开国总统乔治·华盛顿同父异母的哥哥。

乔治·华盛顿的大美国

令人惊讶的是，美国现在有很多商业文化的特质都可以追溯到华盛顿身上。年轻的华盛顿当时是勇敢无畏的美国独立战争的领导者，在独立后他当选了首任总统，但他从未渴求过政治声望，也不追求刺激的战争历险。归根结底，他喜欢的其实是房产。

华盛顿想拥有属于自己的土地，要足够大、足够广。他对土地的兴趣十分浓厚，从青少年时期就开始做土地测量的工作。

[①] 1英亩≈0.4公顷。——编者注

他存了一些钱，从 18 岁就开始购置工作时发现的好地盘。他的首选是大片的河流洼地，那里有他所钟爱的平坦、肥沃的田地和方便行船的入口。

生于弗吉尼亚种植园主阶层的华盛顿，认为积累土地就是致富之路，这样的想法十分自然。但与他人不同的是，他更钟爱阿巴拉契亚山脉西边的土地，那里远离英国在东边低洼海岸所建的 13 个殖民地。

他尤其喜欢俄亥俄河谷，此地正是他同父异母的哥哥劳伦斯·华盛顿在 1749 年想通过俄亥俄公司开发的区域。从拉萨尔探险的时期开始，法国就认为此地归自己所有，弗吉尼亚殖民地宣示主权后，法国也采取了行动。他们从蒙特利尔派了一位名为布莱恩维尔的上尉，带领 200 多人沿着阿勒格尼河和俄亥俄河南下丈量土地。他把象征着法国国王权威的盾形纹章挂在河岸边的树上，并在地里埋下了刻字的铅碑，以此宣示法国的主权。英国和弗吉尼亚也做出了回应，派出了自己的远征军。弗吉尼亚派出的人包括 1753 年担任土地测量师的乔治·华盛顿。

在第一次看到俄亥俄河的时候，华盛顿就立刻意识到了此地的战略意义：这里是能通往美国大陆其他地区的重要通道。他马上赶回了弗吉尼亚，催促副总督丁威迪建立一个防御堡垒，名字叫作"俄亥俄的河岔口"，修建的地点正是阿勒格尼河和莫农加希拉河的汇合处，两河共同形成了俄亥俄地区。丁威迪同意了，修建了一个小的堡垒，取名为"乔治王子堡"。

然而好景不长，法国人在一年内就占领了这里，还在同样的地点建了一座更大的堡垒，叫作"杜肯堡"。丁威迪派华盛顿向法国士兵送信，要求他们离开，法国人断然拒绝了这一指令。于是英国升级了事态，派遣陆军少将爱德华·布拉多克和两个步兵团夺取杜肯堡，同时派出了乔治·华盛顿。

布拉多克的队伍身着鲜艳的红色制服，遭遇了法国军队的埋伏，后者在树林后面开火枪袭击，打死了布拉多克，也造成了近1 000名人员的伤亡，而整支队伍只有1 400人。年轻的华盛顿幸存了下来，还带领剩下的人成功撤退。1758年，他又回到了这里，与他一同到来的，是规模更大的英国军队和弗吉尼亚的民兵。这回法国军队被迫撤退了，他们放火烧了杜肯堡，将其遗弃。由此，法国彻底失去了对美国中部的控制。

英国人迅速在此建了个新堡垒，即"皮特堡"。这个巨大的五角形的建筑能容纳整个英国步兵团。毛皮贸易商、狩猎者和采矿人也在此地定居，这块土地形似一支从俄亥俄南部向墨西哥湾射出的弓箭。在皮特堡周围聚集的定居点很快有了一个永久的地名：匹兹堡。

在短短几年内，皮特堡和此地的军官在美国独立战争中扮演了无可替代的关键角色。华盛顿率领着装备甚弱、训练甚少的起义军抗击曾经的英国同胞，最终取得了未曾想象过的胜利，还当上了总统。战争结束后，华盛顿在俄亥俄河谷购置了数千英亩的土地，而且终其一生都在关注着此地的安全和发展。

美国独立后，匹兹堡成了移民去西部寻求机会的跳板，这里远离阿巴拉契亚山脉区，也远离日渐昂贵、地狭人稠的东海岸各州。从欧洲迁居而来的移民沿着俄亥俄河航行，在遥远的西北地区安居，这里也形成了如今的俄亥俄州、密歇根州、印第安纳州、伊利诺伊州、威斯康星州，及东北边的明尼苏达州。

正是因为乔治·华盛顿意识到了俄亥俄河的战略意义，原本较小的十几个英属殖民地才萌生了更大的领土企图。这样的意识也影响了几位代表美国参与签署1783年《巴黎条约》的人，包括本杰明·富兰克林、约翰·亚当斯和约翰·杰伊。他们认为，新美国的领土最西端应该一直延伸到密西西比河。协定的签订为独立战争画上了句号。20年后，类似的西进想法也促使第三任美国总统托马斯·杰斐逊拿下了被法国控制的土地。

杰斐逊监督了路易斯安那购地的过程，而这一买卖成了现代历史上规模最大的土地协定。1803年，拿破仑释放出了同意商议的信号，美国购买了剩下的路易斯安那领地和今日的新奥尔良，仅用了1 500万美元。这桩买卖使得美国将整个密西西比河流域收入囊中，控制了地球上最肥沃的农田，也让美国的领土比刚独立时大了整整一倍，这是当时拿破仑和杰斐逊都没有意识到的。打个比方，这就相当于今天的美国花了不到5亿美元，就买下了加拿大的所有土地。

美国人花了将近100年的时间，将印第安人赶出了家园，确保了政治稳定，划定了领土。相较而言，它很快控制了北美最大的河流流域和无数水路要道，因而能允许船只在大陆畅行，而且能从资源丰富的内陆航行至别的国家。

在美国和法国商议领土的时候，杰斐逊也发起了考察河流的远征，试图将美国的影响力一直推进到太平洋。其中一个著名的例子是刘易斯与克拉克远征，当时杰斐逊要求属下到密苏里地区寻找"最笔直、实用的横跨大陆的交通水路"。1803年7月，梅里韦瑟·刘易斯从匹兹堡出发，驾着一艘木制龙骨船，沿着俄亥俄河行进。几个月后，探险家威廉·克拉克在肯塔基州的路易斯维尔加入了这次远征。在接下来的三年内，他们记录下了很多河流的地理样貌，其中包括密西西比河、密苏里河、欧塞奇河、普拉特河、奈夫河、黄石河、萨蒙河、克利尔沃特河、斯内克河和哥伦比亚河。最终，他们沿着哥伦比亚河到达了通向太平洋的入海口。

如果华盛顿和杰斐逊对内陆大河没有雄心勃勃的追求，曾经作为殖民地的北美地区，很可能就会分裂成英属加拿大、由法国管辖的美国中部、由西班牙控制的西部和一个小型的美利坚东部合众国。如果历史如此，今日的世界将会大为不同。和美国不同，世界上很多殖民地一直到20世纪五六十年代才赢得独立，而且有些甚至一直抗争到了20世纪80年代。通过收购、探索大陆的主要河流流域，华盛顿和杰斐逊将想法变为行动，并最终将美国扩展成了一个从大西洋延伸至太平洋的广袤国度。

第二章

边境上的河

在美墨边境，我曾发现有两面斜墙底部相连，有条很浅的小河从中流过。在平坦的混凝土通道的底部，分布着泥土、灌木丛和破布。我站在一面倾斜的墙上，墙上立着钢丝网围栏，满是修补的痕迹，就像缀满补丁的旧牛仔裤。在 50 码[①]以外，有另一面斜墙，上面有一条不透光的裂缝，我正目不转睛地盯着裂缝。

裂缝后面好像有什么东西经过，它又来了。在排水道阴暗的入口处，我辨认出这是一个人影。不是一个人，而是两个。其中一个人穿着黑色衬衫，很难看清。另一个人则穿着蓝色 T 恤和短裤。斜墙的中间有个梯形的开口，他们俩正透过这个开口打量着我和随行的两个同伴。我还看到，他们后方有一圈排水管和一捆衣服。我之所以注意到这些人，是因为当时我正忙着给格兰德河（美墨边境的界河）加固了的河道拍照。

[①] 1 码 ≈ 0.9 米。——编者注

我叫其中一个同伴，也就是美国海关与边境保护局的探员洛雷娜·阿波达卡，帮我用西班牙语问他们一个问题。她向这两个人微笑地挥着手，问道："你们好！能不能让我们在这里拍张照？"一个人干脆地摇了摇头。另一个人笑了笑，开心地向我们挥了挥手。我收起了相机。我们就这样一直盯着对方，直到那两个人盯累了，又退回到了排水管黑漆漆的深处，等着我们离开。

他们正伺机而动，争分夺秒，试图在未经许可的情况下冒险穿越美墨边境。时机一到，他们就会火速跨过那条格兰德河的小支流，爬上我刚才站着的这座倾斜的混凝土堤坝。到了坝上，他们要么切开钢丝网——这钢丝网也被称作"玉米粉墙"，因为它每天都会被割开和修补——要么冲过附近栅栏中间狭窄的车道。当时在我们身后有两辆美国的边境检查车来回巡逻，严密地盯着这个出口。

即使他们能顺利通过边界墙，也躲过了巡逻员的视线，还得翻过一个更高的钢制围栏，它离小河有250英尺远。这个围栏足足有18英尺高，而且网孔太密，很难用手指抠着往上爬。每个人都带着两把螺丝刀，以便撬开网孔，把手伸进去。有了这些工具的帮助，这些非法移民就能登上围栏，再翻下去，潜进得克萨斯州埃尔帕索的市中心。

时机就是一切。整个跨境过程可能会被河道沿岸高塔上的摄像头和红外线感应器记录下来。如果这些人能跨过河流，再翻过边境墙，他们就可以脱掉外套，潜入人群，在几秒内躲开监控。埃尔帕索的市中心挤满了具有墨西哥和中美洲血统的人，河对岸的华雷斯城也是如此。

埃尔帕索是个偏居得克萨斯州西边一隅的美丽城市。被太阳炙烤的红色山脉，俯瞰着华雷斯城低垂、多彩的天际线，也环绕着这座墨西哥奇瓦瓦州最大的城市。算上邻近的新墨西哥州的拉斯克鲁塞斯，整个埃尔帕索的大都市区容纳了百万居民。若是再加上华雷斯市，则约有230万人居住在这个庞大的城市群里，整个城市群横跨美国和墨西哥两个国家和三个州，城与城之间由格兰德河分隔开来。

埃尔帕索和华雷斯城一带，是美墨690英里边境线的终点，也是1 241英里长的河流边界的起始点。在此分界处的北边，格兰德河从落基山脉的南边蜿蜒流下，形成了一片绿油油的灌溉田野，将得克萨斯州和新墨西哥州短暂分隔开来。这一带只有鸟儿、农夫和偶尔经过的独木舟。而在得克萨斯州、新墨西哥州和墨西哥三地的交界处，格兰德河陡然掉头，向东流去，成了一条被混凝土堤坝和钢制围栏困住的边境线，进入了边境管控区域。这里就是长达1 200英里、戒备森严的美墨国际边境，一直延伸至墨西哥湾。

从埃尔帕索驱车几分钟，便可到达三地交界处。一个低矮的大坝在边界线的上游地带阻截了格兰德河，将大部分河水引入了一个叫作全美利坚运河的混凝土输水管道。在这里，你可以站在得克萨斯州境内的格兰德河的左岸，也就是面向下游站立时左手边的河堤，远眺另一边的墨西哥和新墨西哥州。在两岸交汇处，也就是离河水边界不远的地方，矗立着一座高耸的白色方尖碑。

第二章　边境上的河

这座碑是国际边界委员会所设立的1号碑，它建成于1855年，是美墨边境的第一块界碑。边境界碑共有276块，向西一直排列至太平洋的入口。如果你站在这块界碑旁边，朝山脉望去，就能在几英里之外的岩壁上看到下一块界碑。正如作家托尔金笔下连接洛汗和刚铎两个中土王国、由火光照亮的信号塔一样，这里设置的界碑也是这样有意排列的，能从这一块看到另一块。

亚利桑那大学教授、艺术家大卫·泰勒花了7年的时间寻找并拍摄记录那些被人遗忘的界碑。很多界碑已经不在美国境内了，它们被边境墙挡在了外面，也就是被离边境几英尺远的钢制围栏划给了墨西哥。

在距1号纪念碑东南12码远的地方，是格兰德河位于墨西哥境内的河岸，上面布满了人们野餐所剩的杂物，还有形单影只的白鹭。在这里，还能听到从下游某处传来的游泳的孩子们吵嚷尖叫、溅起水花的声音。附近有座古旧的土坯房，是1911年墨西哥革命的发源地。从这里开始，墨西哥的革命领袖弗朗西斯科·马德罗和农民义军领袖潘乔·比利亚发起了一场攻占华雷斯城的短暂战争，出人意料地取得了胜利，最终推翻了当时的墨西哥联邦政府。在埃尔帕索的这一侧河岸，有些美国人旁观了这场起义从房顶发起的过程，也有一些人跨越边境，向革命军送来了橘子和现金。在100年前，格兰德河是条极易跨越的自然河，也是无人看管的边界，方便美墨两国划定管辖区。而如今，它成了地球上最牢固也最致命的河流边界。

每天都有几千人经合法路径，穿越这一分隔埃尔帕索和华雷斯城的、防护甚密的国际边境。他们通过桥上的行人通道和机动车道来来回回，这座水泥桥横跨了格兰德河，以及与它如影随形的、像护城河一般的全美利坚运河。好几千人都是在河这岸的城市居住，在对岸工作，或者是有亲属同时居住在河流两岸。每年经过这座桥的行人跨境次数，超过了400万次。

而在这看似欢乐的喧闹背后，暗藏着死亡的气息。死亡的威胁潜伏在桥下，也在城市西边灼热的沙漠山脉之中。在陆地上，感应器遍布各处，钢丝栅栏横跨而过，阻截通行，土路纵横交错，白色的边境越野车在此处来回巡逻。格兰德河既是两座城市排水道的排污出口，也是移民和毒品走私犯的地下秘密通道。阿波达卡探员向我描述了教宗方济各是如何造访华雷斯城，以及时任总统奥巴马是如何前往埃尔帕索的。当时的边境探员身上只带了手枪，以便爬过排水道，驱赶下面藏身的人，确保访问的安全。

之前和我们对视的那两个人，选择了从埃尔帕索境内危险系数最低的地点越境。在这条1.5英里长的格兰德河的支流沿岸，大部分河水通过我们脚下的隧道在地下奔流。在其下游200码的地方，河水在全美利坚运河中再次出现。运河最多13码宽，这种宽度很有欺骗性，诱使人们从这里翻越栅栏，游到对岸。然而，这条河有18英尺深，流速是每小时25英里，很多人都因为无法征服这湍急的河水而丢了性命。

全美利坚运河的两岸由连串的坚固栅栏围住，上面挂着印有西班牙语的警示牌，但是非法跨境现象仍屡见不鲜。在运河沿岸，每隔几百米就有一个紧急救生箱，里面塞满了绳子和救

第二章 边境上的河 043

生衣。在埃尔帕索，美国边境局的探员得接受激流水域的救援培训，他们经常需要使用这些技巧。与我同行的探员说，那一年这里已经发生了至少 8 起溺亡事件，救援的次数也非常多。

据国际移民组织的统计——该组织是跨政府组织，正在搭建整合全球移民死亡案例的数据库，叫作"失踪移民项目"——最常见的非法移民的死因是溺水。大多数非法移民丧生于地中海海域，他们挤在简易搭建的船里，在从北非到欧洲的危险航程中，这些船常常被海水打翻。死去的移民的尸体会被冲上利比亚的沙土海滩。在陆地上，移民会溺死在跨境的河里。格兰德河（据国际移民组织的数据库显示，其在墨西哥的名称为"布拉沃河"）是世界上最致命的河流：从 2015 年到我写作本书时为止，记录在案的溺亡数已经超过 200。

另一个常有溺亡发生的是纳夫河，也就是缅甸和孟加拉国的界河。在此溺亡的人大多是罗兴亚人，他们是由孟加拉穆斯林组成的少数族群，聚居在缅甸若开邦的北部，而缅甸是一个坚定信奉佛教的国家。缅甸人将罗兴亚人视为外国人和入侵者，因为罗兴亚人的祖先是在英国殖民时期迁居此地的。从 20 世纪 60 年代开始，若开邦的佛教徒和缅甸的中央领导层就断断续续地剥夺罗兴亚人的权利，并用暴力将他们驱逐出境。2017年，一场前所未有的残酷的族群清洗，夺去了几千个罗兴亚人的生命，迫使约 70 万人跨越纳夫河进入孟加拉国境内，当年至少有 173 个人因此溺亡。

其他冒险入境的人，则死在了分隔土耳其和希腊的埃夫罗斯河、位于塞尔维亚和匈牙利边境的蒂萨河，以及划分保加利亚和罗马尼亚的多瑙河中。在位于津巴布韦和南非边境的林波波河上,移民们会被河马咬死,还会被鳄鱼吞掉。

从边境探员的口中,我感受到了他们对移民的同情,和对人贩子("蛇头")的厌恶。人贩子总是催促这些装备简陋的偷渡者穿过致命的湍急水域,翻过灼热的沙漠山脉。其中一位边境探员曾悲伤地对我说:"人贩子并不关心这些人是死是活。"她所显露出的同情是很真挚的,但从这里偷渡的成千上万的人都不顾一切地想要离开,他们总是想方设法地避开她。边境终究是一个难以妥善处理的是非之地。

作为领土边境的河流

在结束了对得克萨斯州的探访后,我对人类将河流当作政治边界这一现象产生了浓厚的兴趣。我在这些地方所发现的河流功用,和古代水利社会完全不同。古代社会是用河流来凝聚人力,而不是分裂他们,是为了巩固权力,而不是切割势力。而如今,打开世界地图就会发现很多国家都利用河流或是其流域来划定其领土边界。

美国以加固了的格兰德河和科罗拉多河作为与墨西哥的分界线,也在领土北端照搬此法,以一系列水域划分美加边境,包括雷尼河、皮金河、圣玛丽斯河、圣克莱尔河、底特律河、尼亚加拉河、圣劳伦斯河、圣约翰河和圣克鲁瓦河。在2001年9月11日世贸中心和五角大楼遭受恐怖袭击之前,这些河流基本上都是无人驻守的,普通人可以在夏天乘船穿过河流，或是在冬天从冰面上步行、驾车经过。而如今，在高塔上架设的红外线摄像机监控着圣克莱尔河和尼亚加拉河——这两条河将美国密歇根州和纽约州与加拿大安大略省分隔开来。在冬日，走私者和边境探员驾着雪地摩托，沿着圣劳伦斯河结了冰的高速路不断上演猫捉老鼠的游戏。

在1 500英里的范围内，黑龙江与其支流额尔古纳河和乌苏里江划出了中国东北和俄罗斯远东地区的边界。鸭绿江则分隔了中国和朝鲜两国，两岸的发展水平对比格外鲜明。德国是以莱茵河、多瑙河、因河、尼斯河和奥得河作为边界。巴西、巴拉圭和阿根廷则由巴拉那河所分隔。划分葡萄牙和西班牙的是杜罗河，而隔开英格兰和苏格兰的界河则是特威德河。若再细看，我们还能看到在每个国家境内，河流和其流域也被用来划分省份、州、县和城镇。

令我惊讶的是，河流经常被作为政治边界使用，却几乎没有人对此进行过定量研究。于是我让萨拉·波佩尔卡用地理信息系统软件来尝试解决这一问题，当时萨拉还是一名在加州大学洛杉矶分校地理专业就读的本科生，她极具天分。我们之后会在第八章中提到，由于新型卫星和地理空间数据集的广泛使用，开展全球范围的"大数据"分析越来越容易了。通过将政治版图边界和人口密度数据与由卫星遥感获取的高清河流地图相融合，我们搭建起了一个描绘政治河流边界的地理空间数据库，即"全球国境内的河流分界"，简称"GSRB"。

图 2-1 鸭绿江将两个发展水平相差甚远的地域分隔开来了。左边是朝鲜，右边是中国。（米哈尔·休涅维奇/摄）

这个数据库能够精确地辨识和绘制由大河在国境内和国家之间设定的政治边界。我们从中得知，至少有 5.8 万千米长的（即 23% 的）内陆国家边界，18.8 万千米的（即 17% 的）内陆州/省的边界，44.2 万千米的（即 12% 的）内陆县/地方边界，是由大河构成的。而如果将所有含有大河的管辖区都囊括在内，那么河流作为上述三类边界的比例，还会相应上升至 25%、20% 和 22%。在南美，几乎有一半国境边界是由河流划分的。在全球范围内，以河流作为政治边界的地方，包括 219 对国家、2 267 对州/省份、13 674 对县/地方区划。这些看似庞大的数字仍然低估了河流在划定政治范围上所发挥的作用，因为我们在研究中没算小河，也没算河流的流域。

简而言之，我们的研究量化了河流在分界中所扮演的重要角色，它们塑造了我们所居住的地区，也决定了我们的邻居是谁。在第九章中，我们还会以全球人口和城市的未来作为背景，介绍这一原创研究。

河流背后的政治私利

在很早之前，人们就很喜欢把河流和它们的流域当作界定政治疆域的标尺。统治者和帝国经常用这些自然特征划定领土、商议边界，这样既方便又明显。在中世纪，法国曾以索恩河、罗讷河、默兹河和斯海尔德河作为领土的分界线。正如第一章所述，法国的探险家拉萨尔曾未经任何绘制和测量工作便以密西西比河的流域边界——无论它所划定的实际范围有多大——在一大片未经探索的领土上宣示主权。他完全不知道当时划出的区域囊括了 120 万平方英里的土地，大约占到如今美国领土面积的 40%。在拉萨尔之后的几百年间，这片土地几易其主，又被细分，但一直沿用了拉萨尔当时用以宣示主权的地理特征。

当时参与美国领土谈判的官员，也把密西西比河作为与英国协商领土的领土目标，因为它方便阐释，也容易理解，以此为独立战争画上了句号。20 年后，时任美国总统杰斐逊和法国统治者拿破仑也是用这条河以及拉萨尔划定的流域边界的西部，来协商路易斯安那购地一事。对年轻的美国来说，这次购地是未经流血而取得的胜利，后来它被证明是历史上规模最大的一桩土地收购案。

在地理测绘技术未成熟的时期，对不了解情况的外国殖民者来说，河流和其流域边界就是天然的绘图器，方便他们划定和交易疆域。河流的优势在于，它们在视觉上很明显，持续不断，也有很长的流域。土地测量既耗时又费钱，而河流是免费的，而且已经天然存在了。它们为军事占领和条约协商提供了清晰、客观的目标，而且除了这些土地产权上的便利，河流自身也为人类提供了进行探索和贸易的途径，它们还蕴藏着丰富的自然资源，例如位于低洼地的木材、肥沃的土壤、丰富的鱼类，甚至少量的金子。在军事意义上，河流是向远处运输人力和货物补给的便捷方式，而且为敌人的进攻制造了障碍。以上种种原因，包括划定领土目标、可通行、具有自然资本和军事力量，解释了在测绘极不充分的情况下，从远方而来的殖民势力为何必然会将河流作为探索疆域、谋划军事、划定边界的首选自然特征。

美国成立初期的领土扩张表明，在地图出现之前，河流和其流域常被当作政治意义上的领土边界。自《1763年公告》开始——此宣言将密西西比河流域和向东流淌的阿巴拉契亚山脉的上游水域之间的地形分水岭，作为划定泰德沃特殖民地的边界，一系列领土协商将密西西比河或它的分支当作参照的边界，包括终结了独立战争的《巴黎条约》，以及路易斯安那购地案和《俄勒冈条约》。其他河流则在得克萨斯州的兼并，与美国许多个州和太平洋西北地区相当大的一块领土的创建上发挥了重要作用。在18世纪至19世纪，河流和其流域为拓展美国疆域和政治势力发挥了重要的作用。

例如，要是美国的詹姆斯·波尔克总统没有在1845年吞

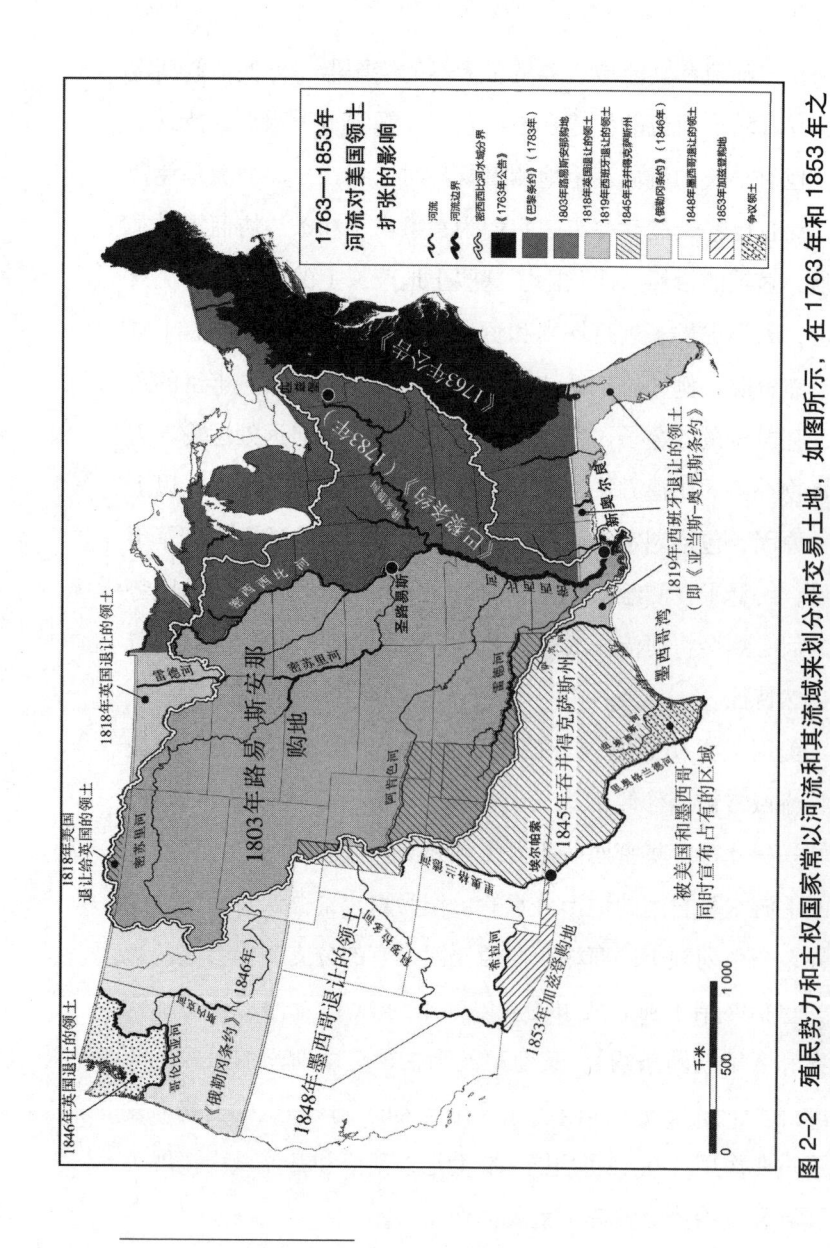

图2-2 殖民势力和主权国家常以河流和其流域来划分和交易土地,如图所示,在1763年和1853年之间,美国这些主要的河流和其分支与拓展领土的重要协定有大片重合的部分。

① 本书所有地图系英文原书地图。

并得克萨斯，入侵墨西哥，发起一边倒的战争的话，那么今日美墨两国的边界就是得克萨斯的纽埃西斯河，而不是格兰德河；美国的门户城市就是科珀斯克里斯蒂，而不是埃尔帕索。吞并得克萨斯后，波尔克把美国军队推至纽埃西斯河以南，也就是原本墨西哥北部与得克萨斯的边界，挑起了美墨战争。

这场战争使刚独立不久的墨西哥丧失了50多万平方英里的土地，相当于其一半的领土。在1848年签订的、标志着美墨战争结束的《瓜达卢佩-伊达尔戈条约》中，墨西哥失去了格兰德河上游西部的所有土地，也就是如今组成了新墨西哥州、亚利桑那州、科罗拉多州、犹他州、怀俄明州、内华达州和加利福尼亚州的部分甚至全部地域。得克萨斯州的南部边界，一下子从纽埃西斯河跃进至格兰德河。要不是美国趁着1853年至1854年间发起的加兹登购地事件，从墨西哥手里购入了29 670平方英里的土地，如今亚利桑那州南边的国际边界就可能沿着菲尼克斯南边的希拉河而定，呈现出曲曲折折的形态。

在进入美国加州大学洛杉矶分校地理系读研究生之前，曾经在美国国务院供职的韦斯利·J.雷瑟博士，透彻地分析过为何物理空间和社会现有的状况会影响政治疆域的划定。他的博士论文之后以《黑皮书：伍德罗·威尔逊的秘密和平计划》为名出版，其中提到美国的一些地理学家、历史学家、政治学家和经济学家曾在一战期间秘密会晤，而这些人的构成是鲜为人知的。这群人是由当时的总统威尔逊所召集的，负责制订一个总体规划，以重新划定世界的政治版图。于是他们筹备了名为《黑皮书》的绝密文件，内含地图和规划，威尔逊带着该文件参加了终结战争的巴黎和会。这些规划囊括了河流和其流域的"自然地理特征",也考量了与其相关的语言、民族和政治因素。

威尔逊当时在《凡尔赛和约》中的首要诉求之一,就是争取控制关键的河流。《黑皮书》曾建议,将底格里斯河与幼发拉底河的上游水源并入单一的美索不达米亚地区(即如今的伊拉克),但这一点并未在协商中得到承认。不过,它的其他提议则被顺利通过。当时被提议的很多边界都将河流作为考量的因素之一,有时还会故意将河流的控制权转移到自己欣赏的国家手中。例如,美国主张当时的捷克斯洛伐克,即今日的捷克共和国和斯洛伐克,在布拉迪斯拉发拥有多瑙河的通行权。一个有争议的提议是,主张波兰建立一个"通海走廊",沿着维斯瓦河一直延伸到德国的港口城市但泽,也就是如今波兰的格但斯克。尽管这个城市90%的人口都是德国后裔,而且走廊会把德国一分为二,这个提议最终还是成功通过了。多年之后,在二战结束后,苏联将波兰的领土向西拓展到了奥得河和尼斯河。总而言之,在两次世界大战之后,特定的河流或其流域分界线曾协助划定欧洲和中东的政治地理版图。这些战争合约以及历史上很多的侵占与协定的影响都十分深远,它们影响了如今内陆领土将近四分之一的政治划界。

国家的范围与形状

政治边界的划分,完全是由人来决定的。是人们谋划、商定了边界,不是自然地理本身决定了边界。

海岸线、河流和山脉为划界提供了便利的天然特征，但除此之外，人们也有其他的考量和需求。即使美国已经拥有将近4 000英里的海域，它还是想将夏威夷收入囊中。那么，有哪些人为的因素决定了国家的大小和数量呢？

在《国家的规模》这本重要的著作中，政治经济学家阿尔贝托·阿莱西纳和恩里科·斯波劳雷指出，经济、人口统计和政治自由的限度，决定了一个国家的大小。一般来说，若是国家拥有庞大的人口，这个国家的理想规模取决于如何权衡人口所带来的优势和劣势。优势包括经济体量更大、在国际上的政治地缘影响力更大，基础建设与公共服务所需的人均开销更低。大国能召集更为庞大的军队，有各式各样的人来重新分配财富，更能抵御由经济颓势和自然灾害所带来的影响。

然而，疆域广阔、人口众多的国家，内部也会更多元，会产生多种多样的偏好、优先诉求和文化。掌控并管理这样复杂多元的形势，意味着要在一定程度上牺牲公民的满意度，这可能会影响管理整个国家的能力，对开放的民主国家来说尤其如此。管理能力低下，则会对整个社会秩序和国家稳定造成威胁。

如今，很多大国的人口具有多元的背景和多样的偏好，这为持续发展带来了诸多挑战。为了保持现有的国家规模，伊拉克必须协调逊尼派穆斯林、什叶派穆斯林和库尔德人的不同偏好。德国必须调和反移民的民族主义者和偏自由派的全球主义者的主张。美国必须兼顾多个对现状不满的派系，让乡村保守派和城市自由派以及具有不同社会经济地位、性别和种族的选民相互竞争。这些国家的延续，都以内部积怨和政治僵局作为代价。

由于上述压力而导致解体或分裂的内部多元的国家，包括苏联、捷克斯洛伐克、阿拉伯共和国和南斯拉夫。20世纪晚期是政治分化异常频繁的时期，主权国家的数量在此期间翻了一番。政治分化一部分是由民主化的发展所催生的，民主化加速了政权的交替。简而言之，很多国家分化成更小的单元，以满足公民的需求，即使这样做可能会以牺牲大国经济实力和地缘政治优势为代价。

《国家的规模》这本书协助阐释了迫使国家拓展或是分裂的社会和经济力量。这些力量的最终结果会影响到客观世界。将海岸线、地形分界线、河流作为政治版图的边界的实用性，对早已逝去的帝国的统治者们来说，再明显不过了，却意外地被今天的学界忽视了。《国家的规模》一书曾多次提及这些客观存在的地理特征。如果你去询问政治学家，为什么全球政治边界会是如今这样，你得到的很可能是有关民族、语言、殖民历史、宗教、民主和威权主义的社会影响的精彩描述，而不会听到关于海岸线、河流或者地理流域分界线的分析。

但我和萨拉·波佩尔卡的研究与美国领土拓展的地图，以及世界地图都显示，现实的物理世界也影响了主权国家划定边界的过程。人们会以政治倾向划定政治边界，但绝非只秉持着这一个标准。除了纯粹的社会力量，海岸线和河流也带来了诸多影响。河流以及更大意义上的自然地理，对划定国家的大小和形状产生了重要影响，因而也塑造了世界上政治力量的地理空间模式。

对水域战争的担忧

如今，河流在国际领土争端中的作用愈加显著，不再局限于划定边界。更为紧迫的问题是河流水源本身。尽管世界上大部分地区的生育率都在下降，但全球人口规模和发展中国家的收入仍在上升。在这样一个更为富有、以肉为食，且预计将在2050年拥有100亿人口的星球，要想满足所有人的需求，我们必须将现有的食物生产力扩大两倍。保护水源的措施和技术发明，如种植能抵御害虫和疾病的转基因作物，能帮我们应对这样的挑战。但是为了养活地球上日益增多的人口和牲畜，我们依然需要水源。这些需求给已经严重缺水的河流、溪水和地下水含水层带来了更大的压力。

提到水资源短缺，我们很容易在脑中设想未来将会发生的一系列可怕的场景。关于围绕水源所展开的武装争夺，学界已经有专门的研究了。在写作此书之时，我在谷歌上搜索关键词"水源战争"，看到了100万网络点击量，约1 300个学术出版物。俄勒冈州立大学的地理学者亚伦·沃尔夫曾对此主题展开长期研究。他提到，水是"唯一无可替代的稀有资源，关于水源的国际法尚未完善，但对水的需求是非常巨大的"。连续三任联合国安理会秘书长——安南、潘基文和古特雷斯——都公开表示过对水资源缺乏的后果的担忧，担心会由此在全球引发社会骚乱、大规模迁徙和武装冲突。

那些人口贫困、国际局势因其他原因已经高度紧张的地区，也是人们尤为关切的地方。全球至少有四个大型跨境河流系统经过这样的区域。尼罗河目前由 11 个国家，约 5 亿人口共享。约旦河则由以色列、约旦、黎巴嫩、巴勒斯坦和叙利亚共享。底格里斯河和幼发拉底河流域供养着土耳其、叙利亚、伊拉克和伊朗这几个国家。而印度河则由阿富汗、中国、印度和巴基斯坦共享，其上游则位于冲突不断的克什米尔山区。

这些河流目前已经供不应求，它们对人类的生存繁衍至关重要，也常常被利益相左的仇家所共享。由河流供养的人口在不断繁衍，也在不断提升工业化水平，因而对水源的需求也会更加旺盛。人们争夺对重要河流的控制权，是否会导致暴力冲突？21 世纪是否会因为争夺水源而爆发国家之间的战争？

曼德拉也会用轰炸机争夺水源

我们有合理的理由推测争夺水源的战争将会持续存在。曼德拉这位被全球敬仰的支持和平与社会正义的斗士，也曾以武力争夺水源。

由于领导激进的社会运动，曼德拉经历了长达 27 年的牢狱之灾，他也因此获得了诺贝尔和平奖。为了彻底废除南非的种族隔离制度，他鞠躬尽瘁，并在 1994 年当上了南非总统。

在曼德拉的四年任期内，他所领导的南非国防军侵袭了莱索托王国——莱索托是一个位于南非高原的、被南非包围的小国。南非国防军当时用轰炸直升机和特殊部队，剿灭了守卫卡齐水坝的一支莱索托军队，卡齐水坝是一个新建的混凝土拱形水坝和水库，横跨了马力巴玛索河的两岸，属于由南非和莱索托共同建造、投入了80亿美元的水源工程，即莱索托高地调水工程的一部分。当时两国规划了五个大坝，用以截断奥兰治河的水源，卡齐水坝是首个建成的。这些大坝通过运输管道，每年将22亿立方米的水送到南非的工业中心地带，包括比勒陀利亚、约翰内斯堡和弗里尼欣。

当时有16名莱索托士兵在南非国防军挟持大坝时被杀。当确保大坝已经得到控制之后，南非军队才行进到了莱索托的首都马塞卢，他们声称此举是为了镇压由激烈的选举所引发的叛乱。也许是因为顾忌自己的缔造和平者的形象，曼德拉是通过其下属曼戈苏图·布特莱齐来签发袭击命令的。在曼德拉前往美国华盛顿，从克林顿手里领取美国最高军事荣衔"荣誉勋章"的时候，他曾任命布特莱齐短暂担任代总统一职。

针对南非为美化这次袭击而发布的种种声明和协定，学界和法律学者曾开展过细致研究，他们发现其所宣称的动机是不充分的。举例而言，镇压选举抗议无法为南非违背《南部非洲发展共同体条约》和《联合国宪章》的规定提供充足的理由。袭击背后的真正动机，显然是来自对莱索托高地调水工程的担忧。当时，这一工程是非洲次大陆最大的河流调水工程之一，也是南非确保长期水源安全战略的基石。

让我们细想一下：曼德拉，一位备受尊敬的诺贝尔和平奖得主，同时也是一位富有远见的人，坦然接受了牢狱生活，也并未停止终结隔离制的努力。这样的人，依然要迫切地违背国际法的规定，为了争夺水源而入侵另一个主权国家。这一举动的出现，可能更多的是因为河流实在太过重要，而非仅仅出于他个人的意愿。可以说，世界上没有任何一位总统——甚至曼德拉也不会——在权衡己国的健康发展和国家利益时，否认水源安全的重要性。

水源，也是天然护卫

莱索托之所以对所有南非人的生存前景如此重要，是因为它境内的马洛蒂-德拉肯斯山脉形成了"水塔"，也就是原本被干燥的低地环绕的山脊，为主要的下游河流截取并输送了大量水源。

在这里，从引水中获益的下游河流就是奥兰治河，它横穿了非洲大陆的南部，是流量庞大的通航要道，同时也是南非至关重要的水源补给。世界上其他重要的水塔，还包括：埃塞俄比亚高原，它为作为尼罗河两大源流之一的青尼罗河和尼罗河本身提供了水源；欧洲的阿尔卑斯山，它为多瑙河、波河、莱茵河和罗讷河提供了水源；非洲的比耶高原，它为奥卡万戈河和赞比西河提供了水源；中亚的帕米尔高原、阿尔泰山脉、兴都库什山脉和天山山脉，它们为阿姆河和锡尔河提供了水源；中东的托罗斯和扎格罗斯山脉，它们为底格里斯河和幼发拉底河提供了水源；美国的落基山脉，它为科罗拉多河和格兰德河提供了水源。世界上最大的水塔是青藏高原和喜马拉雅山脉，那里是众多重要河流的发源地，印度河、恒河、布拉马普特拉河（上游在中国境内，称雅鲁藏布江）、伊洛瓦底江、萨尔温江（中国称怒江）、湄公河（中国境内称澜沧江）、长江和黄河从此流出，养活了居住于此的一半人口。

如果仔细检视水塔和其供养河流的所处位置，我们就会看到很多国家依赖从其他地区流入的水源。例如，莱索托控制着南非的一座重要水塔，埃塞俄比亚控制着苏丹和埃及的一大水源，安哥拉则控制着纳米比亚、博茨瓦纳、赞比亚、津巴布韦和莫桑比克的重要的水源供给。尼泊尔控制着印度的一大水塔，印度则控制着巴基斯坦和孟加拉国的供水来源。土耳其控制着叙利亚和伊拉克的一大重要水塔。由中国西藏、尼泊尔、不丹和克什米尔地区所环绕的一大水塔，维系着9个下游国家的生存发展，也覆盖了全球将近一半的人口。自1951年西藏和平解放后，当地的水源得到了有效的控制。这里的水源不仅对中国意义重大，也是孟加拉国、缅甸、老挝、柬埔寨、泰国和越南重要的生存命脉。

河流发源地和河水消费地的地位是不同的，这对主权国家来讲，具有重要的权力意涵。一个国家控制着水源，或是能控制从中发源的河流，会对河流下游的邻国产生潜在的生存威胁。处在下游的国家，也就是下游河岸拥有者，担心上游河岸拥有者会在河流抵达下游之前，耗尽或是污染了水源。

如果自然地理条件允许上游国家在境内引流河水，或是阻截河流，将会对下游国家产生极大的威胁。举例而言，对墨西哥来说，美国对上游水源的控制力十分强大，因为格兰德河和科罗拉多河都有很长的流域，而且它们在美国境内、在抵达墨西哥之前，已经有了极大的排水量，有很多特别适宜改道和修建大坝的地点。而对缅甸、柬埔寨、泰国和越南来说，中国和老挝也具有同样的影响力，在中国和老挝境内，有很多地点方便阻截湄公河，或是从中引流。

由"哈蒙主义"衍生的国际合作

假如，一个上游的河岸国家毫不顾及邻国的需求，消耗或是污染了所有水源，就会像下文一样，重演美墨之间的角力。1895 年，墨西哥驻华盛顿的大使向美国国务卿递交了一份关于格兰德河的紧急报告，警告说在美墨边境的长达 500 英里的河流将在夏季完全干涸。墨西哥的农民即将被迫废弃他们已经灌溉了 300 年的土地，而且华雷斯城的人口已经骤然减半。那么，是什么催生了这场危机呢？原因就在于，在边境的上游，美国新建了一系列河水改道的项目，从格兰德河上游抽水，灌溉科罗拉多州和新墨西哥州的新垦农田。这位大使表示，对华雷斯城和埃尔帕索境内的格兰德河沿岸地区来说，这样的改道扼杀了几百年来沿用的水源使用传统。

当时担任美国司法部部长的贾德森·哈蒙回敬了一封措辞强硬的法律意见书，宣称美国没有任何义务限制自己在境内对格兰德河河水的取用。美国对自己的领土拥有绝对主权，因此对任何流经其境内的河流也拥有绝对主权。在格兰德河抵达美墨边境之前，美国可以任意使用其上游水源。

这一主张后来衍生出了人们所熟知的"哈蒙主义"，它例证了所有脆弱的下游国家的生存忧虑，即上游国家很可能会掐断水源供给。但是在实际情况中，大多数下游国家也同时制约着上游国家，而且与邻国共享水源。

若是河流能够通航，尤其是如果上游邻国位于内陆的话，那么下游国家的权力地位就会大为不同。尽管德国在下游，相对于捷克，它依然持有重要的水源控制力，因为不经过德国的准许，捷克就没法通过易北河让船只驶向北海。同理，上游的匈牙利，要是没有得到克罗地亚、塞尔维亚、罗马尼亚和保加利亚的默许，也没法经由多瑙河抵达黑海。除非得到阿根廷的许可，否则从南美内陆国家巴拉圭开出的船只也不能到达大西洋。

依照"哈蒙主义"的逻辑，墨西哥完全有理由用光孔乔斯河的水，孔乔斯河是格兰德河的主要支流之一，保障着格兰德河在得克萨斯州边境的流量。加拿大也可以在哥伦比亚河流至华盛顿州和俄勒冈州之前，在英属哥伦比亚截断该河。即使是最极端的美国民族主义者，也会马上领悟到，"哈蒙主义"损害的其实是美国利益至上的目标。

于是，哈蒙的继任者废弃了"哈蒙主义"。为了叫停格兰德河的改道行动，美国国务院采取司法行动，终止了一个位于新墨西哥州的私人修坝项目。"哈蒙主义"宣告结束，美国决定，在格兰德河抵达邻国前，不会耗光上游水源。

为了公平地分配河流的水源，经过商议，美墨两国达成了一项具有约束性的国际协定。该协定在1907年生效，它是由美国推动达成的首个跨境河流协定。它所创立的合作模式，为世界上其他跨境河流的管理奠定了基础。

与1907年的美墨协定类似，很多河流协定都是双边协议。

一些协议甚至是由两个完全对立的国家签订的，它们在其他议题上几乎无法达成共识。自1960年签订《印度河水条约》以来，印度和巴基斯坦就一直用核导弹瞄准对方，它们打了三次仗，但谁也没有违反平等共享印度河的条款。1979年至1994年，阿拉伯国家与以色列曾长期处于冲突状态。在此期间，来自以色列和约旦的代表仍暗中会晤，制订了共享耶尔穆克河的合作计划，该河是约旦河谷的重要水源。要知道，那时这两个国家之间还没建立任何正式的外交关系。

类似的对立双方合作的例子，最早能追溯到古代的美索不达米亚。根据一块苏美尔石碑，即"鹫碑"——名称源于石碑对秃鹫吞噬战争尸体的描述——的记载，在一场极为血腥的战争之后，古代城邦拉格什和乌玛曾订立协议，约定平等共享底格里斯河的水源。1804年，彼此仇视的德国和法国约定了永远共享莱茵河，这样的合作模式也在比利时、瑞士和荷兰生根发芽。与此相关的多国合作可以追溯到1815年的维也纳会议，当时订立了一个新的欧洲秩序版图，来统整拿破仑战争遗留的问题。

如今，全球已有将近500项河流共享协议，而且这一数字还在不断增加。世界上关系最紧张、供需最不平衡的河流流域，包括尼罗河、约旦河、底格里斯河-幼发拉底河和印度河流域，也订立了多国协定，划分了责任。这些地方常常被外界视为因争夺水源而爆发武装冲突的热点地区。

而在2014年，这一延续了数十年的传统，有了新的关键进展。当时越南成了第35个加入《联合国水道公约》（全称为

《国际水道非航行使用法公约》）的国家，而该法需要至少35个国家的签署才能生效。于是，随着越南的加入，这一重要的国际法历经44年的酝酿和发展，终于得以产生影响。

《联合国水道公约》肇始于1970年，当时联合国大会投票授权联合国国际法委员会（ILC）起草一项全球合作框架，以确保主权国家之间能平等地共享河流水源。该委员会的前身是由学者组成的国际法协会（ILA），它成立于20世纪50年代末和60年代初。1966年，在芬兰首都赫尔辛基，国际法协会在会议上颁布了《国际河流水利用的赫尔辛基规则》，即一系列确保跨境河流协作管理的高级别规定，此举也标志着多国合作进入了繁盛期。重要的是，《赫尔辛基规则》规定参与国要准许所有河流沿岸国家"合理且公平"地使用国际河流。如今，这一核心原则体现在了《联合国水道公约》和全球众多跨境河流条约中。

有些国家缺乏跨境协定，或是其参与的协定未能囊括所有沿岸国家，而《联合国水道公约》为它们提供了一个有效的协商起点。同时，也为暂时还未被协议囊括的其他议题，如污染，提供了有价值的参考。《联合国水道公约》于2014年正式生效，当时已有36个国家签署，包括英国、德国、法国、意大利、芬兰，以及众多拉美、中东和非洲国家。

争夺湄公河

关于水源的故事，还远未结束。随着对水资源的需求日益旺盛，地缘政治的版图也在不断变更，河流共享协定的多国合作框架因而也发生了改变。

湄公河约有4 500千米长，其流域覆盖将近80万平方千米。它发源于中国西藏地区，流经中国、缅甸、老挝、泰国、柬埔寨和越南，最终流入南海。它的上游水域在中国和缅甸境内，常被称为"上湄公河流域"，而它的下游位于老挝、泰国、柬埔寨和越南境内，即"下湄公河流域"。在中国，湄公河被称为"澜沧江"，因而有时它也被称为"澜沧江—湄公河"。对这样一个庞大、连续的流域来说，这些不同的名字和定义凸显了这些国家对这一通航要道的未来，有着截然不同的政治诉求和愿景。这一情况在东南亚尤为突出，湄公河下游是目前全球为数不多的仍未修建大坝的大型河流区域。

湄公河是东南亚饮食文化的支柱，支撑着整个地区的渔业和水稻种植经济。泰国、越南、老挝和柬埔寨重度依赖湄公河和其支流来发展农业、渔业和水路交通。越南的湄公河三角洲和泰国的呵叻高原是当地最重要的两大水稻种植区，为两国贡献了近一半的水稻产量。这四个国家每年能生产约6 000万吨大米，其中的三分之二供给国内，养活了2亿人口。其他的大米则流入市场，占全球大米出口市场近40%的比重。

湄公河和其支流也是一大重要的鱼类产地。例如，柬埔寨洞里萨湖每年的回流洪水，形成了全球最大的淡水鱼产地。在探访东南亚时，我对柬埔寨饮食中的新奇的淡水鱼种类感到惊奇，这些淡水鱼在金边繁忙的水产市场、餐馆和洞里萨湖旁的村子里，比比皆是。而金边正好位于洞里萨湖、湄公河和巴萨湖的交汇处。此地最有名的景象是洞里萨湖上的"浮村"。这个庞大的内陆湖因季节变换，时而扩张，时而收缩，而在湖上漂浮的村落也随着湖岸来回移动。

关于在湄公河及其支流改道和修建水利大坝，争议日益增多。为了解决争议，1995年，泰国、越南、老挝和柬埔寨共同成立了"湄公河委员会"。这一委员会是由成员国共同管理的，并非带有功能性管理框架的协定。它设有由部长级别的官员所组成的高级别管理部门，一个由部门负责人组成的工作委员会，和一个负责执行决议的秘书处。秘书处的地点在这四个国家之间轮流迁移，办公地点设在曼谷、金边和万象这样的首都城市。

湄公河沿岸具有非常庞大的发展需求和压力，而湄公河委员会有权审核这些发展计划是否适宜执行。该委员会的首要功能就是发展，为了这四个国家和其人民的福祉，而寻求对河流的"合理使用"。它试图判断并减轻河流开发，甚至是跨境开发对农业、渔业和当地的社区造成的破坏。

湄公河委员会的一个关键任务是与这四个国家协商，找出并优先处理特定的发展项目，例如水力发电大坝和灌溉改道计划。在提议建设重要项目前，它会经过通知、协商和达成共识的详细流程。但其成员国不一定总是遵照流程，例如泰国最近就违反了委员会的规定，在旱灾严重时，它从湄公河抽水，引到了其境内的会銮河，但在绝大部分时候，它们还是会遵守委员会的规章协定。湄公河委员会也协助开展水质测控和科学研究，组织专门领域的会议，设置教育拓展项目，以透明、全面的方式来监控和管理河流流域的行动。

然而在 2006 年，湄公河委员会的权力遭遇了极大挑战。当时老挝开始规划在该国北部和南部建设两个湄公河大坝，即沙耶武里水坝和东萨宏水电站，这是湄公河下游最早出现的大坝项目。老挝的目标（过去是现在也）是成为"东南亚地区的电池"，也就是通过向泰国和柬埔寨出口电力，成为水力发电的主要供给者。作为全球最贫穷的国家之一，老挝在确保为快速工业化的邻国提供持续稳定能源的同时，也急需通过这一规划获取额外收入。

然而老挝的提议遭到了其他沿岸国家、环境保护团体和国际性的非政府组织的共同反对。它们认为大坝会对水稻种植、渔业生产和自然生态系统产生负面影响，而且该计划极度缺乏对当地社区的研究，可能会带来灾难性的后果。老挝执意推行计划，在 2010 年向湄公河委员会提交了一份预算达 38 亿美元的沙耶武里大坝修建规划。湄公河委员会认为，老挝对这一项目的影响预估不足，要求其开展进一步的科学研究，并整理数据，否则不能继续推行。他们同时提议 10 年内禁止在湄公河下游修建任何大坝，直到人们能够进一步明确修建大坝所带来的更广泛的影响。

老挝政府感到很失望，便开始了单方面的行动。它和一家私营电力公司，即沙耶武里电力公司，以及泰国的国有电力企业，即泰国国家电力局，签署了长期的能源开发合同。2012 年，在尚未得到湄公河委员会最终决议的情况下，老挝便开始修建沙耶武里水坝。一年后，老挝就第二个大坝项目，即东萨宏水电站，向委员会提交了针对该项目的规划和影响评估，但只是为了"告知"委员会，并非为了征求其同意。

湄公河委员会束手无策，只能向成员国的政府高层通报此事。政府高层的施压和外交努力也未能阻止老挝的行动，它签署了更多长期的能源开发协议，并开始修建大坝。在我写作本书之时，这两个项目在经历了更多的政治角力和短暂禁令后，基本上快要完工了，而且第三个项目，北宾水电项目，也准备投入建设。尽管2018年桑片-桑南内水利项目副坝曾出现严重垮塌，40人丧生，数千人被迫迁徙，但老挝依旧没有停下脚步，目前它已经在规划第四个项目——巴莱大坝了。

老挝单方面决定在湄公河下游修建大坝，凸显了湄公河委员会的弱势地位。它的指令效力有限，只有少数几个执行机制，而且没有否决项目的权力。在缺乏强力约束的情况下，湄公河委员会的声明，或者说是关于开展研究、延缓建设的善意提醒，使得老挝有底气无视规定，径自开展项目。

近20个曾经资助了湄公河委员会的国际行为体，包括芬兰、澳大利亚、瑞典、比利时、丹麦和欧盟，对此表示吃惊和失望。于是它们削减了资助金额，从2015年的2500万美元，降到了2016年和2017年的约400万美元。它们认为，既然湄公河委员会自己的成员都不遵守协议了，就没有继续资助的必要了。在维系了20多年成功的合作关系之后，湄公河委员会遭遇了强劲的对手，那就是以民族利益为先的发展压力促使某些国家在湄公河下游建设大型水坝。

中国不是湄公河委员会的正式成员，也并未加入东盟。它曾在1995年拒绝加入湄公河委员会，表示更希望作为其"对话伙伴"，因而委员会无权审核由中国发起的河流开发项目。到2018年为止，中国已经在湄公河上游流域修建了8个大坝，同时至少有20个其他项目在建设或是在规划中。

在2014年于缅甸举行的第17届中国—东盟峰会上，中国提出了一个全新的湄公河区域合作治理模式。16个月后，6个沿岸国家（中国、缅甸、老挝、泰国、柬埔寨和越南）的领导人签署了"澜沧江—湄公河合作机制"，由中国担任永久的主席国。

这是中国在东南亚领导的首个区域性跨政府组织。该组织的成立，立刻引起了外界对湄公河委员会未来走向的猜测。它的影响力超过了（至少三个以上）其他在东南亚寻求区域合作的有竞争力的框架，包括2009年由美国提出的"湄公河下游倡议"，成员包括美国和其他5个沿岸国家，不包括中国，以及同年由日本提议的"湄公河—日本高峰会"，成员包括日本和这5个国家，不包括中国。

与湄公河委员会类似，"澜沧江—湄公河合作机制"更像是一个治理机构，而非强制性的协定。它组织各级政府的常规会议，每年举行外长会晤，每两年举行国家元首会晤。虽然它的会议主题是看似简单的"同饮一江水，命运紧相连"，但实际目标则要宏大得多。目前已经公开的目标包括，在执法、反恐、旅游、脱贫、农业、气候变化、灾害应对和银行业务上开展跨境合作。中国将提供价值超过15亿美元的贷款和100亿美元的信贷额度，以投资整个东南亚地区的基础设施建设。这一资金将用于建设水路、铁路和高速公路，连接整个东南亚和中国。这一合作框架的目标，已经远远超过了河流治理的范畴。

1995年，由于对河流的规划存在分歧，有关国际合作的呼声日益高涨，于是催生了湄公河委员会，也由此开启了20多年的良好合作。而如今，由于老挝对水力能源的渴求，湄公河委员会的权力弱势暴露无遗，一个新的河流管理模式正在兴起，其目标也更为远大。

作为政治疆域的边界，河流溺死了急于求生的偷渡者，也重塑了国家的范围和形状。作为输送水源的通道，它们也会滋生焦虑情绪，打破邻国间的权力平衡。从国际事务中——从水源共享合约，到协同管治，再到区域经济融合的宏大设想——我们可以看到，河流所产生的凝聚力，远远超过了它所带来的分裂、破坏的力量。

但在战争中，就是另一番景象了。

第三章

由耻辱和战争故事注解的世纪

从2014年到2019年,一个手段残暴的新型组织在两河流域的古老文明发源地兴起。它就是"伊斯兰国",是一个暴力、激进的"圣战"组织,简称"ISIS",也被称为"伊拉克和黎凡特伊斯兰国"(简称"ISIL"),或是"达伊沙"(DAESH)。它在"阿拉伯之春"的混乱局势中诞生,很快将目标设定为在叙利亚和伊拉克建立极度正统的伊斯兰哈里发国家。

新型宗教文明的中心,从一系列被占领的河畔城镇中兴起,这些城镇连同大坝、水电设施、油井和农田,如粒粒珍珠镶嵌在底格里斯河与幼发拉底河沿岸。即使以"圣战"主义者的标准来看,ISIS的行为也是极其凶残的,它通过在短期内攫取几座伊拉克重镇,包括摩苏尔、加伊姆、费卢杰、提克里特的控制权,甚至曾短暂威胁过伊拉克首都巴格达的安全,在全球舞台上迅速崛起。这一组织也借由叙利亚内战的混乱局面巩固其在西北部的权力范围,占领了大片幼发拉底河河谷和数座叙利亚重要城市,如代尔祖尔、阿布凯马勒和拉卡,并将拉卡定为"伊斯兰国"的首府。ISIS麾下有近两万强壮的ISIS战士，除了叙利亚和伊拉克，他们还来自沙特阿拉伯、约旦、突尼斯，甚至澳大利亚、法国、德国、英国和美国。ISIS热衷于斩首被捕的敌方军人和西方人，还将处决的影片发布到网上，这一行为引发了全球的愤慨和恐惧。

  2014年年末，ISIS的势头正盛，它控制了叙利亚和伊拉克境内超过10万平方千米的土地，约1 000万人口。它积极地通过石油营收、外国捐款、绑架索要赎金、掠夺财产和对占领区收税来筹集现金。ISIS甚至威胁要炸毁幼发拉底河上的重要大坝，以控制占领区的人口。单靠石油收入，ISIS每天就有100万至200万美元的新钱入账，而他们原本的财产价值就有约20亿美元之多。这些收入都被用于购置武器和车辆，补给军队，资助社交媒体的宣传计划，他们的宣传在世界其他地方煽动了几十次恐怖主义袭击。

  在佛罗里达州的奥兰多，一位宣誓效忠ISIS的男子带着突击步枪和格洛克半自动手枪，进入一个同性恋酒吧，神色平静地射杀了100多人，刷新了美国历史上大规模枪击的伤亡纪录。在法国的尼斯，一位ISIS支持者驾驶着卡车闯入庆祝法国国庆节的海边活动现场，撞死和撞伤了400多人。媒体较少报道的枪击、轰炸、斩首行动、故意撞车及其他暴行，在世界多地接连发生，伤亡数字不断攀升。波及的地区包括阿富汗、阿尔及利亚、澳大利亚、孟加拉国、比利时、波黑、加拿大、丹麦、埃及、法国、德国、印度尼西亚、以色列、科威特、黎巴嫩、利比亚、马来西亚、尼日利亚、巴基斯坦、巴勒斯坦、俄罗斯、沙特阿拉伯、突尼斯、土耳其、英国、美国和也门。到2016年中期为止，由ISIS煽动或策划的恐怖袭击，在叙利亚和伊拉克以外的地区已造成1 200多人丧生。

面对暴行，国际社会做出了回应，由美国带领的军事联盟向这个野心勃勃的国家密集投掷导弹，到2018年年初为止，它们已经向伊拉克和叙利亚境内的ISIS目标物发起了约3万起空袭。在陆地上，"圣战"组织成员被地面军队驱赶，由俄罗斯支持的叙利亚政府军从西边行进，而由美国支持的伊拉克和叙利亚反对派士兵则从东边包围。针对ISIS的战争从奥巴马执政时期延续到了特朗普执政时期，2019年3月，特朗普政府宣布成功剿灭ISIS势力，当时由美国支持的库尔德军队把最后的ISIS士兵赶出了巴格兹，而巴格兹是位于幼发拉底河岸边、临近叙利亚边境的小村庄。

ISIS的凶恶行径和其在全球的扩张，在5年内吸引了持续、深度的媒体报道。其中就包括《经济学人》和《BBS新闻》的专业制图师的持续关注，他们发布了记载着ISIS控制区因遭受空袭和地面攻击而扩张、收缩、振荡的地图。我很早就对军事冲突产生了兴趣，并热切地关注着这些地图。随着战事的演进，我不断意识到，该区域的两大水路，即位于伊拉克的底格里斯河和位于叙利亚的幼发拉底河，在ISIS的区域计划中扮演着多么重要的角色。

从一开始，控制河道显然是ISIS的关键目标之一。从地理上看，该区域的人口中心和充分灌溉的农田与河流连在一起。水电大坝能支持大部分的电力供给，尤其是叙利亚，其电网分布的密度远远低于伊拉克。从文化上看，这些低洼河谷是由保守的逊尼派控制的。ISIS 坚守萨拉菲的宗教激进主义，而逊尼派对这一理念的宽容度更高。为了得到人们的支持，ISIS 把大坝当作武器，一方面控制水的供给，另一方面威胁要毁掉大坝。

一张又一张新地图显示，ISIS 的势力中心是沿着底格里斯河和幼发拉底河的河谷延伸的。尽管 ISIS 的领土面积缩减到了其顶峰时期的 2%，幼发拉底河依然处于 ISIS 的控制下。当拉卡被收复、清剿 ISIS 的军事行动告一段落时，地图显示，"伊斯兰国"的范围已经仅剩狭长、蜿蜒的河道和河岸了。

恐怖的溺水处决

河流对于 ISIS "圣战者"的意义不言而喻。但在他们发起的战争之前，河流的自然特征已经对其他军事活动产生了影响。从古时候开始，其他的军事冲突也受到了河流的影响。接下来的两章阐述的是，不同社会是如何因为河流的自然资本、通行条件、领土意义和水力资源而重视河流所扮演的角色的。在本章中，我们发现这些条件能让河流在战争中具备更多战略意义。

在残酷粗暴的战时政权中，河流常被用作大范围处决的工具。1793 年，在法国卢瓦尔河谷西边的旺代省，成千上万的人惨遭屠杀，起因是天主教的牧师拒绝在法国大革命和恐怖统治时期支持新成立的共和国政府。在南特，也就是卢瓦尔河旁的一大主要城市，指挥官让-巴蒂斯特·卡里耶指示他的战士尽其所能，屠杀旺代省的成人和幼童。当时主政法国的雅各宾派，利用卢瓦尔河的流速，策划了大规模溺亡平民的行动，即"南特溺水事件"。各个年龄的平民被剥光衣服，绑在一起，被驳船运到河里沉下去，或是在水下被刺刀刺伤，直至溺亡。约有 5 000 人在卢瓦尔河被屠杀，这是针对旺代省人民所发起的恐怖行动的一部分。

在河流被当作政治边界的地方，跨越河流就是领导地位的象征。例如，公元前 49 年，当时身为高卢总督和罗马执政官的恺撒决定率军向南进发，直指罗马。他们需要跨越今日意大利北部的一条小河，即卢比孔河，这条河也是划分省级政治势力的界河。罗马共和国的法律严令禁止任何人率领军队横跨该河，跨河行动会被视为叛国，并且不可避免地挑起战争。

图 3-1　在 1793—1794 的"恐怖统治"期间，法国的新共和国清剿了旺代省居民在卢瓦尔河河谷的反抗行动。在南特，他们借助河水，处决了数千名保皇人士，用改装的驳船绑着犯人，犯人很快就被淹死了。

恺撒的跨河行动挑起了罗马共和国的内战，而他最终取得了胜利。5年后，恺撒被刺杀，但在这5年间他所发起的一系列影响深远的政治改革，将罗马共和国变成了疆域广阔的罗马帝国。相传，当恺撒踏入卢比孔河之时，他嘴里念着："骰子已经掷下。"（意即"木已成舟"。）现如今，人们常用"跨越卢比孔河"代指无可挽回的重大决定。

另一个由渡河引发政局变革的例子，是大家熟知的美国独立战争。要不是华盛顿当时出其不意带兵横渡冰封的特拉华河（近今日新泽西州首府特伦顿），如今的美国说不定就不存在了。

1776年的圣诞夜，由华盛顿领导的大陆军在镇压起义的英国军队面前连连败北，衣衫褴褛，士气低落。纽约城陷落了，北美殖民地的起义军也后撤到了宾夕法尼亚州。大陆会议害怕其成员被捕，逃离了当时的首府费城。英军当时还控制了新泽西，在特拉华河对岸的特伦顿埋伏了黑森佣兵（大英帝国招募的德意志籍佣兵，大部分来自黑森地区）。

此时的华盛顿已经丧失了绝大部分军力和物资补给。手下纷纷投诚，英国似乎胜利在望了。深感颓势的华盛顿率领残部在特伦顿发起了深夜突袭，与大约2 400名战士一起横渡了特拉华河。一场雨夹雪把他们的进攻推迟了好几个小时，但没想到反而给他们带来了好处。当大陆军在拂晓开始冲锋时，那些佣兵睡得正香。

华盛顿的势力控制了驻军，并借势赢下了在普林斯顿的关键战役。这场意外的胜利扭转了战争的势头，使得大陆军招兵买马更为顺利。要是当时冒险的深夜跨越特拉华河的行动失败了，美国独立战争就会被镇压下去，短命的"美利坚合众国"就会沦为漫长历史中的短小脚注。

图 3-2　在 1776 年的圣诞节，大英帝国即将湮灭美国独立的斗争星火。面对颓势，华盛顿跨越了结着冰的特拉华河（宾夕法尼亚州和新泽西州的界河），发起了孤注一掷的突袭。这场奇袭让他们成功夺取了特伦顿和普林斯顿，让反抗行动重燃希望，逆转了战争的走向。由德裔美国画家埃玛纽埃尔·洛伊茨完成的这幅跨河画作，在几十年后，成了美国爱国文化的标志性图像之一。

华盛顿的大胆反攻不仅成了美国本土传说，之后也被绘入一幅巨型画作《华盛顿横渡特拉华河》，如今陈列于纽约的大都会博物馆。这幅画是 1850 年由德裔美国画家埃玛纽埃尔·洛伊茨创作的，他原本希望借这幅画点燃德意志邦联对统一运动的热情。这幅画在欧洲几乎没有产生什么影响，但在美国立刻引起了轰动，被运往各地做巡回展览。在这幅画确定被纽约永久收藏后的4个月内,已经有约5万人为一睹原作而支付了高昂费用。在短短一年内,大部分美国学校的教科书和普通人家里,都有这幅画的复制品。在这幅具有传奇色彩的画作里,华盛顿目光如炬,盯着对岸的敌人,他那些形态和样貌各异的手下,挣扎着跨越结了冰的河,这一场景永久地定格了美国爱国主义者的形象。

撕裂美国的南北战争

历史上,曾有一届美国大选引发了深刻的社会分化。选举结果一出,很多美国人都觉得自己与自己的国家格格不入,渐行渐远。社会呈现出赤裸裸的意见极化,而这种分化的地理差异显著:一些地方支持新总统,而其他地方则极力抵制他。分歧的根本原因在于美国根深蒂固的经济和种族问题,保守派力图维护传统经济和固有生活模式,而自由派支持进步主义和社会平等。美国面临着取新还是顾旧的抉择,关于哪个方向对国家最有利,人们的意见出现了严重的两极分化。

即使是同一个政党的支持者们,也因为选举的方向之争而意见不合。在民主党内部,两大候选人对未来勾勒了不同的发展愿景。激烈的初期选举导致双方声望都受到了影响,使得原本弱势的共和党人渔翁得利,以不到半数的选票赢得了11月大选。焦虑不安的情绪萦绕着整个国家。在新总统于1861年3月4日宣誓就职之前,美国至少有7个州联合起来反对他。

五周后,美国陷入了南北战争。南北之争的核心,主要是施行奴隶制的南方各州和想要解放奴隶的北方各州，就美国是否应该保有奴隶制一事产生了不可调和的矛盾。北方各州认为联邦政府有能力且必须在美国境内禁止奴隶制。而南方各州表示反对，并称联邦下达禁令属于过度干涉，这件事应该由各个属地自己决定。

在总统竞选活动中，林肯和主张废除奴隶制的共和党的竞选纲领是废除奴隶制。在林肯当选之后，支持蓄奴的几个州，包括南卡罗来纳州、密西西比州、佛罗里达州、亚拉巴马州、佐治亚州、路易斯安那州和得克萨斯州，迅速集结，组成美利坚联盟国（即南方邦联）。联盟国的首府定在弗吉尼亚州的里士满，当时刚辞任密西西比州参议员的杰斐逊·戴维斯在欢呼声中当选为联盟国的首任总统。

自上任起，林肯竭尽全力阻止即将开打的内战。在发表于国会大厦台阶上的就职演讲中，林肯向当时的蓄奴州保证，联邦不会威胁它们的组织体系。他还表示将在已经蓄奴的各州维护奴隶制。最重要的是，他宣称会维护美利坚合众国的联邦整体性。

林肯的演说没有得到南方邦联的重视。他们要求政府准许自己控制州境内的联邦财产，包括军事基地。林肯拒绝了这一请求。1861年4月12日，南北战争爆发，南方邦联率先在南卡罗来纳州查尔斯顿港的联邦军事要塞萨姆特堡，打响了第一枪。代表北方势力的联邦军队出于安全考虑撤离了此处，尽管他们在火力上占优势，但他们的指挥官很快投降了。在几天内，弗吉尼亚州便加入了南方邦联，阿肯色州、北卡罗来纳州和田纳西州紧随其后，也成了其中一员。

美国历史上最血腥的战争就此拉开了序幕。7月21日，南北双方第一场重要战役在布尔河（弗吉尼亚的一条小河）附近展开。北方联邦喜欢以双方交战的河流和溪流的名字来命名战役，而南方邦联则倾向于取用附近城镇的名字，因而首场战役同时被称为"第一次布尔河之役"和"第一次马纳萨斯之役"。

美国的内战持续了4年之久。320多万士兵在美国各地参与了上万次大型战役和小型冲突。如今由23个州和哥伦比亚特区管理的疆土和水路，是当时双方争夺的目标，范围从北达科他州、佛蒙特州延伸至佛罗里达州，从东海岸一直到西边的得克萨斯州和新墨西哥州。

战争结束后，北方的联邦军的势力依然完好，有350万奴隶得到了解放，但林肯被刺杀了。约有62万战士失去了生命，这一死亡数字大致相当于美国在其他战争中死亡人数的总和，包括独立战争、美西战争、美墨战争、1812年战争、一战、二战、朝鲜战争、越南战争，以及近些年在伊拉克、阿富汗和叙利亚发生的更为小型的战争。为了充分理解这一死亡数字之庞大，我们得知道美国当时仅仅有3 150万人，还不到如今人口的10%。这就意味着，几乎每个城镇、每个家庭都至少有一人丧生。

而且，如果没有密西西比河这个屏障的话，这一数字还有可能更糟糕。

北方人原本以为能速战速决，但他们的愿望落空了。尽管北方的人口数量几乎是南方的两倍，但南方军队组织有序，作战高效，足以与装备精良的北方军相抗衡。南方将领罗伯特·爱德华·李和有着"石墙"之称的托马斯·乔纳森·杰克逊，以战术谋略击溃了运气欠佳的北方军。一系列惨重的战役使得伤亡数字大幅增加，远远超出了战争伊始的预想。北方对"林肯之战"（南北战争的别称）的支持锐减，林肯的政治对手开始呼吁承认"联盟国"的合法地位。在1862年的中期选举中，共和党大幅落败于民主党。与此同时，在南北战争的前线地区，包括弗吉尼亚州、密西西比州和田纳西州，死亡数字不断攀升。林肯得到的政治支持越来越少，于是他敦促作战将领，尽一切可能扭转颓势。作为将领之一的尤利塞斯·辛普森·格兰特清楚地知道，要想改变局势，必须夺下密西西比河。

作为流域广阔的水路动脉，密西西比河的战略意义，从拉萨尔、华盛顿和杰斐逊所在的时期，就得到了充分认可，南北双方也都心知肚明。1861年，河流和铁路充当着美国的高速公路，而密西西比河与其支流则是连接北美内陆地区以及其他国家的超级高速公路。对北方人来说，密西西比河能保障中西部上段地区的工农业产品顺利买卖和出口。而对南方人来说，靠着水路，他们能从北方获取食物和产品，而且能运出种植园的棉花，卖个好价钱。船只也能沿着密西西比河从内陆地区驶向人口稠密的东海岸和世界其他地方。密西西比河提供了交通通道，维系了日常生活和社会运转，并具有重要的战略意义，这些作用的重要性，如今在美国却基本上被人们忽视了。

从疆域上看，密西西比河刚好贯穿新成立的联盟国的核心地带。它将范围广阔的得克萨斯州、路易斯安那州、阿肯色州和其他八个东边的州分隔开来。战争即将开打之时，蓄奴州的州长和新总统紧急在海岸修建军事堡垒和机关炮台。最具威力的防御工事布置在了密西西比州的维克斯堡。维克斯堡是一座堡垒城市，它建在高耸的悬崖上，可以俯瞰整条河，城内的重型大炮可以锁定水上的目标，有着惊人的准度和威力。因而，维克斯堡也被称为"南方邦联的直布罗陀"。哈得孙港是另一个布满防御工事的沿河小城，在下游的150英里处，守护着密西西比河防御最严密的流域。

维克斯堡是个名副其实的军事要塞。它能阻止北方军队的通行，也能保障南方邦联内部运输军队、武器、物资。因为维克斯堡极为重要，联盟国总统戴维斯向驻守的将领约翰·克利福德·彭伯顿发出了严厉的指令："维克斯堡是把南方的两半土地连在一起的钉子头！要不惜一切代价守住它！"

与此同时，两边的领导人都在测试海战中的一项技术突破。1862年3月，世界上首批装甲战舰在弗吉尼亚境内詹姆斯河、南塞蒙德河和伊丽莎白河交汇的盐水区登上了世界舞台。两艘外形奇特的舰船，"莫尼特"号和"弗吉尼亚"号（曾被称为"梅里马克"号），武装严密，由铁皮包裹。就在"弗吉尼亚"号击沉北方的木制船只"坎伯兰"号和"国会"号的一天后，这些南方战舰摆出迎战姿态，并且开了火。双方陷入了僵局，都没有太大的损伤。这一革新在世界范围内引发了震荡。木制战舰的时代已然终结，金属船只的时代开启了。

由于确信这项新技术的重要性，北方联邦海军雇用詹姆斯·布坎南·伊兹为密西西比河量身打造特别的装甲炮艇舰队。

他是住在圣路易斯的土木工程师和商人,有建造船只的经验。为了削减吃水深度,这些战舰建造得特别宽,和长度不太匹配。它们倾斜的甲板由金属板包裹,以抵挡子弹和炮火。人们可以打开侧面的舱门,露出竖立的重型枪支,在水里可以任意开火。

1862年初,北方的联邦铁甲舰开始沿着密西西比河及其支流展现威力。在这些外貌奇特的炮艇的加持下,北方军队夺取了亨利堡和多纳尔森堡,它们是田纳西河和坎伯兰河沿岸的南方两大重要防御工事,胁迫孟菲斯城投降。船舰曾在著名的夏洛战役中援助地面军队。随后,为了冲破南方邦联在密西西比河的封锁,并力争夺取从密西西比河到墨西哥湾的掌控权,铁甲舰开往维克斯堡。

图3-3 铁甲炮舰协助北方联邦夺取了密西西比河,并由此赢得了南北战争的胜利。图中展示的是"卡龙德·莱特"号,正是凭借这艘河流铁甲船,北方军队拿下了河滨的维克斯堡,这也成为战争结果的关键转折点。

双方随后便围绕维克斯堡展开了一系列复杂的战略部署和战斗，这些战争被统称为"维克斯堡战役"。铁甲舰成了密西西比河分舰队的中流砥柱。在北方军队中，海军上将戴维·狄克逊·波特带领着船只舰队，格兰特则执掌地面军队，代表南方邦联应战的是驻扎在维克斯堡的彭伯顿军队。

通过一系列佯装攻势和包围动作，格兰特占领了维克斯堡的西面和南面，势力延伸至路易斯安那的沼泽区。他随后杀回东边，带领战士攻下一处在维克斯堡以南40英里的无人驻守的地点，此处位于密西西比河的右岸（西岸，河流的左岸和右岸是根据面向下游站立时的方位来判定的）。

1863年4月底，波特上将率领铁甲舰穿过了维克斯堡一列列威力强劲的火炮，和格兰特的地面军会合，横穿河流，驶向左岸，登上密西西比州的土地。这也是南北战争中最引人注目的军事动作之一。5月14日，格兰特的军队随之向东北进发，参加了一系列激烈的战斗，围攻密西西比州的首府杰克逊，之后再次西进，直指维克斯堡。

彭伯顿的军队被重重围困：东面有格兰特步兵团的拦截，西面有波特舰队的拦截，舰队如同水上漂浮的凶恶鳄鱼，虎视眈眈。于是彭伯顿指示手下退回维克斯堡内，挖战壕用以藏身。

在维克斯堡内部，被围困的战士和平民缺水、断粮，也没了药。他们挖地洞来躲避北方军的持续炮轰，甚至吃牲畜饲料，屠宰马匹，烹煮狗和老鼠，忍饥挨饿，直至死去。

1863年7月4日，即美国的独立日，彭伯顿带领瘦弱的军队投降，格兰特很快赦免了他们，3万名南方战士上缴了枪支，回了家。5天后，下游的哈得孙也被攻下。南方邦联随即被割成两半，东边和西边无法互通。北方的舰队装着战士、枪支和物资补给，畅通无阻地行进在密西西比河的高速水路上，可以从匹兹堡一直行至新奥尔良，再向东行驶。"南方邦联的直布罗陀"就此陷落。

北方军队之后在宾州的葛底斯堡取胜，击溃了由罗伯特·爱德华·李带领的南方军队。这场败仗，连同维克斯堡和密西西比河的陷落，导致南方邦联走向败局。4个月后，林肯在葛底斯堡发表了著名的《葛底斯堡演说》，这一演说成了美国历史上最受推崇的演讲之一。

在讲话中，林肯重新界定了战争的目的。他称这场战争是为了维护美国宪法的平等原则而开展的斗争，而不是为了维护将人类作为财产的权利而展开的斗争。17个月之后，他被刺杀了，南方邦联的支持者约翰·威尔克斯·布斯击中了他的后脑勺。林肯政府的副总统和继任者，民主党人安德鲁·约翰逊，随后主政，但政绩不佳，在1868年大选中输给了北方军队的英雄将领格兰特。

一个与南北战争有关但被遗忘的注脚是"萨吉诺"号战舰的历史。"萨吉诺"号是一艘吃水较浅的中型明轮炮舰，于1859年在旧金山附近的马雷岛造船厂建成，是西海岸建造的第一艘军舰。尽管这艘军舰在南北战争开打的两年前就建造完成了，但战争爆发时，这艘船未能参战。当时的"萨吉诺"号沿着长江行驶了700英里，深入中国内陆，并没有在加州海岸游荡，或是在马雷岛停留。

中国的"百年国耻"

"萨吉诺"号建造的起因,与中国有关。1861年春天,在戴维斯和林肯领导的南北双方交战时,"萨吉诺"号未能出现的原因是它正忙着和中国的枪炮交火。当格兰特意欲突破南方邦联在密西西比河上的阻截、终结战争时,这艘船正沿着长江驶向中国内陆,意图试验一项河上军事策略的效果。当时还没人知道,美国、英国、德国、法国和其他外国势力,将会在之后的近百年间,利用这一策略维系对中国的军事控制。

关于长江上的坚船利炮的漫长历史,始于英国,当时英国伺机向中国非法走私毒品,并强迫其加入国际贸易体系。1839年,作为世界头号海上强国的英国,开始攻打当时极度自信但在技术上早已落后的中国,旨在报复中国抗击毒品的行动。提供毒品的利益集团是由英国商人和其合作伙伴构成的。他们非法贩卖海量鸦片(当时是用于吸食,如今常被提炼成海洛因、制成鸦片类止痛药),是为了将鸦片变为白银,这样就能购入中国茶叶、瓷器、丝绸及其他货物,在欧洲倒卖获利。

当时的中国是世界上的第一大经济体,制造能力强,可以生产欧洲渴求的、带有异域风情的物品。同时,中国也有庞大的国内市场,快速迈入工业化进程的英国,希望能在这样的市场大量销售自己的产品。但令英国始料未及的是,中国一直死守国门,不肯参与国际贸易,甚至也不允许外国人来访问。连续好几位清朝皇帝禁止外来人口来华游历、做生意。罕见的例外是广州,它是珠江河口的一个管制严格的港口,在今天的广东省境内。那里默许一些在某些范围内开展的、不合规矩的贸易，但要求用白银购买商品。

这样的模式维持了一段时间，到了19世纪30年代，英国的白银即将耗尽，而它手里有很多在印度殖民地种植的廉价鸦片。鸦片入药在中国由来已久，但以吸食鸦片作为享乐消遣是被严令禁止的，也极为罕见。当商人们将每箱150磅[①]的印度鸦片运到广州外的伶仃岛时，鸦片在中国的使用方式发生了巨变。英国人在伶仃岛卸下鸦片，转卖给中国的毒品贩子，这些人再用小船把鸦片运上岸。由此，毒品贩子和腐败官员的互惠网络开始形成，以吸食鸦片为乐的风气在广州流行开来，并逐渐蔓延至中国内陆。

1837年，一场严重的毒品危机悄然降临。中国的执法部门开始阻截、烧毁走私鸦片的船只，但鸦片热始终没有消退。当时的皇帝道光因瘾君子的泛滥而警醒，决心禁烟，并于1838年底命林则徐为钦差大臣，去广州切断英国运输、倒卖鸦片的路径。

作为禁绝鸦片的主要领导者，林则徐行事干脆利落。他逮捕了毒品贩子，也清算了腐败官员，关闭了买卖和吸食鸦片的鸦片馆。他和外国的贸易集团正面较量，要求对方上缴鸦片，而这些鸦片因为禁绝运动的影响，已在仓库里堆积成山。对方表示拒绝，林则徐便收缴了两万多箱鸦片，并把它们倒入海中。随后中英爆发了外交争端，英国很快在广州建立了横跨珠江的

[①] 1磅≈0.5千克。——编者注

海上封锁线。

于是,第一次鸦片战争开始了。这场战争开始于英国的大炮在广州击沉了中国的战船,当战争结束时,中国被迫向西方势力开放市场,割让领土。

自战争伊始,中国的海军就在技术上远远落后了。英国的船舰有蒸汽动力、旋转式炮塔和爆破榴弹,与中国海军的帆船和固定炮弹相比,它们具有惊人的优势。英国威力最大的一艘船舰是"涅墨西斯"号,它是一艘吃水较浅的铁制战船,在英国的东印度公司暗中服役。刚刚在利物浦的船厂建成,"涅墨西斯"号就直接下水,驶向广州。它在珠江三角洲的河道、海峡索要价值高昂的贡品。当时伦敦的报纸曾展示过这艘深色低舷的船舰肆意轰炸中国的战船的景象。

取胜后,英国的战船趁势将战火燃烧至中国内陆,占领了长江沿岸的几座重镇:上海、镇江和南京。镇江位于长江和京杭大运河的交汇处,而京杭大运河是古代连接长江和中国北方及北京的重要航道。通过占领这些城市和控制长江,英国以其强大的海军火力横扫中国。

中国当时的军力是无法和英军匹敌的。1842年,道光皇帝别无选择,被迫签署《南京条约》,这是中国签订的首个不平等条约,这一条约与其后的一系列条约的目的是将中国卷入西方的经济体系。《南京条约》终结了广州自1760年以来一直存续的有限贸易机制,将其和其他四个城市(上海、厦门、福州和宁波)划为自由贸易区,即"通商口岸"。中国的产品要出口到国外,国内市场要被迫接纳从外国进口的货物。而且,中国要向英国割让香港岛，赔付巨额钱款 2 100 万银圆。中国利益尽失，鸦片盛行的社会危机在条约中也被忽视了。美国也以 1844 年签署的条约（《望厦条约》），强迫中国做出类似的贸易让步。与英国不同，美国订立的条约禁止鸦片贸易，但总体上也是偏袒美国的。

在上述条约施行后，中西维系了一段时间的和平关系，但伴随着中国不断抵制条约，以及西方想让中国做出更多让步，双方关系逐渐恶化。英国在 1856 年发动了第二次鸦片战争，攻打广州和天津。这一次，法国也加入了侵略的阵营。而美国虽然在官方层面保持中立，但它为欧洲的侵略行动提供了一些帮助。

上述侵略在军事和外交上给中国带来了深重的灾难。在天津，英国胁迫中国签署了新的条约，要求中国开放更多的通商口岸。外国使节可以在北京工作、生活。外国人可以在中国境内自由通行、传教。借由最惠国待遇，其他的外国势力也可以胁迫中国做出类似的让步。紧接着，法国、美国、俄国也胁迫中国签署了类似的条约。中国由此丧失了更多领土，其中包括割让给俄国的 150 万平方千米位于西北、东北的土地，黑龙江成了中国东北与俄国之间的新政治边界（至今仍是如此）。和之前一样，中国利益尽失，鸦片危机仍然没有得到解决。实际上，在新条约签署的短短几个月后，英国便胁迫中国完全承认了鸦片贸易的合法地位。

之后，中英之间又爆发了两年冲突，最后中国政府不情愿地接受了新条约的内容。英国舰船持续轰炸中国港口，直至中国妥协。西方国家在百年间胁迫中国和外界进行贸易。中国被迫签署了更多条约，到20世纪早期为止，中国被迫开放了40多个通商港口。

有了租界，外国势力便建立了自己的行政管理机构、商业组织、学校和法庭。外国海军在港口停靠，商人从事贸易，传教士游历各地，在这个忿忿不平的国家劝诱改宗。反抗行动时不时爆发，但随后便被镇压。鸦片危机依然十分深重。中国今日所称的"百年国耻"，就此开启。

浏览《天津条约》，可以发现以下两条内容：

长江一带各口，英商船只俱可通商。（第10条）

英国师船，别无他意，或因捕盗驶入中国，无论何口，一切买取食物、甜水、修理船只，地方官妥为照料。（第52条）

当时的中国是一个自傲的国家，它一直习惯性地认为自己不仅是世界大国，而且是地球上最强盛的国家。将这样的条约内容强加于中国，局势十分紧张。对很多生活在通商口岸城市以外的普通中国人来说，长江的巡逻舰是最显眼的外国侵略的形式。从1858年到1949年，长达90多年间，大大小小的、破旧和现代化的武装国际战舰曾到达中国沿海地区，并沿着长江深入中国内部。

在这90多年中，外国巡逻舰来到长江，沿江航行，是为了施行条约，维护自己的租界，追踪流寇，保护自己的国民，维护商贸和政治利益，施加外交和军事控制。

来自英国、美国、法国、德国、意大利、日本海军的巡逻舰都曾多次在这些水路来回巡逻。巡逻舰有自己的名字，例如"扬子江舰队"（英国）和"扬子江巡逻舰"（美国）。这些协定允许船舰进入中国，强行植入全球化的经济格局。巡逻舰的指挥官有权部署"保护性行动"，守护本国的租界，也有权开展"惩戒性行动"，报复中方对其公民和商业组织的攻击。正如历史学家安格斯·康斯塔姆所说："巡逻舰是维护西方贸易、特权、安全的保障，而且经常用于维护外国在华租界的安全。"它们是外国"维和行动"的一部分，意欲保障本国在国外的利益和维持贸易。

随着中国各地爆发农民起义，世界大战来临，长江巡逻舰的时代也走向了终结。1911年，清朝被推翻，中国在孙中山、蒋介石的领导下，曾实现过短暂的政治统一，随后中国共产党和国民党之间爆发了内战，加深了双方的意见极化和分裂。两党之间的斗争最终以共产党的胜利告终（这一过程也与河流息息相关，我将在第四章细讲）。日本在1937年发动全面侵华战争，这一侵略也标志着二战的太平洋战场正式开启。1941年，当日本与英国和美国对战时，原本停驻在长江的巡逻舰纷纷驶向战场。

日本投降后，这些巡逻舰曾短暂回驻，中国共产党人表示强烈抗议，他们坚决反对旧时的条约。当时，解放军向英国的巡逻舰"紫石英"号发射了炮弹，"紫石英"号艰难地躲过了炮兵在长江的交叉射击，由此，西方在中国的巡逻舰外交宣告结束。当时中国共产党想将和西方结为同盟的国民党赶出中国。到1950年为止，除了香港、澳门和台湾岛，西方来华访问和经商通道全部关闭。

在美国，很多人听说过鸦片战争，但对它有深入了解的人不多。这使美国人很难理解中国身上的历史重担和国家抱负，而这个国家很快会再次成为世界第一大经济体。美国的南北战争持续了4年，撕裂了整个国家，也留下了至今仍然隐隐作痛的伤疤。即使到了今天，在公共场所移除与南方邦联有关的雕塑和纪念碑，仍然会引发争议。为了避免诱发抗议和暴力行为，人们不得不在夜晚悄悄移除那些逝去已久的作战将军的铜像。

如果在密西西比河上巡逻的是外国的炮艇，而不是北方联邦的铁甲船；如果内战持续100年，而不是4年，不知道美国如今的社会裂痕是否会更加深远，更加难以愈合。要知道，中国的苦难从1839年一直持续到了1949年。如今，每一个中国学生都会在课堂上学习"百年国耻"，这是一场影响了好几代人的不幸遭遇，它是由外国人、毒品、河上巡逻舰共同建构的，贯穿了中国人的世界观，也影响了其与西方国家打交道的方式。

似乎每个战争故事都有一些补充报道，长江巡逻舰的故事也不例外。

1941年，日本突袭了美国在夏威夷珍珠港的海军基地，2 403名美国人因而丧生，1 178人受伤。19艘美国舰船、300多架飞机被损毁或破坏。这次空袭促使美国正式加入二战，美国国会发布了战争宣言。但是，罗斯福总统口中臭名昭著的1941年12月7日，并非日本第一次攻击美国海军的日子。

日本首次攻击的对象是长江上的巡逻舰"帕奈"号。这场袭击发生在珍珠港事件的四年前，在日军侵华之后、南京大屠杀之前（在南京大屠杀中，日军屠杀了30多万中国人）。当时"帕奈"号上有55名海员，停靠在南京口岸，想撤离城内的美国人。当被日本战机轰炸、扫射时，这艘船停在长江上，挂着美国国旗。这次事件导致了3名船员和平民丧生，48人受伤。日本天皇正式道歉，称袭击是一场意外事故，但幸存者和历史学家都认为"帕奈"号很明显是一艘美国船只，不可能被误认。这场袭击并未挑起美国的反击，如今也已经被人遗忘了。

扭转战争的河流与矿藏

1939年到1945年之间，世界各地因为规模空前的战争而硝烟弥漫。战争在几千个地方爆发，几乎波及全球各国，有5 000万至8 000万人因此丧生。时至今日，这场战争的全貌仍难以完全为世人所知，还有更多细节不断浮出水面，其中也涉及河流的作用。例如，要是一个名为约翰·库赫博格的德国小男孩没有见义勇为，那么整场战争也许可以避免。

库赫博格生活在德国的边境小城帕绍，那里与奥地利之间隔着一条因河，孩子们常沿着河岸玩耍。在1894年1月寒冷的一天，一个孩子在河面薄冰上行走，不慎落入水中，在湍急的水流中不断挣扎。年幼的库赫博格看到了这一幕，他扎进冰口，救了那个男孩的命。

库赫博格救人的故事传开了，成了小城的英雄传说。长大后的库赫博格成了一名牧师。与他共事的牧师马克斯·特雷梅尔称，库赫博格在1980年过世前，曾简短地回忆过这件往事。

这个故事一直没有得到证实，直到 2012 年，人们在德国的一份档案中发现了当地报纸《多瑙河报》的剪报。上面的文章并未提到落水男孩的名字，但和特雷梅尔提供的细节有很多相似之处，这让很多历史学家相信，那个差点儿溺死在因河的小男孩极有可能是希特勒。

时间快进到 1939 年，希特勒动用了 150 万名战士、2 000 多辆坦克和 1 300 架飞机入侵波兰，发动了二战。当时波兰军队的装备非常简陋，只有几十架现代飞机和装甲车，相较之下，德国有压倒性的优势。

希特勒之所以拥有这么多架战机，是因为德国能生产一种足以变革航空业的造机材料，也就是铝。这种材料重量轻、灵活，且耐用，过去要想实现大批量生产需要消耗非常多的能源，但它对建造飞机和其他制造业产品的价值是显而易见的。当时德国大力投资建造水力大坝和冶炼设备，到了 1939 年，它已经成了全球产铝大国。

在二战中，德国空军的铝制飞机很快控制了欧洲各国的领空，它们大肆轰炸武器生产工厂、电力供应站、通信网络、铁路站场、港口、运河与其他基础设施。到了 1940 年，大家都认识到空中力量对二战的结果至关重要。英国和美国公开启动了大规模飞机制造项目，尽管美国持中立立场，还是承诺每年生产 5 万架飞机。为了达成这一目标，美国的工厂需要大量的铝，这就意味着必须要掌握铝土矿，并获取方便冶炼的廉价电力。

追本溯源，我们得把视线转向圭亚那的德梅拉拉河（当时的英属圭亚那）和魁北克的萨格奈河。加拿大铝业集团控制着圭亚那的大量铝土矿藏，而且有方便运矿的船只，这些船沿着德梅拉拉河将铝矿运至河边小镇马更些（现在是林登的一部分）的一处预处理厂，做粉碎和清洗处理。随后，洗过的矿石再被转移到更大的船上，船只驶向圣劳伦斯河的出海口和该河的支流萨格奈河。萨格奈河是圣让湖和其在加拿大地盾周围支流的排水渠。1941年，为了满足美国对铝锭迅速增长的需求，利用渥太华的税收优惠，应对政治压力，加拿大铝业集团在萨格奈河上建了一个大型水力发电大坝，即"希普肖水电项目"。

借由希普肖水电项目和其他两个上游大坝，加拿大铝业集团将萨格奈河谷变成了全球最大的飞机铝材料的生产地。其铝产量从1939年的7.52万吨增至1945年的150万吨，在短短6年中增长了近19倍。用加拿大出产的铝建造的轰炸机，插着同盟国的旗子，飞行在世界各地的上空。

铝对同盟国的战略至关重要，这促使时任加拿大总理麦肯齐·金和美国总统罗斯福在1941年签订了《海德公园宣言》，允许当时仍然中立的美国，使用来自加拿大的原材料，为英国生产战争所需的物资补给。靠着希普肖大坝，加拿大成了战时美国的供铝大户，也为英国和英联邦同盟国提供了九成的铝。在一场比拼制造业能力和军队实力的国际大战中，萨格奈河的水力成了加拿大为这场战争做出的最重要的贡献之一。

英国的惩戒行动

战争刚一爆发，英国空军部就开始寻找削弱德国工业制造能力的方法。鲁尔河谷有大量用于制造和发电的设备，是英国轰炸计划的重中之重。一系列河流大坝为这个位于德国内陆的工业重地源源不断地提供水能和水源。同盟军此时正在酝酿炸毁这些大坝的计划。

一个关键的轰炸目标是默讷河上的大型水库大坝，它是鲁尔山谷最重要的电力来源，储水量也最多。其他两个目标，一个是埃德尔大坝，它负责发电，也保障着一条重要的通航运河的水位；另一个则是索尔珀大坝。三个仍在考虑中的目标是恩讷珀大坝、利斯特大坝和迪默尔大坝。英国决定在1943年春末炸毁前三个大坝，因为那个时候水库储满了水，爆炸对下游造成的破坏最大。

英国在偏远的艾兰山谷，也就是阿伯里斯特威斯东边的山谷，选了一座废弃的大坝，秘密预演了轰炸过程。实验很快发现，从大坝顶上抛下巨型炸弹，并不能将其炸毁，必须得从水下攻击上游坝面，贴近它的中部。但是鲁尔山谷深居德国内陆，陆上操作十分困难，而且其水库设有以钢丝制成的保护网，可以规避水雷或鱼雷的攻击。英国需要一种可以安装在上游坝面的水下部位，并能引发大型爆破的空袭设备。

经过多次试验，英国皇家空军的工程师发明了"弹跳炸弹"，它是一个重达9 000磅、可以旋转的圆柱形炸弹，能跃过水库的表面，潜入水坝坝面。为了增强弹跳能力，炸弹要从低空飞行的飞机上落下，快速反向旋转。就像打水漂时石头会旋转着一蹦一跳地跃过水塘，炸弹也可以跳过水面，之后再减速，下沉，最后引爆大坝。

一队飞行员和兰开斯特轰炸机在斯坎普顿皇家空军基地秘密集结，基地位于利兹市以东70英里处。这些飞机经过了大幅修改，每架都能装载一个大型的炸坝炸弹，配有单独的福特V-8发动机，以确保炸弹能快速旋转。因为飞机要低空飞行，不再需要气压表和无线电高度表，于是改用两个朝下的探照灯。当飞机刚好位于抛掷炸弹的最佳高度时，照明灯设置的角度能让两束光聚成一个光圈，投在水面上。

为了适应低空的轰炸航程，飞行员练习了近两个月。当时他们以为接受训练是为了轰炸德军大型战列舰"蒂尔皮茨"号。直到执行任务当晚，他们才知道自己是要低空飞过英吉利海峡，跨越被占领的荷兰，潜入德国，炸毁轰炸索尔珀大坝、默讷大坝和埃德尔大坝。

首批兰开斯特轰炸机在1943年5月16日晚上9点28分出发。飞机的飞行高度太低，有一架击中了高压电线，起了火，重重地砸在了地面上。它所携带的秘密炸弹第二天就被德国的工程师带回去做研究了。瞄准索尔珀大坝的5架轰炸机中，有4架要么被击落了，要么被撞毁了。剩下的那一架抵达了目的地，抛掷了炸弹，但没能炸毁大坝。

9架飞往默讷大坝的轰炸机，有8架在午夜后的几分钟顺利到达。德军发射了防空炮，第一枚弹跳炸弹像预期的那样跃过了水面，朝着坝面沉入了水下。但炸弹只是炸出了一大股水柱，大坝毫发无损。第二枚炸弹抛掷的时间晚了几秒钟，飞机被击中了，着了火。炸弹没能炸掉大坝，而是在下游某处被引爆了。第三枚和第四枚炸弹炸出了更大的水柱，但也无济于事。

第五枚炸弹炸出水柱后不久，坝面就垮塌了，水库里满满的水冲向了人口密集的山谷。

约有1.16亿立方米的水（相当于5万个奥运会游泳池的水量）向工厂和房屋重重地砸去。这些建筑被洪水冲毁、淹没了。盘旋的轰炸机见证了巨量的水冲下山谷的过程，也看到了被淹没的车，车灯在水下的光变得越来越弱。

剩下的3架飞机带着炸弹继续飞向埃德尔大坝。第一枚炸弹在水面上跳了两下，只溅起了水花。第二枚炸弹炸开了大坝的顶端，炸出了耀眼的火光，也损毁了轰炸机，它在空中摇摇晃晃，最后被德军击中了。第三枚炸弹在水面跳了三次，成功入水，炸垮了大坝。一面水墙轰然落下，沿着山谷朝下游的居民区冲去。

最终，鲁尔山谷的两个大坝被炸毁，1 294人丧生，11座工厂和1 000多座房屋被损毁，2座发电的大坝也被炸毁了，40英里之外的大桥、建筑也未能幸免。河流被淤积在大坝后方的沉积物堵塞了，无法通航。由此，德国制造业的重镇被损毁了，英国也损失了53位飞行员和8架轰炸机。

英国皇家空军的"惩戒行动"在全球各地被广泛报道。两天后，英国首相丘吉尔在美国国会的欢呼声中，称赞了此次袭击的成功。之后，英国继续部署轰炸行动，直至战争结束，它轰炸了德国在诺曼底建的一条铁路隧道、快速鱼雷艇设施和多特蒙德-埃姆斯河运河，也击沉了"蒂尔皮茨"号战列舰。

这一章的狭小篇幅不足以细数河流是如何影响二战中的战术和策略的。例如，伏尔加河在人类历史上最血腥的一场战斗中扮演了极为重要的角色。伏尔加河连通了俄罗斯内陆、里海和巴库油田（如今在阿塞拜疆境内），是苏联的交通枢纽。这就是为什么希特勒会命令第 6 集团军下面的 20 万人，竭力攻击其河滨城市斯大林格勒（今为伏尔加格勒），该城市位于莫斯科东南方 580 英里处。希特勒想攫取巴库油田，控制伏尔加河下游地区，因为这样就能阻止苏联军队的防御行动。斯大林格勒因苏联领导人约瑟夫·斯大林而得名，同时也是重要的制造业和交通中心，它是希特勒很想攻下的目标。

1942 年 8 月，当第 6 集团军轰炸斯大林格勒时，苏联军队决定撤退，他们包围了这一狭长的城市，将德军围困在一英里宽的水域旁。希特勒增派了兵力，于是漫长、残酷的围攻战和屠杀行动开始了，苏联人和德国人从一条街打到另一条街，从一层楼打到另一层楼，狙击手从房顶向对方射击。位于城市上方的要塞马马耶夫岗，是双方重点争夺的地点，其控制权竟在双方流转了十几次。炮火猛烈地震动着山坡，整个冬天，山上的土充满了金属碎片，一直都是黑色的，积雪都被爆炸和火苗烧化了。

大约有 25 万轴心国的士兵们既不能逃跑，也被切断了物资供给，因而失去了生命，这一数字大约是苏联人数的 4~8 倍。斯大林下令禁止斯大林格勒的平民撤离，因为他坚信平民的存在能让苏联红军更加勇猛地守护城市。半年后，饥饿的德军幸存者们选择了投降，他们被送到了古拉格集中营，大部分人死在了那里。最终，原本第 6 集团军的 20 万人中，仅有 6 000 人回到了德国。

苏联和德国的伤亡数字总计超过了150万，希特勒本想控制伏尔加河，却损失了最精良的部队。苏联军队借助河水的作用将希特勒的军力围困在斯大林格勒，最终拖住了德国侵略苏联的步伐，成了战争的转折点。

另一个能说明河流影响了二战战略战术的例子，是"市场花园行动"。"市场花园行动"由同盟国在1944年9月发起，旨在控制50英里长的河流通道和运河桥梁，并渡过莱茵河，潜入德国。这是当时发起的最大的空降行动，有35 000名英美伞兵降落在德国边境线附近，目的是控制瓦尔河、多默尔河、莱茵河的水上通道，以及其他河流与运河上的大桥。德国的防御军伤亡惨重，但还是成功阻截了袭击，于是拉长了欧洲战线的时间。随后发生的其他重要战役，是为了争夺默兹河、第聂伯河、纳尔瓦河和奥得河的控制权。其中，为了争夺默兹河桥头堡的色当战役，尤其不同寻常。

默兹河和德军的虚招

默兹河沿岸是欧洲战争最激烈的地区。默兹河从普伊附近的朗格勒高原发源，向北部和东部蜿蜒流去，横穿法国、比利时、荷兰，最终流入北海。默兹河绝大部分的河道，以及向外发散的运河都可通航，因而是欧洲最重要的运输水路之一。在二战中，默兹河不同寻常的地理特点为其增添了战略价值。

在好几百千米的流域内，默兹河将原本陡峭的悬崖冲刷成了巨大的地质块，延伸至法国东北部，将阿登森林的崎岖地形与巴黎西边平坦开阔的平原以及法国余下地区分隔开来。默兹河的这一河段与阿登高地提供了一个天然屏障，这一屏障能阻止从德国和东欧来的部队入侵法国，在历史上，也一直是分隔德意志帝国和法兰西帝国的传统边界。

翻下陡峭的石头悬崖，再跨越默兹河，是十分困难的，法国一直依靠这一地形自保，很少在此处修建防御工事。对法国的敌军来说，输送军队穿过崎岖的山地，进入法国平原，直接攻下巴黎，是个高风险与高回报并存的行动，因此，欧洲历史上出现了一些令人意外的军事行动和庞大的死亡数字。在过去的150年间，至少有四次重大的军事冲突发生在默兹河河谷和其东北部的阿登高地。

在普法战役期间，德国在1870年的色当会战中成功地跨越了默兹河。46年后，德法双方在1916年的凡尔登战役中交战，德军惨败撤退，100万士兵倒在了默兹河畔范围狭小的凡尔登城中。1944年，美国军队费了九牛二虎之力，才将纳粹军队围困于阿登森林，这场血腥的战役即大众所知的"突出部之役"。希特勒最后的反攻意欲穿越默兹河，虽然没能像四年前那样再次震惊世界，但依然算得上军事历史上最惊人的行动之一。

1940年春，欧洲上下都处于备战状态。1939年，德国侵占波兰，促使英法宣战，苏联出兵占领波兰东部。在希特勒和斯大林达成划分波兰领土的协定后，斯大林在1939年11月30日向芬兰发起进攻。芬兰的士兵在雪橇上反击苏联部队，那年冬天，双方沿着苏芬边界交战，有时气温低至零下40摄氏度，于是那场战争被称为"冬季战争"。1940年4月，德军进攻了中立国丹麦和挪威。同盟国军队，包括法国、英国和流亡的波兰部队，已经准备应战，当时持中立态度的美国向它们输出武器、飞机、装甲车和物资，希望同盟国能在来年反击德国。

在那时，法国算得上欧洲的头号军事大国。法军总司令莫里斯·甘末林以为德军会从北边进攻，穿越比利时、卢森堡、荷兰等低地国家（它们位于古老的、海拔较低的三角洲上，由莱茵河和默兹河沉积而成）。就像世界上大部分由河流沉积、重塑的地域一样，低地国家拥有平坦的地形，笔直的路，是德军借助机械化军队和坦克发起闪电战的绝佳地点。而且，低地国家是一战时德国偏爱的攻击线路，间谍发来的情报也证实希特勒正在这些国家的边境集结军队。

一战的回忆还历历在目，甘末林不想让法国再次遭受堑壕战之苦。由于预料到德国将通过低地国家发起进攻，他让军队和装备做好了向北进军的准备。1940年5月10日，德国陆军进入了比利时，德国空军轰炸了比利时的防御工事，也袭击了荷兰的鹿特丹。四天后，荷兰投降了，这似乎预示着希特勒将要从低地国家进攻法国了。甘末林执行了他的作战方案，向北方边境输送了更多的军队、装备和物资。

但这是个阴谋。正当法国和同盟国军队正准备像一战那样，与德国在三角洲平原展开堑壕战时，德军长长的坦克部队和机械化步兵悄悄潜入了阿登森林。这样一个庞大的机械化军队正向法国防御最弱的边境进发，计划攻下色当和默兹河上其他的桥头堡。德军打头阵的是多个坦克师,由海因茨·威廉·古德里安和埃尔温·隆美尔将军率领。

当甘末林意识到德军在阿登森林的举动时,还以为这是对方的佯攻。他推断,那个地势复杂的地方不可能成为希特勒真正的目标,因为坦克很难穿越崎岖的山地,也几乎不可能翻过那些默兹河旁的峭壁。当德军第四装甲师穿过树林,从东边袭击色当、蒙泰梅和迪南等地的河岸城镇时,他仍然无法相信这一事实。

这些是刺向法国中心地带的大股侵略力量的先锋部队。就像斗牛士扬起的斗篷一样,进攻低地国家才是真正的虚招。接下来就是刺向法国防御甚少的两侧地区。这一进攻计划名为"镰刀收割",是国防军元帅埃里希·冯·曼施坦因最先想出来的。

在德军从空中袭击了默兹河桥头堡有限的防御力量后,第四装甲师冲向了默兹河。5月12日,古德里安将军的装甲兵攻陷了色当。隆美尔则带领士兵穿越了迪南。这些缺乏驻守力量的城镇充斥着恐慌和混乱,有些碉堡被向比利时北迁的法军关闭了,不能使用。法军的防御分崩离析,他们炸毁了所有能炸的桥,匆忙撤退了。

这一原本不可能穿越的自然屏障被德军突破了,甘末林感到惊恐万分。德军的坦克和机械部队通过默兹河上的浮桥进入了法国。截至5月16日,古德里安和隆美尔已经率领装甲师在法国境内行进了50英里,相当于英吉利海峡三分之一的长度。这些靠着安非他命勉强维持精神的装甲兵已经筋疲力尽,也缺乏燃料，但法国上下已经陷入了混乱，无力进行反击。整个国家最精良的军队和装备已经被派到北方去支援比利时了。

5月15日，时任法国总理保罗·雷诺，告知英国新任首相丘吉尔——当时丘吉尔才刚上任5天——法国陷落了。丘吉尔第二天就飞到了巴黎，发现政府官员正忙着烧毁文件，准备撤离这座城市。

但此时的装甲师，意不在巴黎。经过几天休整后，它们快速向北进发，包围了在比利时作战的同盟国部队。法国、英国、比利时、荷兰的军队被围困在英吉利海峡。后来，经过一次足以载入史册的海上救援行动，33万多名同盟国军队的将士才被从敦刻尔克救出，这场对抗才得以持续下去。6月22日，德军已经侵占了法国的一半领土，双方在一战期间德国向法国投降的同一地点、同一车厢内，签订了停战协定。希特勒个人接受了法国的投降，他坐上了21年前法国陆军统帅斐迪南·福煦接受德国投降时所坐的那把椅子。

在德军坦克翻越阿登森林和默兹河陡峭岩壁的41天后，法国沦陷了。英国独自坚守。此后经历了4年苦战，同盟国部队登陆诺曼底，才彻底终结了德国在西欧的侵略行为。

越战中的冒死服役

我第一次见退伍军人理查德·勒尔曼，是在他的家里，从那里能俯瞰马萨诸塞州的欣厄姆湾。我和他握了握手，也跟他开了个小玩笑，戏谑他总是喜欢河水。对于这次对话，我特别兴奋，也有点儿紧张。这是我第一次请求一位退伍老兵回忆自己个人的战争经历，我不知道他会讲述什么内容。

令我惊讶的是，他有个微缩模型，尺寸和设计都十分考究，再现了他当时住的其中一艘船的样貌。在他讲述的同时，我通过这个模型来理解他的意思，比如这艘船是怎么运作的，事件又是怎么发生的。这艘船在二战中是协助军队登陆作战的，和那艘载着同盟国军队跨越英吉利海峡登陆诺曼底的船，型号相同。一支船队把士兵们倾倒在奥马哈海滩上，这一幕出现在了斯皮尔伯格导演的电影《拯救大兵瑞恩》极具戏剧性的开场中。我辨认出了船内的士兵舱、蓄势待发的船头，以及船尾可以落下的登陆闸门。

但我不了解这艘船上所做的无数的改装和增补。船的每一边都挂上了加了防护的重型 M-60 通用机枪。船上新设的直升机降落坪，则完全把军队掩护了起来。三个圆柱形的炮塔设在船尾，每一个都足够容纳一位手持一把 50 口径机关枪或榴弹发射器的枪手。在炮塔周围是由沙袋堆成的墙。勒尔曼解释道，这个沙袋墙是为了防御火箭推进榴弹而做的加倍防护，这种榴弹能射穿 1 英寸[①]厚的装甲。这一登陆舰后来被改装成了全副武装的装甲兵运输艇，曾和其他运输艇一道，在湄公河三角洲曲折幽深的河流和运河上巡航，经历过越南战争中最激烈的几场战役。

从 1965 年到 1971 年，美国的陆军、海军和海岸防卫队在

---

① 1 英寸 = 2.54 厘米。——编者注

越南南部的河流、河道上部署了几百艘船只，其中包括装甲运兵船、巡河船和冲锋舟，还有扫雷舰、救援船、补给船。那里也有美军的一些大型母船，配有补给站、兵营、食堂、机修间、医院和甲板，甲板上可以绑十几艘或是更多的小船。有些运兵船也被改装成了大型水炮，击垮了越南共产党在河岸上的据点；其他的船则被改造成了火焰喷射器，能一下子点燃这些据点。

从一篇枯燥的、充满缩略语的军事报告里浏览这些技术细节，和从经历过越南战争最恐怖的时刻的退伍老兵口中得知历史真相，完全是两码事。在服役的一年中，勒尔曼基本都住在江河部队的船上，他有11个月在装甲运兵船上当枪手，还有1个月负责投掷火焰喷射器。勒尔曼估计，那一年他大约参与了50次严重的交火，并开了至少150枪。勒尔曼觉得可以通过观看1979年的电影《现代启示录》的片头，来感受当时交火的场面，他说电影极为准确地还原了他的经历。

在湄公河三角洲狭窄的河流、运河上作战，就意味着要时刻防备埋伏。子弹和火箭弹很可能会从河岸浓密的树叶中射出来，常常就在只有几码远的地方。有时，为了在船只抵达下游更大的埋伏之前耗光它的弹药，或是为了将友军的炮火引向附近的美国或南越军队的士兵身上时，双方会发动佯攻。朝水面倾斜的树枝可能会伸出设有陷阱的香蕉串。勒尔曼不停地观察水面，寻找可疑物体。河里漂着的大多是尸体，也有一些水雷。有的水雷隐藏在河床上，由暗藏的电线引爆，电线能从水下连到河边的树叶上，还有一些水雷会直接被敌方潜水的士兵贴到船体上。

曾经有个越共的士兵登上了勒尔曼所在的装甲运兵船，这艘船当时停泊在一个本以为安全的地点，与一片开阔的、由闲散的南越士兵把守的田野相邻。勒尔曼和其他士兵正在直升机停机坪上休息，登陆闸门是开着的。突然，一个越共士兵跳上了停机坪，在近距离平射射程内开了火，还毫发无损地逃跑了。机枪没打中勒尔曼，但杀死了其他两名正在打牌的士兵。

他也向我描述了在火焰喷射船上目睹的残酷场景，当时那艘船取名自打火机品牌"芝宝"。和盛行的说法不同，我了解到这种船的主要任务不仅是去除岸边树叶的遮蔽，而且要杀死敌方。在交火时，这艘船会直接冲上河岸，喷射还燃烧着的火焰，在敌方身上浇汽油。勒尔曼说，当时有个年轻的越共士兵身上着了火，一边尖叫一边向田野里跑去。他身上的高温引爆了榴弹，把他炸成了碎片。

勒尔曼目睹了很多美国士兵在湄公河三角洲曲折的水道中，死的死，伤的伤。他当时在一艘先进且昂贵的武装船舰上担任枪手，毫无疑问，我想他也杀死和射伤了更多越南人，虽然当时我们没聊这个。他所在的船名为"T-152-6"，在一整年中只遭遇了一次火箭弹的直接攻击，算得上是很幸运了。但是，就在勒尔曼和其他5名船员即将结束服役并回家的两天前，他们遇上了厄运。

当时的情况就像一部烂片，所有迷信的说法都同时命中了。当时是1969年6月13日，星期五，船员们的船龄"很短"——他们很快就要回家了，这也是最不祥的预兆之一。在河上服役了 363 天之后，他们的指挥官向他们保证，他们的任务结束了。几个人兴高采烈地登上了母船，清点船上的装备，擦拭干净，重新涂色，再重新收纳起来，以方便替换。"我们当时已经完成任务了，"勒尔曼说，"我们接下来所要做的，就是把这艘船移交给两天后来的新船员。"然而，有位军官出现在了他们面前，要求他们完成最后一项任务。那位军官说这只是一项很简单的任务。

船员们听到这个消息后，差点决定叛变。但最后，经过激烈的争论，他们还是服从了指令。当时勒尔曼愣住了，他撕开另外一顶头盔的海绵垫，把它盖在了自己的头盔上。另一艘船上的战士，看见此景，扔来了防弹衣和裤子，勒尔曼马上把它们套在了衣服外面。为了完成任务，T-152-6 随后从母船分离，向上游驶去。他们的任务是将一排新兵运到槟知河上的小岛，那里是三角洲地区最危险的地点之一。当时，勒尔曼和他的战友并不知道那个地方的情况，直到多年后，他才了解目的地的险恶。

他们接上了新兵，大约有三十几个装备完全的士兵在等候仓内。随行的还有一位"特别友善"的军医，勒尔曼向他问了时间，对方笑着说"10 点半"，随后迎来的是 AK-47 自动步枪的开火声和火箭推进榴弹的爆炸声。

这些士兵跳了起来，马上向树林茂密的对岸开火，对方距离他们仅仅有两艘船那么远。"我小时候打雪仗也是离这么近，"勒尔曼告诉我。多年之后，他才知道那位友善的军医被当场打死了。勒尔曼当时不知道军医死了，是因为有颗子弹打穿了他外层的头盔，也打裂了内层的头盔，射进了他的颈椎。榴霰弹把他的肠子打穿了，他的一条腿受了很严重的伤。勒尔曼滑到了甲板上，他听到至少有两个火箭弹在士兵仓爆炸了，立刻烧了起来。"我有种非常压抑的感觉，"他回想道，"我瘫在那里，不能动，不能呼吸，也不能说话……我和其他伤员在一起，意识时而清醒，时而模糊，有的人趴在我的身上……我体验到了灵魂出窍的感觉，朝着温暖而诱人的光缓慢飘去。相信我，这真的让人大开眼界。"

在短短几秒内，攻击结束了。幸存者呼叫了医疗护送，对他们做了检伤分类。勒尔曼被误认成了死人，被扔到了尸体堆里，前后都是尸体。后来有人发现他还活着，就把他抬到了担架上，转移到了猛烈摇晃的、轰隆作响的直升机上。他当时动了动被烧焦的右手，发现自己牵着另一个伤员的血肉模糊的左手。这两个陌生人就这样紧紧地抓着彼此的手，经历了充满幻觉的飞行，后来他们被转移到了医院和康复中心，迎来了新的生活。

勒尔曼是一位永久残疾的退伍军人，他没结过婚，也没有孩子。他戴着助听器，是因为"船只、爆炸、酒吧、夜店、金属车间、建房子"的声音损害了他的听力。勒尔曼在战争中滴酒不沾，基本上都待在船上，很少去海军基地，但他现在开始喝酒了。他悲伤地回忆起自己的年轻岁月，营养不良的身体，以及被炸毁了的敌军装备。但我并没有从勒尔曼口中听到任何抱怨。"我应征入伍了，"他直截了当地说道，"我想去冒险，而我也的确做到了。"勒尔曼半开玩笑地跟我说，最近一次体检发现他小腿上有颗子弹，过去将近50年都没有发现过。他现在生活在一座自己建的漂亮房子里，毗邻马萨诸塞州的海滩。几年前，勒尔曼在网上找到了那个在运送伤员的航班上紧握他右手的老兵，得知对方幸存下来，两人都很高兴。当被问及他对这场战争更大的意图的看法时，他只是摇了摇头，表示这一切太疯狂了。

战争的确有个更大的目标。T-152-6号装甲运兵船，也就是在勒尔曼人生中具有决定性意义的那一年为他带来灾难的那艘舰船，和其他几百艘舰船一样，是褐水海军的一部分，为了能控制南越的关键地域而被派往战场。南越如今已经不复存在，当时它充当了两大敌对的意识形态开展全球斗争的牺牲品。

二战后，很多以前的殖民地开始争取摆脱欧洲殖民国家的控制。东南亚爆发了第一次印度支那战争，在1954年越南抗法的奠边府战役之后，法国在这一地区的统治被瓦解。这一区域之后被分割为柬埔寨、老挝、由美国支持的南越和由越南共产党控制的越南民主共和国。在日内瓦协商停战时，各方参照了1945年美苏在朝鲜半岛以北纬38度线为界划分朝鲜和韩国的做法，以北纬17度为界，划分了越南、南越。虽然当时的划界只是暂时性的，但美国的杜鲁门、艾森豪威尔和肯尼迪政府，都以此为界，向南越提供了资金和军事支持，作为美国"围堵"共产主义阵营的冷战战略的一部分。

然而，越南和其在南越的支持者想统一越南，效仿中国和苏联，成为共产主义国家。1964年，时任美国总统林登·约翰逊向国会施压，通过了《东京湾决议案》，该法案允许总统在越南享有军事自主权，他可以发起任意规模的战争，且受法律保护。约翰逊随即向海外派遣了成千上万支军队，到1968年为止，越南境内已有50多万美国人。

对越南来说，这场战争的意义在于驱逐外国占领者，重新实现国家统一。对美国来说，战争的目的是维护不奉行共产主义的南越势力，而南越是一个在日内瓦被创造出来的国家。美国认为，越南的统一会促进共产主义的扩张，增强苏联和中国的影响力。美国想维持南越现状，并不想侵略越南，因为招惹越南肯定会促使中国参战。

于是，南越成了各方交战之地，这就意味着越南共产党的军队、武器和物资会从北方运往南方。为了赢得战争，美国和南越必须控制物资运输的通道。最有名的通道之一就是胡志明线。但由于越南同时临海和临河，当时仅有几条公路和铁路，切断供应链的最佳方式就是从海上阻截。

1965年，美国发起了"市场时间"行动，在南海设置屏障长达八年。美方借助海军驱逐舰、海上扫雷舰、快艇、巡逻炮舰和海岸警卫队缉私快艇，拦截驶向南越的越南舰船。由于海岸线天然的南北走向，北方要想采取任何海上行动，就必须取道东边，因而美方的海上阻截效果显著。在"市场时间"行动开始时，越南70%的物资是由南海运输的。在短短一年内，运输量已经锐减至10%。

不过除了海路，越南还可以仰赖陆上小径、内陆水道和湄公河三角洲。越南通过胡志明线的林间路径，穿越老挝和柬埔寨，分成好几路，潜入南越，输送了大量物资。通道的最南边通过柬埔寨与湄公河相连，越南的物资和士兵借由小帆船、木船和驳船分发装运，穿越复杂的河流和运河网，再运达湄公河三角洲流域。由此，700多英里长的曲折水路成了越南向南运送士兵、武器和物资的关键通道。

无论就自身还是外在条件而言，湄公河都具有极强的战略意义。湄公河流域当时是，现在依旧是越南最重要的稻米产地。它养活了南越一半的人口，而且在地理位置上毗邻南越的首府西贡（今为胡志明市）。1965年，越南共产党控制了西贡的稻米供给源。三角洲水道复杂，很难调动地面机动交通工具加以防御。虽然美军在开阔海域具有无可比拟的技术优势，但三角洲狭窄的河流和运河所构成的水路迷宫，使其很难施加控制。

为了控制该区域，美国和南越军队合作发起了一系列沿河行动，如"占领作战行动""科罗纳多行动""海皇行动"。但这些行动都不如"市场时间"行动有效，它成功地阻截了南海的物资运输。双方像是在玩捉迷藏，美国的船只拦截、搜查小木船，想要截获越南共产党的物资。装甲船和直升机载着美国和南越部队来到三角洲，把这里逐渐变成了交战焦点。

尽管有这些反制措施，越南共产党还是能高效地利用水路分发物资，运送士兵。他们在1968年发起了"新春攻势"，来势凶猛，打得南越和美方措手不及。这一针对西贡和其他南部地区的、组织有序的攻击，外加日益上升的伤亡数字与美国境内的学生抗议，使得战争日益失去了美国民心。1971年，最后的机动江河部队被移交给了南越军队。1973年1月，美国撤出了越南。两年后，越南军队控制了西贡。整场战争夺去了至少130万越南人、近6万美国人的生命，越南最终统一，成了共产主义国家。

虽然河流很少（如果有的话）引发战争，但长期以来，河流一直在默默参战。在二战中，它们天然生成的水力资源，曾为加拿大的铝业生产助过一臂之力，也使得德国的鲁尔山谷成为英国空军惩戒纳粹的地点。河流作为疆域边界和防御壁垒，自然是敌国意欲夺取的目标，有时候会引发重要的历史转折，例如恺撒渡过卢比孔河，华盛顿穿越特拉华河，希特勒横渡默兹河。那些洒在维克斯堡密西西比河旁的鲜血，和在斯大林格勒伏尔加河上逝去的生命，都足以彰显河流作为军事通道的重要价值。

在将近一百年的时间中，外国海军在长江上巡逻，镇压当地的反抗势力，在忿忿不平的中国大地上巩固殖民者的权力。在湄公河三角洲，想要掌控曲折幽深的河道和运河是非常困难的，双方打了长达四年的游击战，给所有牵涉其中的国家和个人带来了难以平复的创伤。而幼发拉底河流域则见证了ISIS的兴衰，ISIS的势力沿河流两岸分布，一直延伸至叙利亚的最后一个要塞。

从古代战事到近代美国的独立战争，从中国近代的"百年国耻"到两次世界大战的战火，从法国"恐怖时期"的大规模处决、越南战争再到ISIS的"圣战"，河流在战争时期始终处于重要地位。

第四章

毁坏与新生

2017年8月26日，飓风哈维在得克萨斯州的科珀斯克里斯蒂登陆，在得州盘旋了四天之久。得州的另一个城镇尼德兰，降水足足有60.58英寸深，刷新了夏威夷在1950年所创下的52英寸的美国境内降水记录。在此之前，据美国气象站的记录，没有任何一场飓风能带来深度达5英尺以上的降雨。

拥有230万人口的美国第四大城市休斯敦，也遭遇了深达4英尺的降水。流经休斯敦市中心、原本流速极缓的布法罗河，在飓风到来时开始泛滥，河水越过河堤，和其涨水的支流一起淹没了该城低洼的地段。甚至高速公路上的立交桥也被淹了。为了躲避不断上涨的洪水，人们被迫爬上了房顶，救援船沿着休斯敦被淹的街道巡逻。

在休斯敦东北方30英里处，圣哈辛托河漫过了在特勒斯河河畔和诺斯伍德县的高档社区。而在本德堡县，布拉索斯河和圣伯纳德河都迎来了史上最猛的洪水导致近20万人被迫紧急撤离。在得州的其他县区，内奇斯河下游、特雷斯帕拉西奥斯河、科罗拉多河、奥伊斯特溪、特里尼蒂河、萨宾河、大牛溪、瓜达鲁普河的水位要么刷新了历史纪录，要么趋近同期最高水平。在整个汛期，该流域开展了多达 3 000 次的救援行动。

当飓风哈维终于消散，仍有约 40 000 人待在得克萨斯和路易斯安那的公共庇护所里。损失是极其惨重的：30 多万座建筑和 50 多万辆车被损毁，至少有 68 人死于溺水，或是其他与洪水直接相关的原因，例如被倒塌的建筑压死。大约 33 万户家庭在炎热的天气中用不上电。

三周后，我造访了一些被洪水袭击的居民区，那里到处都是断壁残垣。我看到了堆积如山的湿透的床垫，因外墙剥落而裸露在外的墙体石膏板和保温层。人们被迫在被毁的房子旁搭帐篷露营。电力已经恢复了，但房子里面还是漆黑一片，毫无生气。一只猫在啃用塑料纸包裹的东西，看不清楚是什么。在这个典型的休斯敦中产阶级社区，房子的外墙也开始被黑色霉菌覆盖，而且越来越多。

这只是成千上万个正在经历快速拆修的受损社区之一。在整个得克萨斯州东南部，房主和志愿者们在拆除被水破坏的房屋的外墙、保温层和地板。他们在争分夺秒，希望能在霉菌和锈蚀彻底毁掉房子之前，尽快烘干房屋的框架和供电系统。

我是受卢比孔团队的邀请而来到这里的，它是洪水退却后最先参与救援的志愿者组织之一。卢比孔团队是由美国海军陆战队的前成员，杰克·伍德和威廉·麦克纳尔蒂，一同在 2010 年创立的。他们曾为遭遇了 7.8 级地震的海地太子港的灾民筹集物资和招募志愿者。当时他们惊讶地发现自己是首批抵达现场的救援人员，于是决定成立一个新的救灾组织，要在反应速度上超过那些过于迟缓和谨慎的传统救援组织。他们把组织命名为"卢比孔团队"（没错，卢比孔就是恺撒大帝跨过的那条河的名字，参见第三章），主要招募退伍军人作为组织的成员和志愿者。除了最核心的救灾纾难，卢比孔团队的另一重要目标，就是协助曾经在战场和冲突现场执行过命令的退伍老兵重新融入社会。

卢比孔团队在得克萨斯州漫长的救援，是从一场物流通报会开始的。当时他们的临时指挥中心设在了休斯敦市中心附近的一个空仓库，会议是在那里的顶层停车场开的。在集结的志愿者身旁，有数十辆租来的车，车门上贴着卢比孔团队的磁铁标语牌。楼下是临时办公室，一群年轻人在狭小的空间内慌乱地忙碌着。墙上挂着地图，白板上是潦草的手写计划，办公桌之间放着供他们临时休息的充气床垫。

卢比孔团队是一个庞大的组织，它管理着几百万美元的捐款，和数千名随时可以参与多重救援任务的全球志愿者，其中有七成志愿者是退伍军人。当时团队的成员鲍勃·普里斯带我到处看了看，他特别忙，手机一直在响。他负责接送每天到达休斯敦的两大机场和从那里出发的几百名志愿者。

在飓风哈维登陆后，1 300多名志愿者报名参与了卢比孔团队在得克萨斯的救援和重建行动。他们用船只开展救援，锯掉了倒塌的树，清理了废墟，也铲除了烂泥，拆掉或是修补了高危建筑，也为当地居民提供了财务建议。在受灾范围如此之大、破坏如此严重的情况下，这些志愿者和其他组织、教会团队的人，在休斯敦组织了救援，他们常常是最先向灾民伸出援助之手的人。

半年后，成千上万的得州居民又面临着另一窘境：他们中的很多人没钱重建或修复自己的家。原本承办赛车比赛的得州世界赛车道，现在堆满了被洪水冲毁的汽车，等着保险公司处理理赔诉求。卢比孔的志愿者们还在忙着协助灾民重建家园。因飓风哈维而导致的经济损失总计可达1 250亿美元，在美国历史上，哈维是造成经济损失第二多的特大气候风暴。

图4-1 2017年，哈维飓风夺去了68个人的生命，损毁了30万座位于得克萨斯州和路易斯安那州的房屋。总计损失金额约达1 250亿美元，使其成为在美国历史上造成最大经济损失的自然灾害之一。图中显示的是来自卢比孔团队的志愿者，该团队是由退伍军人管理的救灾组织，是第一批救助洪水灾民的团队之一。（劳伦斯·C. 史密斯/摄）

造成的损失比飓风哈维更大的，是2005年席卷墨西哥湾和新奥尔良地区的飓风卡特里娜，它造成了1 883人死亡，

1 613 亿美元财产损失。

卡特里娜在 2005 年 8 月 29 日早上 6 点 10 分登陆新奥尔良地区。两个小时后，密西西比河冲垮了好几处防洪堤。排水管被挤爆，防洪堤和防洪墙被冲毁或是完全被冲垮。因为整座城市位于碗状洼地内部，地势比河水水位低，城市八成的面积都被水淹没了，部分地区的积水甚至有 10 英尺深。

又过了 4 个月，我走访了新奥尔良的下第九区，这里被淹了好几周，所遭受的破坏也是毁灭性的。这里的房子因洪水冲击而下沉、倾斜。显示洪水的最高水位的泥水分界线，曾经接近甚至等同于房顶的高度。当时为数不多的生命迹象，是那些高大茂盛的杂草，叽叽喳喳的鸟儿，还有向我投来饥饿目光的野狗。很多房子因被水泡得太严重而无法挽救，大部分仍未重建。新奥尔良有一半以上的防洪堤受到了冲击，或是被彻底破坏了，约有 95 000 处居民住房被毁。

飓风卡特里娜沿着墨西哥湾的海岸线冲上了海滩，把房子从地基上拔起来，冲倒，又像摆弄玩具一样，随意翻转汽车。在密西西比州附近的比洛克西，我看到大卖场被洪水冲刷得只剩光秃秃的、弯曲的钢架。被损毁的越野车掉进了游泳池，餐馆和人们居住的房屋也都消失了，仅剩下混凝土地基的水泥白板。这场洪水将 20 多万建筑夷为了平地。

大部分人认为洪水是极其罕见的、不可预见的"天灾"。但事实并非如此。洪水在全球范围内都是周期性出现的，是完全可以预见的。

飓风哈维和飓风卡特里娜所造成的损失，只是同类型灾难中比较极端的例子。仅在 2017 年，美国至少经历了 16 场"特大灾难"，即造成了 10 亿美元及以上损失的灾难。其中包括飓风哈维（1 250 亿美元损失）、飓风玛利亚（900 亿美元损失）和飓风厄玛（500 亿美元损失），还有其他 10 场洪水和风暴。在飓风哈维袭击得州的几天后，厄玛就在佛罗里达州登陆了。随后在 9 月，飓风玛利亚在波多黎各和加勒比海其他几个岛屿造成大范围破坏，直接夺走了至少 65 人的生命，之后又导致将近 3 000 人丧生。从 1980 年以来，美国已经遭遇了约 250 场特大灾难，所经受的损失，去除通货膨胀的影响，也高达 1.7 万亿美元。

我们提到的这些灾难都是大型灾害。每年，积雪融化、季节性暴雨和密集的雷暴雨诱发了无数的小型洪水，它们都是从河床和溪流的底部开始泛滥的。在美国的每个州，甚至世界的每个国家，这些小型灾难也会造成数十亿美元的损失，威胁人们的生命和财产安全。从全球来看，洪水是致命的、破坏力极强的灾害，平均每年都会夺去大约 5 000 人的生命，也会造成超过 500 亿美元的损失。

显然，这些灾难对人类是极为不利的。正如我们将在第九章提到的，目前地球上有将近三分之二的人居住在大河流域，对他们而言，洪水是难以根除的威胁，它会按周期席卷而来，扼杀生命，损害财产。然而，洪水也通过为河漫滩带来新鲜的淤泥、营养物和水，为人类提供了自然资本，营造了一些世界上最丰富的生态系统，也堆积出了最优质的农业耕地。当保险项目、政府的救灾项目妥善就位，洪灾会使汇入当地的资金增加，刺激经济增长，塑造该区域的人口结构。在少数情况下，由洪水催化的起义甚至可以颠覆政权，变更法律规范。本章剩下的内容将着重探讨这些罕见的案例所产生的深远影响。

改变人口构成的洪水

当密西西比河的防洪堤被冲垮后，约有40万名居民因飓风卡特里娜而被迫迁徙。10万~15万名灾民在飓风袭击后的头几个月搬到了休斯敦，激活了租房市场，迅速为该城增加了3%的人口。有些人索性留了下来，而在12年后，这些气候难民又再次遭遇了飓风哈维的袭击。

洪水过后，新奥尔良的城里渺无人烟。在洪水袭来的两个月前，整个奥尔良地区，包括新奥尔良城，人口数是454 085。5年后，人口数锐减四分之一，变成了343 829。

值得注意的是，迁出人群的种族构成改变了奥尔良地区原来的人口结构。房屋损失最重的是那些海拔低、收入低的社区，例如下第九区，那里的居民基本上都是贫困人口和黑人。因此，大部分外流的居民是穷人和黑人。这些社区的大多数房主无力为自己极易遭受洪灾的房屋支付高昂的洪水保险费。洪水一来，他们的财物尽失，而且没有可以用于重建的保险赔偿金，除了搬家别无他法。

而且，这些被迫迁居的人大多是年轻人。年轻人更倾向于租房，而不是买房，年轻的房主也没有那么多存款可以用于重修。新移民需要房屋，参与修复和重建的工人也需要居所，突然出现的房屋短缺，导致剩余的房屋租金飙升。高档社区的重建，吸引了几千名墨西哥和中美洲裔的建筑工人参与其中。在重建高峰期过后，有些人选择留下定居。在洪水暴发的 5 年后，新奥尔良城的人口更少了，白人、高龄居民的比例升高，平均收入水平也更高，也有了更多的拉丁美洲裔的移民。

美国 10 年一次的全国普查显示，奥尔良地区在 2000 年的总人口有 484 668，其中有 325 942 人（67.3%）是黑人。10 年后，当地人口降至 343 829，黑人比例也降为 60.2%，即 206 871 人。换句话说，流失的人口中，有 85% 都是黑人。虽然飓风卡特里娜并非人口外迁的唯一诱因，但显而易见的是，洪水和住房危机是导致新奥尔良黑人比例降低的一部分原因，而这个城市在历史上曾以非裔美国人文化为荣。

然而，人口的缩减也是暂时的。如今，新奥尔良的人口又重新增长，这是一百年来的首次增长。截至 2017 年，奥尔良地区的人口数增至 393 292，比 2010 年多了 15%。收入和雇佣市场都恢复了，租房价格也回落到了正常水平。这一回弹与全国性的调查结果完全吻合，表明洪水和其他自然灾害会促使人口增长，而非使其缩水。

借由全国性的移民数据，莱斯大学社会学教授詹姆斯·埃利奥特发现，自然灾害会迫使当地的边缘人群外迁，但也会吸引外地的边缘人群迁入。尤其是亚洲人和拉美裔的居民，他们经常会大批迁至曾经遭受过自然灾害的地方，甚至是小型灾害（即造成 5 100 万美元及以下经济损失的灾害）侵袭之地。在美国各地，这些造成创伤的事件似乎能刺激当地经济发展，人口增长。经济损失越严重，刺激的程度就越强，所带来的发展动力甚至会超过灾前水平。

从外部汇入的救助资金，连同当地被破坏的劳动力和被扰乱的社会结构，会创造新的就业机会，吸引那些在外地生活困难的新移民。保险公司的赔付款，联邦政府的救灾贷款，和其他的慈善救济金都会涌入。城市规划人员会重启一系列长期缺乏资金的重建计划，将灾害变为机遇。新的工作岗位会在各行各业出现，不仅会出现在建筑行业，也会出现在城市规划、设计、工程和餐饮服务业中。在短短几年内，这些资金和人口的注入会持续塑造受灾城市的经济和人口特征。

另一个和洪水以及其他引发经济损失的自然灾害密切相关的现象则是贪污犯罪的猛增。1993 年，在密苏里河和密西西比河流域暴发的大洪水，是美国历史上最具破坏力的自然灾害之一，给伊利诺伊州、艾奥瓦州、堪萨斯州、密苏里州、内布拉斯加州、北达科他州、南达科他州、明尼苏达州和威斯康星州的部分地区带来了严重损失。美国联邦紧急事务管理局（FEMA）将大约 12 亿美元的救灾金（考虑到通货膨胀的影响，相当于 2019 年的 21 亿美元），汇入了这 9 个州，用于协助它们重建和修复家园。联邦政府救灾基金的涌入，导致贪污犯罪的次数在短短几年间增加了两倍。

导致这一现象的原因是显而易见的。灾害过后的生活秩序混乱，紧急事项多，给贪污行为创造了充足的机会。例如，为了加快经济恢复，当地政府可能会暂时放松对项目竞标的要求。典型的灾区腐败犯罪类型包括以联邦政府资助的重建项目为名索取贿赂、洗钱、收受回扣、任人唯亲和挪用公款。受灾程度越高，汇入的资金越多，犯罪的次数增加得也就越多。在美国各地都有案例证明，重建款项与官员贪污紧密相关。在受灾的路易斯安那州和密西西比州，贪污频繁发生，这可能与洪水灾害发生的频率和严重程度相关。

人们很容易以为洪水对任何人都一视同仁。毕竟，大自然并不了解人类社会的阶级或种族。但事实是，在低洼的河谷和沿海三角洲，容易被洪水侵袭的陆地常常是低收入人群所居住的地区。当洪水退去后，穷人往往是受害最大的，也最缺乏重建、恢复的手段。富人能申请保险索赔，雇用建筑人员重建房子。但穷人只能被迫迁走，即使有新的人口搬来，也不能改变现状。当洪水冲毁房子的时候，它就是在和其他社会、经济因素一起塑造美国社区的规模和人口多样程度。

被冲垮的防洪堤，被重组的政治版图

有时候，洪水也会引发政治震荡。

例如，飓风卡特里娜到来后，联邦紧急事务管理局组织救灾重建的行动非常缓慢，导致民众对出身共和党的小布什总统的观感持续恶化。当以黑人为主的10 000名灾民在新奥尔良的超级穹顶体育馆中闷热难当，忍饥挨饿，喝不上水，也上不了厕所时，小布什总统竟然称赞当时被民众围攻的管理局局长迈克尔·布朗"做得很出色"。实际上，仅在10天后，布朗就因未能尽职而被迫卸任，而小布什总统则被人嘲笑既不了解也

不关心黑人的遭遇。这样的评价给他的总统生涯造成了很多困扰和阻碍。之后发布的盖洛普民意调查显示，有六成受访者以及高达八成的黑人受访者，在"你认为小布什总统是否关心黑人群体"这一问题上，做出了否定回答。尽管与此前任何一届政府相比，小布什总统在内阁任命了更多黑人高官，但在他任期内，联邦政府对新奥尔良洪水的拙劣应对，损害了他在少数族裔中的威信。

在美国，小布什并非第一个在特大风暴和密西西比河洪水上栽跟头的总统。1927年的密西西比河大洪水也具有类似的转折意义，它席卷了全国，也影响了美国大选，但早已被大众遗忘了。同时，这场洪水也在非裔美国人和共和党之间划下了一道裂痕，时至今日，永久地改变了美国政局的面貌。

如今，绝大部分非裔美国人都是支持民主党的。在2016年的总统大选中，共和党候选人特朗普仅获得了8%的黑人投票，4年前，2012年的共和党候选人罗姆尼，也只获得了6%的黑人选票。而在一个世纪以前，黑人是一边倒地支持共和党的。

著名的黑人废奴制领袖和政治家弗雷德里克·道格拉斯是共和党人。林肯也是共和党人，正是他发布了《解放黑人奴隶宣言》，带领整个国家度过了因奴隶制而起、破坏力巨大的南北战争，也力排众议通过了美国宪法第十三条修正案，在美国永久废除了奴隶制。也是当时在国会的共和党人，顺利推动了宪法第十四条和第十五条修正案。第十四条修正案保障曾做过奴隶的人拥有美国公民权，可以平等地享有法律保护，第十五条修正案则维护了黑人男性的投票权。50多年后，第十九条修正案终于也赋予黑人女性同样的权利，而这也是由共和党人推动的。

相反，民主党人一直竭力阻拦这些修正案。他们在北方各州进行抗争，唯恐黑人成为选民会帮共和党人赢得选举。在南方各州，民主党人也在设法规避为黑人赋权的政策，以臭名昭著的《吉姆·克劳法》隔离黑人。黑人在民主党中受到排挤，黑人代表直到1936年，也就是宪法第十五条修正案生效60多年之后，才被允许正式参加该党的全国代表大会。

到底发生了什么？共和党为何失去了非裔美国人在20世纪初的大力支持，使他们倒向了如今的民主党？

大部分历史书都把这段转折追溯到了富兰克林·德拉诺·罗斯福担任总统的时期。罗斯福是四位进步派民主党总统中首个上任的。他的"新政"强化了社会安全网的保障，救助了很多因大萧条而陷入贫困的美国人，其中包括许多黑人。1936年，多达71%的黑人选民支持罗斯福连任，尽管他们之中的半数都视自己为共和党的一员。1948年，罗斯福的继任者杜鲁门，在军队中废除了种族隔离，而且也禁止在联邦政府施行带有种族歧视的雇佣政策。这削弱了他在南方民主党白人中的威信，但是帮他在1948年的选举中赢得了77%的黑人选民投票，逆转局势，击败了共和党人托马斯·杜威，成功连任。1963年，民主党总统约翰·肯尼迪则在争取废除种族隔离举措，终结《吉姆·克劳法》的过程中，不幸遇刺身亡。他的继任者，林登·约翰逊推进了肯尼迪未完成的事业，于1964年7月2

日签署了《民权法案》，使之正式生效。4 个月后，约翰逊以压倒性优势获得连任，他赢得了 94% 的黑人选票。经过这几任总统，黑人的选票便从共和党转移到了民主党手中。

而这段叙述忽略了美国非裔选民在罗斯福上任之前就已经开始疏离共和党的事实。他们对共和党的不满可以追溯到 1927 年密西西比河的洪水暴发，这场洪水打破了上千名黑人农民的宁静生活。

要想充分了解这场洪水的影响，我们首先要知道，密西西比河就是现实中的利维坦，有时会展现出暴戾冷酷的一面。密西西比河流域是地球上范围最大的河流流域之一。它流经美国的 31 个州和加拿大的两个省，流域面积达 120 万平方英里，北至加拿大，南至墨西哥湾，西至蒙大拿州，东至弗吉尼亚州。总的来说，其流域面积占到了美国大陆面积的 40%。

1926 年 8 月，灾难已经出现前兆，连续的暴风雨重击美国中西部，破坏了秋季收成，灌涝了土壤。后续的暴雨持续袭来，使得整个河流流域在秋季、冬季甚至来年春季，都被雨水浸透。从北边的伊利诺伊州到南边的路易斯安那州，河水水位均刷新了历史纪录。1927 年 1 月，密西西比河东部的主要支流俄亥俄河也开始泛滥，从匹兹堡到辛辛那提的河谷都灌满了洪水。两条更小的支流，小红河和怀特河，也都冲垮了防洪堤，淹没了周围的阿肯色州的农场，积水深度达 15 英尺。3 月，接连不断的洪水沿着密西西比河蔓延，迫使数千人急忙在防洪堤上堆砌装着沙土的袋子，以拦住洪水。一场接一场的洪水冲击、侵蚀也浸透了堤坝。

1927年4月15日，也是耶稣受难节，河流沿岸完全陷入了混乱。一场大范围的暴雨将6至15英寸深的雨水，砸在了密西西比河流域几十万平方英里的土地上。土壤被泡透了，溪流和湿地也涝了。这场新的降水迅速灌满了密西西比河大大小小的支流。历史学家约翰·M.巴里曾在《涨潮始末：1927年密西西比大洪水和它如何改变了美国》一书中，完整还原了这场灾难的历程，他写道：

> 这条河（密西西比河）似乎是世界上最有力量的事物。它流经科罗拉多的落基山脉，加拿大的艾伯塔和萨斯喀彻温，纽约和宾夕法尼亚的阿勒格尼山脉，蒙大拿的树林、明尼苏达的铁矿区和伊利诺伊的平原。它从广阔的大陆起源，汇聚了所有落在这片土地上的雨水……河水一直流，好似从漏斗中倾泻而下，直到奔入这条蜿蜒曲折、体量庞大的河流——密西西比河。

当时洪水就像溶解砂糖一样，轻而易举地冲破了一个个防洪堤，也冲涝了整片密西西比河谷的广阔农业平原，从伊利诺伊一直延伸到墨西哥湾。70多万居民无家可归。官方数据显示有313人确认溺亡，而实际数字还要比这更多。许多遇难者被冲进了墨西哥海湾，或者被埋在了泥沙沉积物的深处。要不是阿查法拉亚河吸纳了一半以上的洪水流量，新奥尔良就会被洪水夷为平地。

这场大洪水和其后续影响，在当年剩下的几个月牢牢占据了全国报纸的头条。令人费解的是，当时来自共和党的总统柯立芝拒绝走访受灾现场。他草率地拒绝了来自严重受灾地区的官员和红十字会等救援组织的领导者的不止一次、日益恳切的请求。这些人知道，总统每来访一次，就能帮当地多募集一些急需的捐款，也能吸引来自全国各地甚至全球的志愿者。事实证明，柯立芝犯了一个致命的政治错误，他的继任者们都小心地避免了这一做法。如今，每当一场巨大的自然灾害来袭，总统很快就会出现。官方会举办新闻发布会，播发的照片会展现出总统表情忧郁地与救灾组织的领导者会面、表扬最先响应救援行动的人，以及拥抱灾民的画面。

在这巨大的政治真空中，在柯立芝政府担任商务部长的原本默默无闻的赫伯特·胡佛趁机出马。曾经做过采矿工程师的胡佛，对这场洪水十分上心，他有着强烈的个人企图。作为全国救灾和重建工作的负责人，他不知疲倦地工作着，而且卓有成效。他频繁造访灾区，刻意制造大量媒体报道。他还坚持让官方配合摄影师和记者，允许他们报道救灾恢复的进程，而且让他们报道自己的事迹。在短短几个月内，因为灾难的巨大的波及范围，以及他作为国家救灾负责人的高曝光度，胡佛成了美国家喻户晓的名字。

1928年是总统选举年。令很多当权的共和党人吃惊的是，胡佛新增的影响力使他的风头盖过了几位主要的竞争者，包括党内最受欢迎的弗兰克·洛登，也就是伊利诺伊州前州长。胡佛获得了共和党提名，他最终赢得了大选。

图 4-2

图 4-3 1927 年的密西西比河洪水早已被人们淡忘,但它其实是美国历史上破坏力最大的灾害之一。它引发了重要的政治震荡,帮助胡佛一跃成为美国第 31 任总统,也在黑人选民和共和党之间划下了最初的裂痕。

但并非所有人都买胡佛的账。

当时所有居住在洪水流经地区的人都遭了殃。洪水冲溃了堤坝，黑人和穷人是受损最严重的，78年之后飓风卡特里娜带来的后果也是如此。

虽说奴隶制已被废除，但是黑人佃户给白人地主劳作的现象仍在延续。奴隶制结束了，价值高达30亿美元的"人力财产"便从地主的财产簿上一笔勾销了，传统的奴隶持有者、种植园主也随之消失了。取而代之的是向黑人放债的白人土地主，他们靠着黑人佃户的劳作而维持家业。通过控制租借土地的面积，允许佃户余取粮食和补给，土地主成功地将黑人劳动力和土地紧紧绑在一起。虽然理论上黑人佃户是能逃走的，但实际上很少有人能找到逃脱的方法。与此同时，非裔美国人大迁徙的第一波浪潮，已经开始了——约有600万居住在南方的黑人离开了家乡。很多贫困的南方黑人，尤其是密西西比河三角洲的佃户，在底特律、匹兹堡或是芝加哥这样的北方新兴城市，有个一亲半故，或是有个想实现的梦想。

在社会经历上述转折之时，1927年的洪水不期而至。白人和黑人居民都不得不爬上防洪堤，跑到高处的难民营，躲避洪水。密西西比的格林维尔建有一个高达8英尺、宽达50英尺的巨大防洪堤，却仍然无法使整个城镇免于灾祸。汹涌的洪浪冲断了堤坝，像海浪一样持续不断，卷着旋涡，拍碎了房子，随后把整个城镇吞没了。数千名幸存者艰难地爬到防洪堤残垣的顶部，在浑浊的汪洋中，这狭长的堤顶已是仅存的高地。红十字会在阿肯色州、伊利诺伊州、肯塔基州、路易斯安那州、密西西比州、密苏里州和田纳西州搭建了154个难民营,称之为"收容所"。大部分收容所仍实行种族隔离,非裔美国人在整个艰苦难挨的夏季,被迫充当灾区重建的劳力。他们灌满了沙袋,修补了堤坝,为所有白人和黑人的收容所搬运红十字会的食品配给。他们从救灾船上卸下紧急物资,分给需要的人。大部分收容所的条件都极为艰苦,但能供人们勉强度日。他们能获得基本的食物补给,如果参与劳动的话,每天还能拿到一两美元。

在密西西比州的格林维尔,情况则大为不同。当地不准黑人灾民外迁,强迫他们工作,而且让持有武器的白人男性看管他们。当救援的蒸汽船从防洪堤上救下幸存者时,当地白人首领却不允许获救的黑人撤离,这让船长们十分惊诧。因为这些当权者知道,如果这些黑人劳动力走了,就不会再回来了——比起洪水,他们更怕黑人外逃。

在格林维尔,约有13 000名黑人难民挤在堤坝上的收容所里,周围有持枪的警卫来回巡逻。像桃子罐头这样人人都想吃的东西,全被白人拿走了。黑人被迫无薪工作,还得在衣服上贴标签,标注负责的工作。他们被迫替所有人打扫、做饭、洗衣服。没贴标签的人,就没有吃的。警卫是不会放黑人走的,黑人只能等白人地主来认领,也就是等到地主发现自己的土地变干了,需要人干活的时候。

很多黑人不想跟白人回去,觉得洪灾给了他们逃跑的机会。在一整年间,想控制劳力的白人地主和已经受够了压迫的底层黑人佃户,一直进行着艰难的权力斗争,其间充斥着无数的暴行和折磨。1927年的洪水加快了黑人大迁徙的进程，大量外迁的灾民意识到，是时候离开南方去寻求新生了。

在这个过程中，胡佛一直精明地打着算盘。对于因洪水而流离失所、备受压迫的黑人，他装模作样地显露恻隐之心，但在解决黑人的困境方面，几乎毫无作为。他想争取大选提名，于是努力巩固黑人选民对共和党的高支持率。当胡佛得知格林维尔的丑闻后，便邀请著名黑人领袖罗伯特·莫顿（他追随另一黑人领袖布克·华盛顿的脚步，继续推进黑人解放），组成顾问小组，调查来龙去脉。他私下向莫顿透露，他正在草拟一项"土地安置"的抵押贷款计划，以450万美元的红十字会募款作为启动金，为数千名流离失所的受灾黑人佃户提供20英亩农田。胡佛宣称自己要为非裔美国人做出"能超越《解放黑人奴隶宣言》发布之后的任何事情的贡献"。

但胡佛在说谎。他知道根本没有什么土地安置项目，而且后来也拒绝支持这样的项目。他的目的仅仅是压制由格林维尔丑闻所引发的政治负评。他在利用莫顿和整个黑人选区，而他们也注意到了胡佛的伎俩。

胡佛赢得了1928年的大选，但他失去了15%的黑人选票，黑人对共和党的支持率降低，这是历史上的第一次。之后胡佛在高院提名了一位法官，但该法官的种族歧视过于严重，连本党同僚都反对提名这个人。当胡佛在1932年寻求连任时，他原来的铁杆支持者莫顿也不愿再为他背书。最终胡佛大败，输给了民主党候选人罗斯福。原本坚不可摧的政治同盟出现了最初的裂痕，这也是黑人群体疏离共和党的开端。

扭转中国局势的黄河

几年前，我受邀在中国台湾地区发表一场主旨演讲。演讲的场地是个宽敞空旷的大礼堂，它位于构造独特的中山堂内部，在台北市中心。这一建筑名声在外，有两大原因。第一，这里是 1945 年 10 月 25 日日本向中国正式归还台湾领土的地方，当时日本发起的侵华战争刚刚宣告结束。在一个多月前，日本在美国停靠在东京湾的战列舰密苏里号的甲板上向同盟国投降，正式结束了第二次世界大战。

第二，中山堂因其宽阔的露天阳台而闻名。蒋介石从大陆流亡至台湾后，就是在这里重新引起世界关注的。1949 年，蒋介石和由国民党所把持的政权被毛泽东领导的共产党推翻了，蒋和军队残部、政府官员逃到了台湾。蒋介石将这座狭小的海岛变成了政治运作的基地，以此策划重新夺取大陆政权。在中山堂的户外阳台上，他发表了很多慷慨激昂的讲话，包括后来他作为台湾地区领导人的就职演说。

我们刚刚提到的日本侵华的复杂历史，蒋介石的流亡，以及共产主义中国的崛起，都和在台北市西北方 1 000 千米以外的、中国北方的一条大河不无关联。1938 年，蒋介石在黄河刻意谋划的灾难，间接导致了国民党的失势，也永远改变了共产党取得胜利的轨迹。

正如第一章所述，黄河既是中华文明的摇篮，也是世界上最危险的河流之一。由于地质条件的特殊性，河水沿着黄土高原奔涌而过。黄土高原是一块广袤的、由风力沉积形成的黄土高地，覆盖了中国中北部 60 万平方千米的土地。黄土土质松软且易碎，高原被侵蚀的速度极快，将大量沉积物源源不断地排入河流。这些沉积物增大了河水的泥沙含量，使它变得浑浊，因而得名"黄河"，黄河是世界上沉积物最多的大河。黄河每年将 10 亿多吨的沉积物运入大海。这与世界第一大河亚马孙河每年的沉积量大致相当，但黄河的流量还不到亚马孙河的 1%。

巨大的沉积量，使得黄河在历史上既为人类做出了卓越贡献，也曾作恶多端。它的沉积物并非全都排入了大海。数千年来，黄河以发洪和改道的方式，将沉积物散播到流域各处，形成了一些世界上最肥沃的土壤，也为在华北平原兴起的农业文明创造出了天然的发展中心（我们可以回想第一章的大禹治水，大禹疏通河道，使文化得以繁盛，也催生了中国第一个王朝）。

洪水可以塑造冲积平原，也会给人类带来灾害，所以农民和政府都会通过修建堤坝来控制黄河水势。堤坝的作用是保护周围的村庄，也让容易改变的河流走势变得更为固定。然而，沉积物持续地在河床上堆叠，使得河床越来越高。因为沉积物的量很大，沉淀的速度很快，河床每年能增高 10 厘米。为了跟上沉积的速度，这些堤坝也得时常加高。

最终，黄河的水位超过了旁边平原的高度，有些堤坝抵御不住了，河水顺势冲向低洼地段，淹没河谷，有时也会开辟一条新的入海通道。历史记录显示，在过去的 2 500 年间，黄河冲毁堤坝近 600 次，淹没了数千个小村庄，淹死了数百万人，世界上没有另一条河流能像黄河一样造成这么多伤亡，带来这么多苦难。因而，黄河也被称为"中国之患"。

黄河至少发生过 26 次大型改道，它在华北平原上蚀刻出了新的河道。如今，这些古时的河床仍能从太空中辨析出来，在地表上也有标注。它们散布在几百英里的土地上，从北到南，来回摆动，像是黄河在犹豫不决，不知道是向北流入渤海湾更好，还是奔向东南边的黄海更好。

但并非所有的洪涝灾难都是自然所为。1938 年，蒋介石故意制造了一场洪灾，这为他个人、国民党甚至整个中国的政治前景埋下了重要的伏笔。

首先，我们需要补充一些背景知识。20 世纪 20 年代的中国政治是十分混乱的，不同军阀势力在争权夺势。两个势力最大的政党，国民党和共产党，当时针锋相对。它们曾在孙中山的领导下开展过短暂合作。孙中山是国民党的创立者，也是中国废除帝制后的首任领导人。但是在 1925 年孙中山死于癌症之后，坚定的保守派领袖蒋介石改变了领导国民党和国家的路线。蒋介石非常排斥共产主义，1927 年，他在上海迫害了数千名共产党人，这一举动破坏了国共来之不易的同盟关系，将中国拖入了内战。

1931 年，日本利用国共内战的混乱局面，侵占了东北三省，扶持起"伪满洲国"。到了 1937 年，以卢沟桥事变为转折点，中日之间的小规模摩擦和冲突开始升级，局势逐渐失控。当时卢沟桥是京郊永定河上的关键战略点。1937 年 7 月国民党和共产党达成共识，暂停内战，一致抗日。就是在这段极为动荡的时期,日本的炸弹击沉了停靠在长江的"帕奈"号炮艇,这一点我曾在第三章提到过。抗日战争就此打响。

中国的反击一开始并不顺利。国民党当时的首都南京,很快被日本占领,约有 30 万居民被日军屠杀。蒋介石的军队随后西撤,前往武汉,但到了 1938 年 5 月,武汉也危在旦夕。如果武汉陷落,就意味着中国失去了一座极为重要的工业城市,也很可能失去来自英美的援助。当时英美两国还没有正式对日宣战,但已经表示反对日本侵略中国,以及占领东南亚殖民地的企图。考虑到其中的利害关系,蒋介石迫不及待地想要阻止,至少是延缓日本侵略武汉的行动。

他的选择是,以水代兵,将黄河作为阻击的屏障。

1938 年 6 月,日本军队已步步逼近,蒋介石下令炸掉河南省郑州市附近的黄河堤坝。很快,郑州北部的小村庄花园口决堤了,这里处于黄河即将转向东北方、流入渤海前的上游地段。6 月 9 日,大坝完全开裂,黄河瞬间冲出原本就因沉积而变高的河床,涌向低地,朝东南流去。100 千米宽的洪水,流了 400 千米远,直至汇入长江和淮河。几小时前,凶猛的黄河还在沿着东北方奔向 700 千米外的渤海,而现在它迅速开辟了一条新河道,沿着东南方奔向 1 000 千米外的上海和黄海。

炸坝后涌出的巨型洪水溺死了几千名日本士兵。但与此同时,约有 90 万名住在黄河河畔的中国百姓不幸丧生。44 座城市和 3 500 个村落要么被淹,要么被彻底夷为了平地,400 万人沦为难民。在河南、安徽和江苏,近半数的可耕农田完

图4-4 1938年,蒋介石有意将日本侵略的路径引到黄河河道。洪水延缓了侵略进程,但由于没有提前预警,它夺去了90万民众的性命,淹没了3 000多个村子。国民党政府推卸责任,也未有自责之意。而毛泽东所带领的共产党人恰恰相反,他们援助洪水灾民,帮农民们迁居黄河河谷。这些农民的支持,对毛泽东领导的共产党最终赢得内战,在中国建立共产主义政权,起到了重要作用。

全淹了,沦为废田,这也是1942年和1943年间河南出现大饥荒,300万人被饿死的一部分原因。因为没有任何堤坝,也没有其他排水系统,黄河在接下来的8年间一到雨季就会出现洪灾。

河水直接从旧河道中消失了。5 000条船在干涸的土地上搁浅,居民不得不放弃渔业。据统计,约有1 250万中国人因为蒋介石故意制造的黄河改道而受到了直接影响。

这一策略的确延缓了日本入侵的进程,但并未能阻止武汉的沦陷。4个月后，日军沿着长江向西行进，占领武汉。但是拖延的时间，的确给国民党政府留出了充足的撤离时间。西方同盟国相信蒋介石在全心全意阻击日本的侵略，于是继续向中国提供救援物资，苏联也施以援手。

到了1938年年末，技术更先进的日本军队的攻势受阻，中方供给不足，但人数众多、意志坚定。抗日战争就这样陷入了旷日持久的僵局。中方的反击，主要是由撤到西部的国民党政府，和潜伏在日本军队之后、主要在北方活动的共产党游击部队所领导的。

又经过了三年的血腥战争，1941年12月7日，美国正式对日本宣战。日本的军队计划占领东南亚，并朝着印度行进。1942年，美国在中途岛的胜利成了战争的转折点，将南太平洋的局势向前推进了一大步，而当时同属盟军的英国也成功夺回了对缅甸殖民地的控制权。

1945年8月6日，美国空军在广岛投下了第一枚原子弹，3天后，又在长崎投下了第二枚，共有12万平民因此丧生，战争也由此迅速终结。9天后，日本宣布投降。9月2日，日本官员在停靠在东京湾的密苏里号战列舰的甲板上，正式向盟军代表、最高统帅麦克阿瑟将军投降。7天后，日本在南京正式向中国投降。此后，日本在中山堂向中国归还了台湾领土。这座建筑就是大约70年后我发表主旨演讲的地方。

日本的投降仪式并没有终结中国的战争。外国军队撤出后，国共之间的停战协定很快就失效了，内战重新打响。蒋介石故意炸掉黄河堤坝的举措，对内战产生了重要影响。

在将近9年的时间里，黄河改道带来的恶果加剧。起初，国民党政府完全推卸了责任，将洪灾归咎于日本的炸弹袭击。日本有力地驳斥了这一说法，在几周内，媒体准确地查出真正的始作俑者是国民政府。在20世纪30年代的中国，社会对平民死亡的容忍度，与今日完全不同——当时领导人和公众能接受因为维护国家利益而造成的附带损失。但当时的民众原本就因为巨大的灾难影响和近百万的无辜死亡而愤懑，政府的推卸姿态无疑又增添了民怨。民众对国民党的憎恶日益高涨，这份憎恶很快会再次加深。

在黄河改道之处，在被废弃的、干涸的，原本支撑黄河向北流的河床上，毛泽东所带领的共产党人驻扎下来，带领50万农民（其中很多人是洪水灾民）重新定居在这片河南、河北、山东省交界的圣地上。

当这些农民开始在此扎根，国共两党就是否修复黄河旧道而爆发了冲突。国民政府宣布计划修复堤坝，将河流拉回原来的（即1938年以前的）河道。在河南、安徽、江苏守着荒田的幸存者非常支持这一提议，因为新的河道吞没了大部分农田，每年频繁地暴发洪水，十分危险。但共产党提出反对，认为改道对50万新迁来的农民不利。黄河改道项目卷入了政治斗争，国民党支持改回旧道，而共产党表示反对。

二战后，国民党获得了由联合国善后救济总署所提供的国际救助金，用于黄河改道。联合国善后救济总署是战后为了协助重建在战争中被占领的国家而成立的救助机构，对中国的援助是其最大的救济项目之一，仅次于其在德国的项目。然而，救济总署后来决定撤出资金，因为它注意到国民党既没有修建新堤坝，也没有修复旧堤坝来保护新来的移民。

的确，蒋介石让黄河迅速改回旧道，有自己的政治企图。这样能赢得河南、安徽、江苏灾民的支持，而这些地方广泛对国民党抱有同情。他也能借此形成一道巨大的水障，隔开两大共产党的军事根据地，即黄河河床北边的晋冀鲁豫军区和山东南部的华东军区。共产党人则要求国民党当局花更多时间和资源，修建堤坝，保护那些新移民，给那些无家可归的灾民提供救济金。黄河改道的项目加剧了由来已久的国共矛盾，成了内战的导火索之一。

1946年12月27日，在毫无预警的情况下，国民党将少量的水引到了1938年以前的黄河旧道。这也是在向共产党宣示，国民党不再愿意和谈。蒋介石很快点燃了战火，发起了一系列进攻北方共产党军队的军事袭击。共产党时间紧迫，缺乏物资，而且忙于抵御国民党的攻击，所以放弃了修建堤坝的计划，那些新移民对河水的回流毫无准备。

1947年3月15日，蒋介石下令永久修复黄河决堤，黄河再一次改道，这一次它沿着东北方流回原来的河谷。在河床上定居的新移民没有收到任何通知，近500个村庄被淹，几百名村民溺亡，超过10万人流离失所。虽然与1938年相比，这回改道造成的伤亡较少，但国民党毫无预警的改道，残酷无情的做派，损伤了它在民众中的威望，也为共产党创造了有利的招募契机。

共产党化危机为机遇。他们再一次组织起灾民，帮他们在重新占领的河谷修补堤坝。这样的举措进一步弱化了国民党的影响力，而且演化成了一场反国民党的运动。受灾农民们在1938年和1947年对共产党人的赞同和支持，最终成了共产党招募士兵、发动反击和赢得内战的关键因素。

国民党用黄河分隔共产党军事根据地的策略最终没能奏效。改道清除了国民党和共产党控制区之间的水道屏障，也给共产党人提供了壮大力量的机会。1938年洪灾灾区内的一块地方，变成了共产党新四军的基地，他们在将领彭雪枫的带领下，在河漫滩上以游击战的方式参与战斗。这些策略后来在1948—1949年的淮海战役中发挥了重要作用。这场战役发生在黄河河漫滩上，是中国内战中规模最大、最关键的战役之一。

共产党所取得的胜利越来越多，越来越大，包括在东北地区的辽沈战役、平津战役，最终向中国南方进军。在当地支持者的帮助下，共产党军队发起了渡江战役，夺取了更多的控制区。在1949年早期，共产党控制了国民政府的首都南京。1949年10月1日，毛泽东宣布中华人民共和国作为主权国家正式成立，由他担任国家领导人，此后，共产党一直在治理中国。

当时蒋介石和他的残部逃到了台湾。作为一个坐拥美国的强大支持的独裁主义者，蒋介石将台湾的命运和西方国家绑定在了一起。直至1975年，于87岁去世时，他一直幻想着共产党有一天会垮台，他能将台湾和大陆统一。

尽管黄河洪水和其后果并没有被广泛认为是中国历史上的

转折点，但共产党招募灾区农民的举动，的确是内战时壮大共产党力量的一大重要因素。共产党的广泛动员，以及他们为修复灾区所做的努力，加上民众十分厌恶国民党对待灾民的冷血态度，使得共产党能顺利招募士兵，以此实施反击并赢得淮海战役和其他决定性战役。蒋介石刻意制造的黄河洪灾使得几百万人转而支持共产党，是共产党取得最终胜利的原因之一。

影响美国司法的约翰斯敦洪水

前些年的一个圣诞节前夜，我们都睡熟了，我父母的房子突然着了火。在慌乱中，我们穿着睡衣逃到了屋外，没带任何东西，天还下着雪。着火的原因是一个取暖器的质量不达标，幸运的是，我父母买了火灾保险，可以索赔，最后他们没有起诉取暖器生产商。但其实他们是可以告的，美国人本来就很喜欢上法庭。

在美国各地的广告牌上，你都能看到律师们以极力推荐的语气宣传服务的广告语，比如这句话："您受伤了？赶紧打电话给我！"1992年，美国新墨西哥州司法区的地区法院判决麦当劳向一位顾客赔偿270万美元，那位顾客是因为热咖啡洒在大腿上而被严重烫伤的。2009年，NBA萨克拉门托国王队的球员弗朗西斯科·加西亚，因为训练时用的篮球爆裂而受伤。国王队和加西亚将篮球生产商和分销商告上了法庭，要求他们支付加西亚在康复期间损失的400万美元工资，外加2 960万美元的罚金。2015 年，丰田公司交了 11 亿美元的赔偿金，因为有集体诉讼指控他们在产品中忽视了一个重要的安全特性。尽管这些损害都并非恶意为之，但原告享有无可置疑的控诉权，可以让被告为造成的损失和伤害负责。

像这样的诉讼，在美国是很常见的，因为美国的法院奉行"严格责任"的原则。如果受害者遭到了他人的损害，即使损害是意外发生的，严格责任原则也允许受害者寻求赔偿，索取罚金。即使伤害行为出于无意或善意，也不能使被告免除法律责任，而且，不是只有被告出现了重大的过失，原告才可以索赔。严格责任原则的施行，能够解释为什么在美国会有这么多起诉讼，它也极大地提升了产品和工作环境的安全性。

美国法律并非一开始就是如此。在 19 世纪，原告需要举出确凿的证据，证明被告是故意造成伤害，或者至少是故意出现疏忽，才能发起赔偿请求。美国作为一个由独立的异教徒成立的国家，奉行着世界上最平和的救赎文化，最宽容的破产法，为什么会施行像严格责任这样严苛的法条呢？这一问题的答案要追溯到英格兰和美国发生的一系列洪灾，其中影响最深远、损失最惨重的，要属 1889 年在宾夕法尼亚州的约翰斯敦发生的大洪灾。

约翰斯敦城位于科纳莫河的两条支流（即小科纳莫河和斯托尼克里克河）的交汇处，由资源丰富的阿勒格尼山脉所环绕。此地在 19 世纪 30 年代一跃成为交通枢纽，因为科纳莫河被并入了宾夕法尼亚的主线，即连通费城和匹兹堡的新河道系统。

为了弥补夏季运河水位低的问题宾州在小科纳莫河之上建了南福克水坝，水坝位于约翰斯敦上游的 14 英里处，这样就能建人造水库，在需要时将河水重新灌入运河。

南福克水坝原本由泥土和石头建成，有 70 英尺高，918 英尺长，底部约有 220 英尺宽，向上逐渐收窄，顶部宽度仅有 10 英尺。水坝设有溢洪道和放水管，能排出多余的水，水下的石涵洞也设有排水管，在紧急时可以抽干水库。大坝花了好多年才建成。当它在 1852 年落成时，美国已经进入铁路通行的时代了。水库顿时失去了价值，宾州决定卖掉大坝，也包括占地 450 英亩的水库及周围的土地。

水坝被卖掉后，整个系统一直缺乏维护。1862 年，一场暴雨冲毁了涵洞，也击溃了大坝的一部分，这些都没有得到修理。这些年来，大坝排水管都被当作废铜烂铁卖掉了。27 年间的多位买主都没有维修大坝。1879 年，铁路修建者、房地产投资商本杰明·拉夫买下了它，将此地命名为"科纳莫湖"，并把它改装成了专供百万富翁休闲娱乐的场所，称作"南福克钓鱼和狩猎俱乐部"。

拉夫让修铁路的手下修补了大坝被冲垮的地方，但使用的原材料并不合适，修补的方法也是错的，只是照搬了铺设铁路路基的法子。他们封住了涵洞，但没有补上缺失的排水管。为了扩大表面积，他们还削掉了大坝顶端，缩减了溢洪道的流水量。他们在溢洪道挂上了金属滤网，以防止水库的鲈鱼逃到科纳莫河。大坝漏水的地方都被填上了马粪和稻草。在整个过程中，他们没有邀请任何一位工程师为改建和修补提供建议。

南福克俱乐部建造了度假别墅和一座精美的酒店，内设47间客房和一个宏大的正式宴会厅。曾有将近10年的时间，这一具有田园风情的场所是匹兹堡最富有的家庭的度假胜地和游玩场所。安德鲁·卡内基、亨利·克莱·弗里克、安德鲁·梅隆均在访客之列。

1880年，一位工程师提醒俱乐部，他们所做的修补工作不到位，大坝漏水和排水管缺失会对下游的河谷，对拥有3万人口（包括很多德国、威尔士和爱尔兰的移民）的美国首屈一指的钢铁制造地约翰斯敦城，造成威胁。南福克俱乐部没把工程师的话放在心上，甚至当科纳莫湖水库的水位升至危险水平，大坝开始下陷时，也没有采取任何行动。匹兹堡的百万富翁们还在这里垂钓、赴宴、野餐，似乎完全不在意大坝这个像弗兰肯斯坦一样的怪物，而这个大坝拦截了2 000万吨水，维系着下游蓬勃发展的、全国重要产钢基地约翰斯敦的安全。

1889年5月28日，一场严重的暴雨降临，约翰斯敦周围的河流开始泛滥。从科纳莫湖周围的山上流下的水抬高了水库的水位。树叶、树枝以及其他的瓦砾和残骸被冲进来，堵住了溢洪道上的捕鱼滤网。一些当地人意识到了危险，尽全力拆除和清理滤网，但最终还是白费力气。当这些居民决定放弃，开始逃跑的时候，也就是5月31日下午1点半左右，大坝的水位平均每小时增高一英寸。水很快就漫过了大坝，大约在下午3点10分左右科纳莫湖的水和杂物冲垮了失修的大坝，沿着河谷向约翰斯敦奔涌而去。

当时洪水流速极快，每小时能行进 100 多英里，水位超过了 50 英尺。当洪水冲到约翰斯敦时，它的冲击力竟和尼亚加拉瀑布相当。在短短几分钟内，整座城市化为乌有。有传言说，大坝年久失修的情况已经在当地流传了好几年，所以很多居民早已逃到山上居住。那些没有搬走的人，便搭上了性命。官方数据显示，死亡总数为 2 209 人，约占约翰斯敦人口的 10%。1 600 座建筑完全被洪水夷为平地。有位幸存者是这样描述洪灾现场的："所有东西——房子、引擎，所有的一切——全都在水里打转。"

遇难者的遗体被河水最远冲到了俄亥俄州的辛辛那提。此后的 22 年间，他们的尸骨还时不时地被发现。大水把残骸冲到了一座铁路桥上，堆砌出了一个高达 40 英尺、由木料和被困的人所组成的"山"。当洪水退去时，燃烧的煤灰引发了大火，点燃了这座"山"。被困者所发出的撕心裂肺的叫喊足以让那些试图救援的人永生难忘。大约有 80 位灾民为了避免溺水而爬到了那堆杂物上，最终他们被活活烧死。

在灾难发生后的几天内，全国各地的记者蜂拥而至。正如 1927 年的密西西比河洪水和 2005 年的飓风卡特里娜一样，约翰斯敦洪灾的后续救援牵动着全国的心，报纸每天都在报道关于死亡数字、损失情况和救援努力的最新进展。共和党出身的总统本杰明·哈里森，当时也在急切地寻求全国各地的帮助和支持。

捐款和志愿者纷纷涌入约翰斯敦，协助救济和恢复。在这些志愿者中，有位名叫克拉拉·巴顿的女士，她当时刚成立了

图 4-5　作为富人垂钓胜地的南福克俱乐部所犯的重大过失，使得大坝失去功用，也间接酿成了新型城市约翰斯敦的惨剧。民众对俱乐部免于受罚的愤怒，促使全国开始采用"严格责任"的法律原则，这成了美国司法进程中的巨大转折。如今，1889 年暴发的约翰斯敦大洪水仍是美国历史上死伤最为惨重的灾难之一，而基于严格责任原则所提起的诉讼，在美国已极为常见。

一个救灾组织。她把志愿者、清理团队和建筑工人组织了起来。捐助者向她捐赠了垫子、炉子、鞋以及 300 万美元现金。她的成功和其在全国各地的极高曝光度，使得她初创的组织在首次参与大型救援时就得到了飞速发展。而这个组织就是美国红十字会。

　　随着约翰斯敦洪水的真实原因大白于天下，美国上下都对南福克俱乐部的疏忽和傲慢感到极为愤怒。因为俱乐部的成员都是百万富翁，人们以为他们会补偿受害者，重建城市。但现实是俱乐部推卸了所有罪责，只为重建捐了很少的钱。这样的姿态引发了全国各地的不满，甚至有一伙激愤的群众袭击了南福克的那座高档酒店。

官方调查的结论是，南福克俱乐部的重大过失直接导致了大坝的垮塌，2 209 人丧生，财产损失约有 1 700 万美元（相当于 2020 年的 5 亿美元）。官方通报一出，报纸社评纷至沓来，公众的怒火更加高涨，他们敦促法院向该俱乐部施压，为受害者索赔。但是在 1889 年，美国的法院还没有采纳严格责任的原则。很多人起诉了南福克俱乐部，但均告失败。俱乐部与其成员都没有被法院要求因为过失而对死亡和损害负责，尽管他们的疏忽给约翰斯敦人民造成了巨大的伤害。

这是引起美国全国警醒的时刻之一。整个国家意识到，一小撮百万富翁的过失毁掉了整个城市，而他们却能全身而退，无须担责。美国一份颇具影响力的法律期刊呼吁，美国法院应该采纳"严格责任"的原则，讥讽这些富人"在一座千疮百孔的大坝后面，精心维护着一座硕大的水库，只是为了修建钓鱼池以供享乐"。为了寻找判例，法律人士查到大西洋彼岸的英格兰当时也在处理类似的案件，即由过失引发洪水的事件。

美国借鉴的英国判例是赖兰兹诉弗莱彻案，这个案子的影响比人们想象的更加深远。它的结果至少和三场英国 19 世纪发生的洪灾有关。第一场洪灾是比尔巴里大坝的垮塌，这座大坝建在霍姆河上，靠近约克郡的村子霍姆弗斯，用于为纺织厂供电。它有很多设计失误，其中之一就是把堤坝建在了活跃的泉眼上，堤坝的底部被泉水侵蚀了。用于释放多余储水的紧急控制阀完全派不上用场。1952年2月5日，比尔巴里大坝倒塌，造成至少78人死亡，7 000人流离失所。第二场洪灾是戴尔戴克大坝的倒塌。这座大坝横跨洛克斯利河，在谢菲尔德附近，于1864年3月11日晚上被洪水冲垮。凌晨，大水从河谷奔涌而下，卷走了几百名熟睡中的居民。最终导致至少238人死亡，20 000多人无家可归。

两场灾难在英格兰均被广泛报道，影响了上议院对相对普通的赖兰兹诉弗莱彻案的判决。原告托马斯·弗莱彻要求被告约翰·赖兰兹为其损失提供赔偿。赖兰兹在自己的房产上修建了一个小型私人水库，但水库意外破裂了，水冲到了被废弃的煤矿矿井，冲垮了附近弗莱彻所持有的挖矿设施。上议院做出了对弗莱彻有利的判决，赖兰兹诉弗莱彻案成了英美侵权法的重要转折点。

而这起案子也成了采纳严格责任原则的首个判例。1886年，加州高院引述了赖兰兹诉弗莱彻案，在加州采纳严格责任原则。这一决策发生在一系列破坏性极强的洪灾和诉讼之后，这些诉讼与河流砂矿的水力开采所引发的损失有关。直到约翰斯敦洪水，这一原则的推进才有了实质性的进展。美国多个州的高等法院，在灾后意识到了民众的强烈愤慨，决定将赖兰兹诉弗莱彻案作为工业危害案件的判例。这些州包括马萨诸塞、明尼苏达、马里兰、俄亥俄、佛蒙特、南卡罗来纳、俄勒冈、密苏里、艾奥瓦、科罗拉多、西弗吉尼亚和得克萨斯。甚至原本持反对意见的新泽西、纽约和宾夕法尼亚的高院，在约翰斯敦洪水发生的几年内也转变了态度。

这一巨大的法律调整来得太晚，没能让约翰斯敦洪水的幸存者受益。但是正如洪水过后经常发生的那样，这座城市很快重建起来，人口在几年内就增长了 40% 以上。

约翰斯敦洪水的死亡数字，和发生在 2001 年 9 月 11 日波及纽约、华盛顿特区和宾夕法尼亚州的恐怖袭击，所造成的死亡数相当。它也是美国历史上损失最惨重的灾害之一。约翰斯敦洪水国家纪念园位于科纳莫湖旧址，由美国国家公园管理局运营，如今是个热门旅游地。联合航空 93 号班机，也就是"9·11"事件中被挟持的、企图撞向国会大楼的第四架飞机，就在距离此地不到 20 英里的尚克斯维尔镇坠毁，当时的机组人员和乘客与恐怖分子搏斗到最后一刻。也就是说，在这个纪念园附近，还有一个缅怀坠机事故的国家级纪念园。

和"9·11"恐怖袭击一样，这些不期而至的灾难的影响都十分深远。1889 年的约翰斯敦洪水催生了美国红十字会，在随后短短几年内，又改变了整个美国社会对责任和法律义务的评判标准。

第五章

追寻水流

  2018年，美国的漫威影业推出了超级英雄动作电影《黑豹》，该片故事背景设定在了虚拟的东非国家瓦坎达，它掀起了席卷全球的观影热潮。这部电影打破了各个票房纪录，仅仅在首映的周末，就收回了高达2亿美元的制作成本。电影上映后的好几个月里，在美国伊利诺伊州的小城沃康达，政府办公室经常接到整蛊电话，电话那头有人模仿《黑豹》里最为经典的作战呐喊声"瓦坎达——啊——啊——啊"，接着传来孩子们的嬉笑声，然后就挂断了。上映三个月后，该片成了历史上票房排名第三的电影，并在全球引起轰动，在那年夏季结束时获得了13亿美元的收入。当时沙特阿拉伯政府取消了长达35年的影院禁令，《黑豹》是在其首都利雅得金光闪闪的新影院首部上映的电影。2019年，这部电影获得了七项奥斯卡奖提名，并赢得了其中三项。

  《黑豹》令人耳目一新，有两个原因：一是32岁的导演瑞恩·库格勒和所有的剧组成员都是黑人，其中不乏非洲国家的公民。《黑豹》的成功，打破了好莱坞长期以来的铁律，即有黑人主创的电影通常不太受市场欢迎。二是《黑豹》大胆构想了一个世界，在那个世界中最先进、富裕，且技术最发达的是一个非洲国家，它从未遭受过殖民统治。

在电影及原著中，瓦坎达的科技力量源于一种名为"振金"的超自然的金属，它具有神奇的能量属性。从更现实的层面来看，瓦坎达依河而生。这条河流经瓦坎达的首都，形成了勇士瀑布，也就是争夺瓦坎达王座的战役的发生地，双方在直冲下泻的水瀑中决一死战。在瀑布里，由查德维克·博斯曼扮演的特查拉，和由迈克尔·B.乔丹扮演的反派角色齐尔蒙格，为争夺瓦坎达的统治权而开战，决定这一国家是否要放弃传统的被动立场，更积极地领导世界的地缘政治秩序。

在电影上映后的几个月里，人们发现瓦坎达和历史上曾出现的一个东非国家确有相似之处。意大利曾经尝试殖民该国，但失败了，所以这一国家从未有过被殖民的历史。电影中对科技颇有研究的瓦坎达国王特查拉和埃塞俄比亚国王孟尼利克二世之间也有一些共同之处。孟尼利克二世在19世纪吸收了现代军事技术，成功击退了他国入侵。和瓦坎达类似，当时的埃塞俄比亚拥有多元族群，尊重教育，依靠河流维系生存，境内也有一条非常重要的大河。埃塞俄比亚积极地管理着这条河，在该地区的政治地缘秩序中放弃了原本被动的态度。

修建埃塞俄比亚复兴大坝

几年前，我在北极地区第一次听说了埃塞俄比亚颇具争议的大坝项目。一位在博德的挪威同事得知我有研究河流的兴趣，便来问我有没有听说埃塞俄比亚的消息。埃塞俄比亚十分贫困，收入水平长期处于全球最低水平，曾在20世纪80年代经历过严重的大饥荒，但它拒绝了世界银行在尼罗河源头修建大型水坝的计划。"不，我并不知道这件事，"我回答道，但我很想知道。不久后，英国著名环境作家弗雷德·皮尔斯在上海的酒吧跟我提起了大坝的事情，他刚刚就此事写了篇文章。现代历史上最精彩的、围绕河流而展开的权力斗争之一正在东非上演，我身边的人好像都想就此谈论一番。

埃及深陷这场斗争的中心。在本书第一章中，我曾表示，对古埃及人来说，尼罗河每年在太阳暴晒、极为干涸的沙漠中孕育洪水，可以说是上天礼赠。埃及文明以尼罗河作为生存的根基，现在仍是这样。

尽管埃及位于尼罗河最下游，但它一直都是消耗尼罗河河水最多的国家。在两国成为英国殖民地之前之后，埃及为了从法律上维护自己对尼罗河的使用现状，曾经和其上游邻国苏丹签署了一系列条约。这些条约划分了两国所使用的尼罗河范围。最新的条约是1959年签署的《尼罗河水协定》，它规定每年将55.5立方千米的水分给埃及，18.5立方千米的水分给苏丹。但是如今，除了埃及、苏丹两国，还要考虑另外9个位于尼罗河上游的尼罗河盆地的国家，旧有的协定忽视了它们的水源权益，

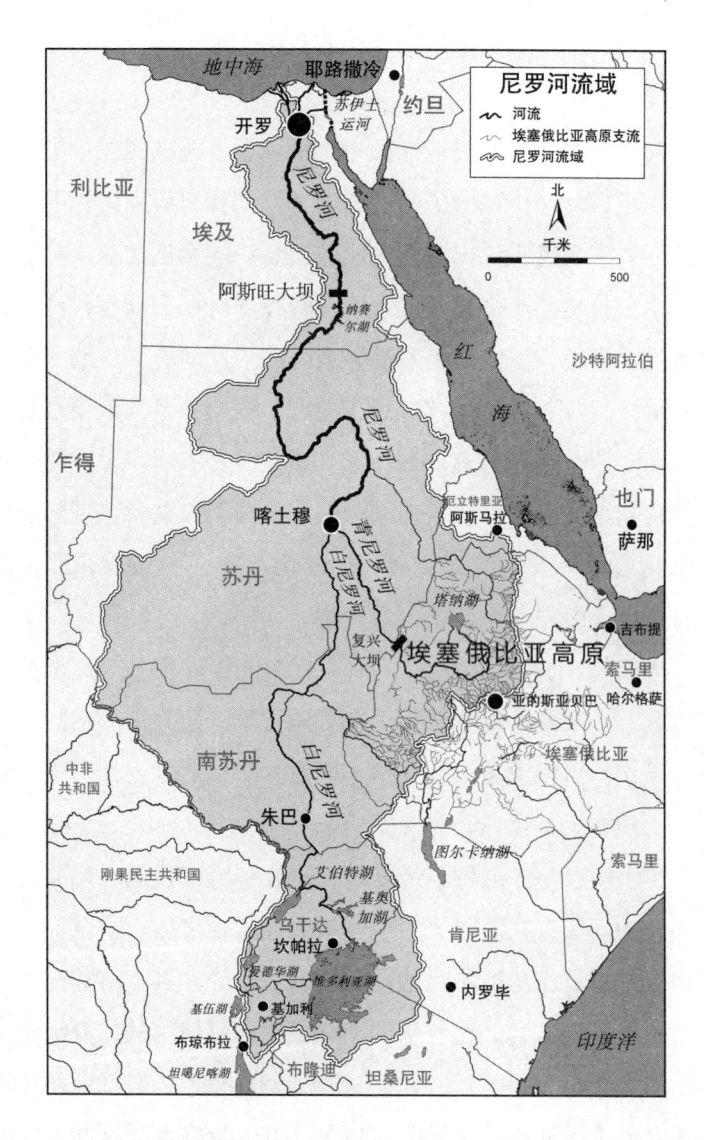

图 5-1 埃及在数百年间以尼罗河作为生存根基，但这一情况如今受到了地缘政治的挑战。这条重要的河流有 11 个上游国家，大部分河水源自埃塞俄比亚高地。因此，埃及方面非常关注埃塞俄比亚修建复兴大坝的计划。

它们急需一项新的、能囊括所有沿岸国家的国际协定。但对埃及来说，只要流经下游的水量有所减少，无论少了多少，都有可能成为灭顶之灾。

以前尼罗河的各项协定明显忽略了埃塞俄比亚的权益。平心而论，在1959年，各国对从埃塞俄比亚高原流向尼罗河盆地的径流水量，缺乏水文学上的完整认识。但时至今日，我们知道近乎九成的尼罗河水都是由此而来，那里是非洲最大的天然水塔之一。流向尼罗河的数千条小溪和支流，都发源自埃塞俄比亚高原。其中最大的河流是青尼罗河。

青尼罗河是形成苏丹喀土穆周边的尼罗河水域的两大支流之一，在最东边。另一条支流是白尼罗河，是六大国家（包括刚果民主共和国、卢旺达、南苏丹、苏丹、坦桑尼亚和乌干达）和维多利亚湖的上游水源。从喀土穆开始，尼罗河朝北流向埃及，其间苏丹人仅抽取了少量的水。尼罗河流经1 000英里，穿越了贫瘠的撒哈拉沙漠，最终被阿斯旺大坝所拦截，形成了庞大的人工湖纳赛尔水库。从1970年起，纳赛尔水库终结了埃及每年定期出现的洪水泛滥，为埃及快速增长的人口提供了稳定的水源和电力。

尼罗河之于埃及的重要地位，再怎么强调都不为过。于是，埃及对埃塞俄比亚修建大坝、阻截青尼罗河的计划持有极为强烈、近乎疯狂的反对态度。要知道，青尼罗河为尼罗河提供了一半水源。

2011年，埃塞俄比亚宣布了在青尼罗河建造大型水电大坝和水库的详细计划，地点位于苏丹边境上游30千米处。他们次年就和意大利土木工程公司英波基洛签署了协议。"阿拉伯之春"的抗议浪潮将埃及的铁腕总统穆罕默德·胡斯尼·穆巴拉克赶下了台，几周后，大坝动工仪式在2011年3月24日举行。尽管面临种种财政和技术困难，大坝的修建进程始终在往前推进。在我写这本书的时候，修建的工人正在夜以继日地建造大坝，已经完成了70%。

大坝的全名为"埃塞俄比亚复兴大坝"，简称"GERD"。完工后，大坝将会有155米高，1 780米宽，将成为非洲最大的大坝。它拦截的水量能填充1 870立方千米的水库，与纳赛尔水库相近。这一水利系统所能产生的电力高达6 000兆瓦，约为阿斯旺大坝产电量的3倍。约有2万人将被撤离当地，预计建设成本约为50亿美元。

对这样一个小国来说，大坝的花费过于高昂。50亿美元相当于埃塞俄比亚国民生产总值的6%，约占国家年度活动预算的40%。宣布大坝项目之后不久，埃塞俄比亚开始从多个来源申请国际财政援助，包括世界银行、欧洲复兴开发银行、中国进出口银行和各种国家主权基金。

埃及认为干预尼罗河的水源会为自己带来生存危机，于是对埃塞俄比亚开展了快速的惩戒。当埃塞俄比亚向海外借款时，埃及四处游说，阻止该项目获得国际资金，并向联合国和非盟表示大坝将为区域稳定带来风险，请求其拒绝埃塞俄比亚的借款申请。2013年，埃及的一些政治家和官员在一场电视直播的聚会上，公开讨论破坏甚至轰炸该大坝。埃及官方则要求该项目由国际专家小组评估影响，并在结果出来之前暂停修建计划。在埃及的高压下，埃塞俄比亚向包括世界银行、欧洲复兴开发银行和中国进出口银行提出的申请，都被否决了。

但大坝的修建计划并未就此终结。国际资金申请未果，埃塞俄比亚就从国内集资。2011年时任总理梅莱斯·泽纳维呼吁国民团结起来，一同承担大坝修建资金。他领导的政府计划以公私混合、寻求国民协助的形式，为修建大坝筹集资金。埃塞俄比亚政府承担80%，而国民分担剩下的20%。这一想法得到了广泛的支持，逐渐发展成了一场全国性的运动。

东尼罗河技术地区办公室的执行主任法卡汉德·内加什称，大坝"促进了埃塞俄比亚的国家团结"。国民可以通过以下几种方式来资助修坝活动：直接捐款、购买国家发行的彩票、购买无息债券或购买每年2%左右的固定利率债券。所有的政府雇员和军人每年都需要捐出一个月的工资，一开始是直接捐款，后来转变成了购买债券的形式。政府鼓励著名企业家提供捐款，也号召享受政府食宿资助的大学生实行斋戒，"为了复兴大坝而节食"。筹款活动比比皆是。当我和内加什会面时，他跟我说，为了募集资金，他第二天得去参加一场五千米的赛跑活动。2018年，生活在100多个城市的约50万埃塞俄比亚人，参加了为大坝募集捐款的赛跑活动。

这种自下而上的筹款活动不仅在埃塞俄比亚国内举行，还动员了全球各地的埃塞俄比亚移民。海外国民可以在埃塞俄比亚领事馆购买大坝债券，最低金额仅为几美元。出于好奇，我想购买一些小额债券，但被告知这一债券只销售给埃塞俄比亚人或海外的埃塞俄比亚裔移民，且不能转卖给或赠予非埃塞俄比亚血统的人士。

在不知不觉中，大坝从一项基础设施演化成了一场全民爱国运动。成千上万的埃塞俄比亚人不惜跨越数百英里，来到该国人口稀少的偏远边境，一窥大坝修建工地的情况。大坝动工仪式的周年纪念日也成了埃塞俄比亚的全国性节日。

这种高昂的爱国热潮从何而来呢？在我自己的国家，美国，根本无法想象国民以捐赠工资的方式来资助一家发电厂或是任何形式的公共基础设施。内加什表示，引发支持热潮的原因之一，可以追溯到20世纪80年代的大灾荒，仅在1984年，就有100多万埃塞俄比亚人丧生。"这是我们国家的耻辱，"他跟我说，"每年，我们都得向国际社会讨要食物……是很丢脸的。"埃塞俄比亚和埃及长期不和，不仅是因为河水使用纠纷，而且因为埃及在过去的内战和独立战争中支持厄立特里亚。埃及游说国际资金机构以阻拦修建大坝的做法，和两国之间的长期敌对关系相吻合，因而埃塞俄比亚人并不感到意外。从这一角度来看，大坝在很多埃塞俄比亚人心中已然成为更加宏大的、更具意义的国家符号——它是向埃及和全世界宣扬国威的方式。

埃及的游说行动适得其反。埃塞俄比亚没有得到世界银行的资助，而使它得以在免除程序限制和外部审查的情况下，继续推行修建大坝的计划。一些关注环境议题的非政府组织，一同反对大坝项目，认为其计划不够公开透明，也缺少技术和科学研究的佐证。一组立场中立的国际专家在麻省理工学院举办会议，商讨如何能缓解由大坝引发的地区紧张局势，并审核潜在的工程威胁。例如，专家小组在副坝计划中发现了一些缺陷，建造计划有可能失败，会给下游的苏丹带来毁灭性的洪水。埃塞俄比亚的官员指出建设公司已有修补计划，会用混凝土加固受质疑的结构，加固孱弱的大坝基岩，但埃及的工程师对此表示怀疑。

对埃及来说，埃塞俄比亚复兴大坝近期所带来的最大威胁，就是它的储水量。水库的储水量非常大，可以在蓄水的同时，在好几年间吸走青尼罗河下游的流水，甚至完全抽干。青尼罗河要是突然不再流淌了，埃及的生存和发展就危在旦夕。

大坝所带来的长期威胁是，在雨季蓄水，在之后的旱季再放水，就会让苏丹有机可乘，抽取更多的水来拓展自己的灌溉农业，更充分地利用1959年协议的水量配额。而从以前的记录来看，很多原本属于苏丹的用水，未经使用便流向了埃及。水力发电会改变河流流水的速度和时间，但通常不会消耗水量（除自然蒸发之外），在沙漠灌溉庄稼的过程则与此不同，它会使流向河中的水量骤减，水质变差。虽然目前苏丹还没有开始利用自己的水量配额，但大坝在旱季所增加的排水量，可以让苏丹农民实现取水灌溉，这会消耗掉埃及一直以来享用的超额的用水。

埃及、埃塞俄比亚、苏丹之间亟须就如何逐步推进复兴大坝储水，如何与纳赛尔水库协同管理复兴大坝的储水量达成协议。1959年的协定已经不合时宜，也不再被尼罗河盆地沿岸的国家承认。一些可以施行的合作框架已经出现，例如在1999年正式形成的《尼罗河盆地倡议》，但此地目前仍没有一个约束力强的、由11个沿岸国家共同签署的用水协定。2011年，埃塞俄比亚、乌干达、肯尼亚、坦桑尼亚、布隆迪和卢旺达曾共同签署一项框架协议，以公平地分享尼罗河盆地的水源，但被埃及、苏丹两国抵制。

一旦水库完成储水，如果各国能达成互信，布置智能水源管理，限制苏丹现有的灌溉水量，复兴大坝对下游地区的影响就是可控的。显然，复兴大坝和阿斯旺大坝得共同携手。复兴大坝甚至能通过储水增加埃及的水量供应，否则这些水很可能因为埃塞俄比亚的高温而更快地从纳赛尔水库中蒸发。现在也出现了一些合作的迹象，比如，2015年埃及、苏丹和埃塞俄比亚在苏丹首都喀土穆达成的一项声明，涵盖了一些各方同意的原则。同时，埃及总统阿卜杜勒·法塔赫·塞西和埃塞俄比亚总理阿比·艾哈迈德之间的关系也有一些缓和的迹象。

与此同时，围绕复兴大坝的争议和密谋仍在持续。2018年，大坝的首席工程师因为修建计划延迟，花费日渐高企，在埃塞俄比亚首都自杀了。次年，在喀土穆长达数月的抗议活动之后，统治苏丹长达30年的总统奥马尔·巴希尔被一场军事政变赶下了台，苏丹陷入混局。在我写这本书的时候，这三个国家还没有达成任何关于复兴大坝如何储水、如何管理复兴大坝的协议，更别说要推行一项囊括所有尼罗河盆地国家的跨境分水协定了。

正如圣经中古埃及宰相约瑟和国王（法老）的故事所描述的那样，接下来的七年间，埃及可能会经历丰收，也可能会经历饥荒，一切都要看埃塞俄比亚、埃及和苏丹三国如何协商2022年复兴大坝完工之后的事项。与此同时，埃塞俄比亚违抗国际资金提供者、环保组织以及下游愤怒且强大的邻国的意愿，在青尼罗河上修建大坝，投射自己的影响力，好像是在呐喊"瓦坎达——达——达"，一场国与国之间的更大争斗也许将会来临。

属于大型水坝的世纪

复兴大坝仅仅是最近全球各地修建大型河流工程项目的例子之一，这股热潮已经蔓延近百年了。

在人类历史中，无数的人类社会曾抽取河水、掉转流向，在河上修建大坝。早已被遗忘的贯穿美索不达米亚的供水系统，英国和新英格兰地区数以千计的磨坊遗迹，都提供了关于人类利用河水的充足的考古学证据。以前的所有河水项目，无论从规模还是水力上来讲，都不能和20世纪以来出现的大型河流工程相比。

在美国，兴建河流工事的热潮开始于大萧条时期。罗斯福新政启动了一系列由政府资助的大型项目，意在雇用更多的人，更多地利用科罗拉多河、哥伦比亚河、密苏里河和田纳西河的自然资本，满足灌溉、能源和发展的需求。当时建成的或是开始修建的大型水利工程，包括胡佛大坝、大古力水坝、佩克堡水坝，以及田纳西河河谷管理局的大坝系统。这些美国境内的大型工程，也使得加拿大、苏联、印度和其他地区，在国家政府和世界银行的支持下，修建了类似的工程。

尤其是在20世纪五六十年代，全球各地都开始兴建大型储水大坝和电力、水源供应设施。当时开始修建大坝的大河，包括俄罗斯境内的安加拉河、叶尼塞河（布拉茨克大坝，克拉斯诺亚尔斯克水坝）、委内瑞拉的卡罗尼河（古里水电站）、巴基斯坦的印度河（塔贝拉坝）、在巴西和乌拉圭的巴拉那河（伊泰普水坝）、加拿大的和平河与马尼夸根河（W.A.C.贝内特大坝，丹尼尔·约翰逊坝）、印度的萨特莱杰河（巴克拉大坝）、埃及的尼罗河（阿斯旺大坝）、加纳的沃尔特河（阿科松博大坝）与在赞比亚和津巴布韦的赞比西河（卡里巴大坝）。像美国的大坝一样，这些大型工程对所在国家的经济和聚居特征产生了变革性的影响。

如今，新一轮大型河流工程在发展中国家各处开花，其中有很多在规模上已经超过了20世纪的老工程。中国庞大的三峡大坝横贯长江，有594英尺高，7 770英尺长，花了大约20年才建成。其巨大的水库在2006年开始从长江蓄水，填充了世界上最长的人工湖，这个湖从重庆一直延伸至湖北宜昌的三斗坪镇，长达370英里，近乎从克利夫兰到华盛顿哥伦比亚特区的距离。

为了修建这个狭长的水库，约有130万居民从长江和其支流沿岸撤离。400平方英里的土地，13座城市，约1 500座城镇和村庄，以及众多考古、文化遗址沉入水下。三峡工程的花费超过了500亿美元，以上种种成本和牺牲，将长江变成了一个可以实现能源再生的庞然大物。三峡大坝具有22 500兆瓦的装机容量，目前是世界上最大的水力发电设施。

巴西则正在建造贝罗蒙特大坝（包含一系列大坝和与其相

连的水库），以充分利用亚马孙河的支流欣古河。这一项目会迫使成千上万的土著居民离开家园，并严重破坏渔场的环境，但与此同时，它也会向国家电网提供超过 11 200 兆瓦的水力发电容量。就像我在第二章所提到的，在东南亚，湄公河下游计划修建很多水坝。这些项目将为东南亚地区提供更多电力，而且为老挝带来急需的财政支持，但其代价是影响当地人民的生计，破坏世界上最大的淡水鱼类市场之一的生态。

刚果（金）有一个名为"大因加"的大型水利工程，将会修建一系列横跨刚果河的较低的大坝，如果建成，它将会在成本和装机容量上超越三峡大坝。第一期工程计划在因加瀑布上修建一个新大坝和发电厂，名为"因加-3"，而因加瀑布是一连串激流，全球排水量第二大的河流沿着它奔流向下，冲向大西洋。这些激流位于刚果最大的港口马塔迪上游的 25 英里处，尽管此地政治局势不稳，依然吸引了大量水利建设的规划提议。2019 年，一场由中国和西班牙（即三峡集团和 ACS 集团）主导的国际投资会议，提交了一份总额达 140 亿美元的竞标工程，计划在因加-3 初步建设 11 000 兆瓦的发电设施。目前，大因加工程的花费总额已接近 900 亿美元，装机容量达 40 000 兆瓦，总花费和装机容量都大约是三峡大坝的两倍。如果大因加工程完工，它所提供的电力将占到整个非洲大陆的四分之一以上。

三项改变世界的水利发明

在 20 世纪和 21 世纪出现的庞大河流工程，具有变革性意义，是人类社会通过改变河流来满足其发展需求的例证之一。三峡大坝、贝罗蒙特大坝和大因加工程，是三项古代技术奇迹的现代表现之一，这三项技术是造坝、改道和建桥。

桥梁能抵得住岁月侵蚀，且极为普遍，但很少有人仔细考量它们。早期人类使用的是最简单的桥梁，也就是悬在河水上方的木棍，和如今野生动物和登山者们常用的一模一样。已知的人类历史上首次使用"桥梁"一词的记录出现在诗人荷马所作的史诗《伊利亚特》中，但人类使用桥梁的考古学证据，还可以再往前追溯。已知的最古老的两座桥梁出现于青铜时代中期的迈锡尼文明，位于如今希腊农村地区，在小村阿卡迪科之外。

两座桥历经 3 000 年仍屹立不倒。它们狭窄的、以承材支撑的拱形桥体，由巨石严密地连接而成，两座桥如今依然保存完好，还能投入使用。如果你想找到它们，可以沿着以下经纬度试试：其中一座在北纬 37° 35′ 37.10″，东经 22° 56′ 15.21″，而另一座少有人探访的桥，则在北纬 37° 35′ 27.27″，东经 22° 55′ 36.30″，与第一座桥相隔一千米。这些在青铜时代由迈锡尼文明所建的桥，和如今的道路涵洞有着同样的用途：可以让乘车的人一路狂奔而免于掉进河里。迈锡尼的双轮车如今早已被汽车和卡车所取代，但当时的桥梁和如今的涵洞发挥作用的原理是相同的。

这一道路改造的设计后来得到了更大的发展。罗马人引进了石材和混凝土的用法，建造出了很多拱桥和高架桥，包括桥梁界的杰作，西班牙塔霍河上的阿尔坎塔拉桥。其他早期石头桥的代表，包括7世纪建成的、横跨中国河北洨河的赵州桥，15世纪建成的、横跨捷克首都布拉格市伏尔塔瓦河的查理大桥，17世纪建成的、横跨伊朗扎因代河上的三十三孔桥，和同是建于17世纪、连接法国巴黎塞纳河两岸的新桥。

世界首个铁制拱桥建于1779年，横跨英格兰什罗普郡的塞文河。一座座由严丝合缝的石头所组成的又小又贵的桥梁，慢慢被历史所淘汰，因为金属制造的技术日益纯熟，人们愈加喜欢使用由铁、钢和加固的混凝土所组成的跨度结构，它们更加耐用、坚韧，而且更便宜。20世纪早期，很多如今在北美和欧洲闻名遐迩的桥梁已经建成了，包括美国纽约的布鲁克林大桥、加拿大温哥华的伯拉德桥、美国旧金山的金门大桥、匈牙利布达佩斯的塞切尼链桥、德国柏林的奥伯鲍姆桥和英国伦敦的塔桥。

人们建了越来越多的桥，河流从陆地旅行的障碍演化成了社会和商业活动的聚集地。从本质上来说，横跨河水的桥梁能吸引人流、交通和商业活动。它们能为当地创造通行费收入，吸引人们在河流两岸定居，因而将河流变为城市发展的中心。虽然渡轮也有类似的效果，但桥梁的持续性、便利性和可靠性都更胜一筹，让人们更想在河流两岸建造永久的建筑。

巴黎原本是从塞纳河中部的一座岛屿上兴起的，城市内部面积相当的两部分由37座桥连接而成。没有这些桥，巴黎的城市样貌可能会不对称——只在河岸的一边拓展，就像俄罗斯的伏尔加格勒和雅库茨克。实际上，今天的大多数大型城市都被一条流经市中心的河流一分为二，针对这一重要发现，我将在本书末尾多加阐释，并做出量化分析。

河流能划定国际政治边界，而桥梁则有助于边境两侧的城镇共同发展，正如第二章所描述的双子城，即美国的埃尔帕索和墨西哥的华雷斯城。我在第三章提到的越战"市场花园行动"和色当战役则可以说明，桥梁在战争时期是极具战略意义的。一些桥梁是艺术杰作，比如越南的龙桥和新加坡的双螺旋桥，而另一些桥梁则具有象征意义。

例如，将俄罗斯西南的克拉斯诺达尔边疆区和克里米亚半岛连接起来的一座最近刚建成的大桥。俄罗斯在2014年将克里米亚地区（当时是乌克兰的国土）纳入版图，2018年，在乌克兰和国际社会的抗议声浪中，这一极具争议的桥梁完工了。这座桥造价高昂，有12英里长，它跨越了刻赤海峡，超越了葡萄牙的瓦斯科·达伽马大桥，成了欧洲最长的大桥。当刻赤海峡大桥竣工通车时，俄罗斯总统普京驾着第一辆卡车驶过这一极具象征意义的桥头，进入了克里米亚地区。这座桥耗资40亿美元，它引起了国际冲突，成了连接莫斯科和克里米亚两地最直接的陆路通道，同时也是俄罗斯政治权力的物理投射和符号象征。

2018年，南京长江大桥迎来了建成的50周年纪念，南京长江大桥是首批横跨长江的大桥之一。大桥于1968年建成，在此之前，人流和货物只能搭乘船只渡过这条一英里宽的大河。如果火车想要过河，得拆解成好几块，放在摆渡船上，到河对岸再组装起来，费时费力。南京长江大桥的上层有四车道和人行道，下层设有连接北京和上海的铁路，是中国发展交通系统的一个重要里程碑。

这也是一座极具象征意义的大桥，因为它是中国在 20 世纪首个自主设计并建造的大桥。它所运用的建造技术十分先进，整体风格具有中国特色，是"文化大革命"期间难得的国家自豪感的来源。南京长江大桥的图像被印在了杯子、铅笔、鞋、自行车和其他在中国销售的商品上，也曾出现在宣传毛泽东思想的海报上。

如今，南京长江大桥仍然是中国重要的文化标志之一，为了纪念它建成 50 周年，人们花费 1.607 亿美元对它进行了修复。中国其他地区也在修建其他在技术上令全球叹为观止的桥梁。最近最令人惊艳的大桥，包括全球最高的大桥北盘江第一桥，其桥面高度达 565 米，横跨北盘河，连接贵州和云南山区；也包括具有全球最大跨度的双层悬索桥杨泗港长江大桥，它跨越了武汉地区的长江水域。

人造河流

除了大坝和桥梁，改变社会利用河流的方式的第三项河流工程，就是河流改道。与桥梁类似，使河流改道的历史可以追溯至史前时期。河流改道的考古学记录，甚至要比大型水利社会出现的时间还要早。例如，在伊拉克北部，早期的原始农民至少在 9 000 年前就曾尝试将水流引到自己的田里。我们可以回想第一章，在尼罗河、两河流域、印度河和黄河河谷兴起的伟大文明，都曾修建过由沟渠和运河所组成的精细的供水系统，引水灌溉庄稼。850—1450年，霍霍坎文化就在今日美国亚利桑那州菲尼克斯附近，修建了一个灌溉运河系统。如今，世界上最大的连续灌溉系统位于巴基斯坦印度河的河漫滩，动用了六万千米的引水渠。

简言之，灌溉农业都是以河水改道为基础的，数千年来，人们不断发明新的改道技术。打个比方，要是把孩子们放到沙地里，放上花园浇水的管子、挖坑用的棍子，他们很快就会像祖先一样创造出类似的结构。

改道也为人们在河里放置船只提供了便利。没人能确切地知道，世界上第一条运河是什么时候、什么地点出现的，但有个较为合理的猜想是，运河最早出现在伊拉克，出现于第一章所描述的苏美尔城邦的黄金时期。在早期美索不达米亚文明的城市中，商贩都乘着船只做买卖，沿着底格里斯河、幼发拉底河不断变化的河道航行。当时的河里有很多沉积物，所以选定的航运河道需要疏通才能投入使用，这也为他们今后挖掘无数条短而小的运河奠定了第一步——如今我们依然能从大气层外依稀看到原有的运河踪迹。

在现代，连接地中海和红海的苏伊士运河是世界上最重要的航运捷径之一。然而，苏伊士运河并非贯穿这一狭窄地峡的首条运河。首条运河是很久之前在埃及法老的指令下挖出的，当时用了好几万名奴隶，用铜铲挖出了100英里长的"法老运河"。这一古老的航道以尼罗河为起点，沿着一个名为"瓦迪图米拉特"的天然干旱河谷，向东延展开来，沿用了数百年。如今，我们依然可以在卫星图像中辨认出它的大致形状，如同尼罗河三角洲上的一条翠绿的丝带，现在那里是成片的灌溉庄稼地。这条河从尼罗河急转向东，从宰加济格穿越伊斯梅利亚，沿着如今苏伊士运河的部分河道，猛然向南掉头，流入红海。

世界上最长的运河之一位于中国境内，长度超过了 1 100 英里。这一名为"京杭大运河"的运河，经过加长，与其他水路相连，甚至连通了在公元前 5 世纪就挖好了的、更为古老的运河，最终于 609 年建成。京杭大运河形成了一个里程长且极具战略意义的陆地航运通道，它连通了长江、黄河，并贯穿了北京和杭州之间的数个城镇。这一通道对航运和商贸至关重要，在历史上也促进了中国各地的统一，至今仍在通航。

在法国，米迪运河于 1681 年完工，由此开始，船只能够穿越整个国家。这一非同寻常的运河连接了图卢兹城和地中海，并经由加龙运河和加龙河通往大西洋。米迪运河有 150 英里长的隧道和渡槽，近 100 个船闸，是世界上几大奇观之一，主要供游艇通航，一直沿用至今。

1761 年，运河建造的技术经历了一次巨大的飞跃：英国的兰开夏郡挖出了世界上第一条完全人造的运河。在曼彻斯特西北 10 英里外，当时的布里奇沃特公爵掌管着几个产量颇大但困于内陆的煤矿，他想找到一种经济实惠的方式，让城里蒸蒸日上的纺织业用上自家产的煤。问题在于，他的矿周围没有天然水路，让马驮煤费用又太高。布里奇沃特公爵从米迪运河的建造过程得到启发，雇用工程师詹姆斯·布林德利发明了近似运河的运输方式。

布林德利创制了一条巧妙的人工运河，使矿区得以通往曼彻斯特。这一运河建于地下，从矿井里面出发，借由渡槽穿越艾威尔河，向着城市流去。驳船先在矿内装上煤，再由驮马（驮运物品的马）沿着运河的纤道向前拉。布林德利的设计抽干了煤矿的地下水，解决了矿内贮水的老问题，提供了填充运河的水源，并且让驳船顺利在水上漂浮。

在短短一年内，布里奇沃特运河将曼彻斯特的煤炭价格降低了一半，布里奇沃特公爵也由此发了家，他的发迹引发了英格兰地区修建运河的热潮。得益于布林德利在修建理念上的突破，并借助蒸汽挖掘机及渡槽的作用，很多新的内陆运河在接下来的40年间陆续修建完成。举例来说，这些运河连接了塞文河、默西河和泰晤士河，也使默西河与特伦特河得以相连。这些河道和其他新的运河网络，极大地提升了航运速度，降低了成本，使得英格兰中部可以运输原材料，商贸活动更加兴盛，工业化经济的发展更加迅速。

德国也采用了此项技术，直到19世纪晚期，都在挖掘修建重要的通航运河。多特蒙德-埃姆斯运河完工于1899年，是一条长达167英里的水路，它连接了工业中心鲁尔河谷和北海。与韦塞尔-达特尔恩运河、达特尔恩-哈姆运河、中部运河和易北-吕贝克运河一道，多特蒙德-埃姆斯运河协助建立起了将德国的工业中心与易北河、莱茵河、波罗的海和北海串联起来的交通干线与航运网络。短小但重要的基尔运河长达61英里，在位于易北河河口的布伦斯比特尔科格与北海连通，在基尔-霍尔特瑙与波罗的海相连，建成于1895年。这一运河随后历经多次调整，如今依然是德国内陆交通系统的重要组成部分。

长达 106 英里的美因-多瑙河运河完工于 1992 年，它连接了莱茵河和多瑙河，形成了一条长达 2 200 英里的人工水路，让船只得以在北海和黑海之间通行。

在大西洋的另一头，由于英格兰的运河热，美国对水利工程的兴趣暴增。其中一个效用最大的水利工程是伊利运河，它经由哈得孙河将大西洋与大湖区和其西边的地点相连，连通了美国和大西洋。当伊利运河在 1825 年建成通航时，是 40 英尺宽，4 英尺深，363 英里长。它有 83 个水闸，使河水水位上升了 600 英尺，船只得以在哈得孙河和伊利运河之间通航。伊利运河有 18 个渡槽，它们位于艰险的峡谷与湍急的河流上。每只驳船能承载 30 吨货物或乘客，由驮马沿着运河旁的纤道拉动。这一重要的新的交通通道，在接下来几年内继续加深、加长，形成了宽广的运河网络，横贯此地。

19 世纪中期，铁路技术日渐纯熟，铁路运输的优势逐渐显现出来，运河的黄金时期走向了终结。德国在几十年间持续扩充内陆的人工水路，但英国最后一条很长的运河完工于 1834 年。在宾夕法尼亚，建在小科纳莫河上的大坝和水库将河水引入运河系统，最终被卖给私人，年久失修，后来由匹兹堡的百万富翁持有，如第四章所述，引发了约翰斯敦的严重洪灾。

近百年间，运河修建的热潮遍布英国、欧洲大陆和美国。在陆地上建造人工河道，搭建渡槽，尽管从技术上来说，改善了百年以来加深水路、开通河道的方法，也完善了利用水闸抬升和降低船只的过程，但这一变革在当时看来是非常激进的。

第五章　追寻水流

正如铁路取代了运河，高速洲际公路继而取代了铁路，运河是交通技术上的一项颠覆性创新，刺激了欧洲工业化的发展，也加快了美国西进的脚步。

很多运河如今仍在使用中，包括中国的京杭大运河、法国的米迪运河、美国的伊利运河。如今长达 524 英里的纽约州运河系统连接了州内的河流、湖泊，并与加拿大的领土相连。现在这里已经成为一个活力四射的娱乐胜地，拥有超过 2 000 个景点和旅游设施，游艇和骑行者穿梭其中，都想游至尽头，让人不禁联想到当年人工运河仍然充当高速公路时的景象。

加州的北水南调

距离爱尔兰裔土木工程师、洛杉矶水电局首任局长威廉·马尔霍兰，计划暗中买下一条远处河流的路权和水权，将水调向南边，流入洛杉矶，已经过去了一百多年。他选中的目标就是由雪水汇成的欧文斯河，欧文斯河位于洛杉矶以北 200 多英里处，流经内华达山脉和死亡谷之间的田园牧场。

马尔霍兰秘密进行的水源争夺，几乎是要抽光所有从内华达山脉东边流入欧文斯河的雪水。这一行动引起了愤怒的居民的激烈反抗，他们甚至埋伏了炸弹，此事件后来也为在 1974 年出品的、由罗曼·波兰斯基执导、杰克·尼科尔森和费·唐纳薇主演的电影《唐人街》，提供了灵感。电影将洛杉矶刻画成了一座为了发展不惜运用一切必要手段的城市。到了 1913 年，这场"雪水掠夺"已经大功告成，马尔霍兰主持了洛杉矶渡槽的盛大启动仪式,这一233英里长的运河和输水管道将欧文斯河引入了圣费尔南多谷。在当时,它是世界上最长的渡槽。"渡槽就在这儿了。好好享用它吧!"马尔霍兰留下了这样一句著名的宣告。洛杉矶居民的确享受到了渡槽的福利,出现了新的人口激增,如今这里成了美国第二大城市群。

洛杉矶水电局针对遥远的河流施展权力的实例是使远处的河改道流入南加州。1919年,美国地质勘探局首次提议,从北加州的萨克拉门托河调取水源,向南灌入圣华金河谷,流向加州更为干旱的南部地区。到了1931年,一项宏大的北水南调的规划已初步成形。7年后,美国深陷经济大萧条,联邦政府正式启动了该项计划,在萨克拉门托河靠近雷丁的河段修建了大坝。如今,这一大坝,即沙斯塔大坝,仅仅是中央河谷工程的其中一部分。整个中央河谷工程是一个涵盖了水库、水电站和运河的庞大的联邦供水系统,供养着中央河谷的农民和人口中心。

20世纪40年代至50年代末,战后人口暴增,促使当地推出了新的改道方案,由加州政府提供资金,以便向南方输水。与联邦的中央河谷工程类似,加州的供水系统旨在修建一系列相互关联的大坝和水库,储存、循环水源,并生产大量的电力,以此让这些水流向州内各处,穿越蒂哈查皮山脉,汇入洛杉矶。1960年,一项争议激烈的州级议案艰难地获得了通过,开始资助这项大规模的北水南调的改道计划,这个计划的名字叫"加州水资源计划"。

这一公投激发了州内两方势力的相互争斗,南加州人认为调水计划是自己发展的基础，而北加州人则对任何抢夺水资源的行为表示强烈反对。当时的提议勉强获得了通过，由此开始，北加州人对南加州人的厌恶日益加剧，延续至今。怨恨只是北加州人对南加州人所怀有的情绪之一，当一些北上游玩的洛杉矶人品着酒，享受着旧金山的生活时，穿着抓绒外套招待他们的人心中疑惑的是，怎么会有人能在洛杉矶那种地方生活得下去。

但是洛杉矶人并没有因此而沮丧。他们是一群天性乐观的人，享受着舒适的天气、充满活力的文化和与干旱气候不相符的水量。1960年的提议，计划在北加州中部的费瑟河上修建巨大的奥罗维尔大坝。它的储水库，即奥罗维尔湖，成了由水库、水坝、发电站、渡槽、隧道和泵站组成的庞大的水利网络的中心。这些水利设施向南输送水源，能覆盖加州三分之二的区域和700英里长的基础设施。（2017年，奥罗维尔大坝溢洪道经历过一次灾难性的功能失效，使其无法保障全州的水源供应，也威胁了下游20万名居民的安全，这些居民被迫撤离了。即使人们在2019年花费11亿美元对大坝进行了修整，他们仍然担忧这一大坝的长期安全。）加州水资源计划灌溉了百万英亩农田中的四分之三，并向位于北加州、湾区、中央海岸、圣华金河谷和南加州的2 700多万人输送了水源。

这一计划的最大客户是南加州的市政水管区，它是集合了多个公共机构的庞大组织，负责监管居住在洛杉矶、奥兰治、里弗赛德、圣伯纳迪诺、圣地亚哥和文图拉县的1 900万人的供水情况。水管区拥有并运营着9个水库、16个水利设施、4

个大型水处理厂,以及科罗拉多河渡槽,这一渡槽跨越242英里,将科罗拉多河的水输向南加州。水管区拥有新的地下水储存系统,以及号称"从马桶到水龙头"的水循环项目(将在第八章详述),可谓世界领先。同时,水管区也为水资源计划里的"加州水修复"项目提供了驱动力,这一项目计划在旧金山东边的圣华金河三角洲的下面修建两条隧道,提升萨克拉门托河向旧金山输水的稳定性。2019年,加州州长加文·纽森由于环境原因而取消了这一计划,在此之前,水管区已经投入了108亿美元,是这一计划最大的资金方。

加州的中央河谷工程和水资源计划,以及洛杉矶水渡槽和赫奇赫奇输水管道/水库系统,将约塞米蒂国家公园和旧金山相连,是彻底改变了当地面貌的主要河水改道项目。1913年,旧金山开始进行河流改道,他们当时获得了在图奥勒米河修建大坝的权力,并获准将赫奇赫奇山谷(约塞米蒂国家公园风景最秀丽的地点之一)变为供水水库。这一行为引起了周遭居民的不满,他们发起了一项环保运动,由环保作家约翰·缪尔领导。抗议者最终没能成功,现在旧金山的大部分水源都出自赫奇赫奇山谷——这意味着被抽调的图奥勒米河现在正向世界上最有活力、最具创造力的城市之一,源源不断地提供自然资本,维系着当地居民的福祉。

大型河流改道计划

时至今日,我们对水的渴求催生了许多新的大型水利工程的开发计划，计划所出现的范围和速度，是前所未有的。

约有40亿人，即地球上约三分之二的人口，每年都会经历长达一个月的严重的水源危机。在这40亿人中，约有9亿人生活在中国，10亿人生活在印度。其他面临缺水困境的大规模人口，生活在孟加拉国、巴基斯坦、尼日利亚、墨西哥和较为干旱的美国西部和南部的几个州。近年来，有几个大城市也出现了严峻的水源缺口，包括巴西的圣保罗、印度的金奈，以及南非的开普敦。

这些问题仍会恶化。即使撇开水资源问题不谈，就现在而言，气候变化将继续产生不利影响，人类对淡水的需求每年仍在上升，将在21世纪中叶升至6兆立方米——比如今的用量多一半。印度面临着淡水需求量猛增的巨大挑战，总供水量在2050年升至目前水平的3倍，才能满足快速增长的人口的需求，跟上城市化进程。

可以预见的是，为了缓解压力，未来各国将会开展前所未有的、精心设计的河水改道项目。数千年来，小范围的河水改道比较常见。但是范围较大的跨流域改道项目有着截然不同的要求与影响。首先，跨流域改道需要庞大的土木基础设施，也需要调整地貌。其次，通过长距离运输河水，这些改道项目促进了那些仅靠当地水资源无法生存的地区的发展和人口增长。大范围的跨流域改道项目最早出现于10世纪的加州，现在已经遍及全球。

让我们聚焦以下三个大型跨流域改道项目，即中国的南水北调项目、非洲的特兰萨夸工程，印度的内河联网计划，它们现在要么处于设计规划阶段，要么已经开始建设了。

在全球现有的跨流域改道项目中，中国的南水北调项目的规模是最大的。它的总体目标是将湿润的南方地区的水抽调到干旱的北方地区。为了达成目标，中国从庞大的长江水系（长江从青藏高原一路向东，流入东海）抽取水源，借助三条向北流淌的、长度较长的河流与管道，在西部、中部和东部完成调水。

南水北调的构想，由来已久。除了运输谷物的功能，古代的京杭大运河也承载了调水的使命，从长江抽水补给干旱的北方。目前调水项目的计划，可以至少追溯到50年前。这一影响深远的提议，在2002年获得了中国国务院的批准，并在当年晚些时候开始动工。

南水北调的东线，从扬州附近的长江干流引水，利用京杭大运河等河道向北输水，已于2013年竣工。中线则是从汉江（长江的主要支流之一）的水库出发，向北至淮河流域，并通过黄河下面的隧道，最终流入北京。长达804英里的中线，已于2014年完工，导致近33万人口迁移。它目前调取的水能惠及5 000多万人，涵盖了北京七成的水量供应。

第三条线，即西线，目前仍处于早期规划阶段。西线计划从长江上游（青藏高原附近）的三条支流调取水源，补给目前已经被超量消耗的黄河源头。西线将于2050年完工。

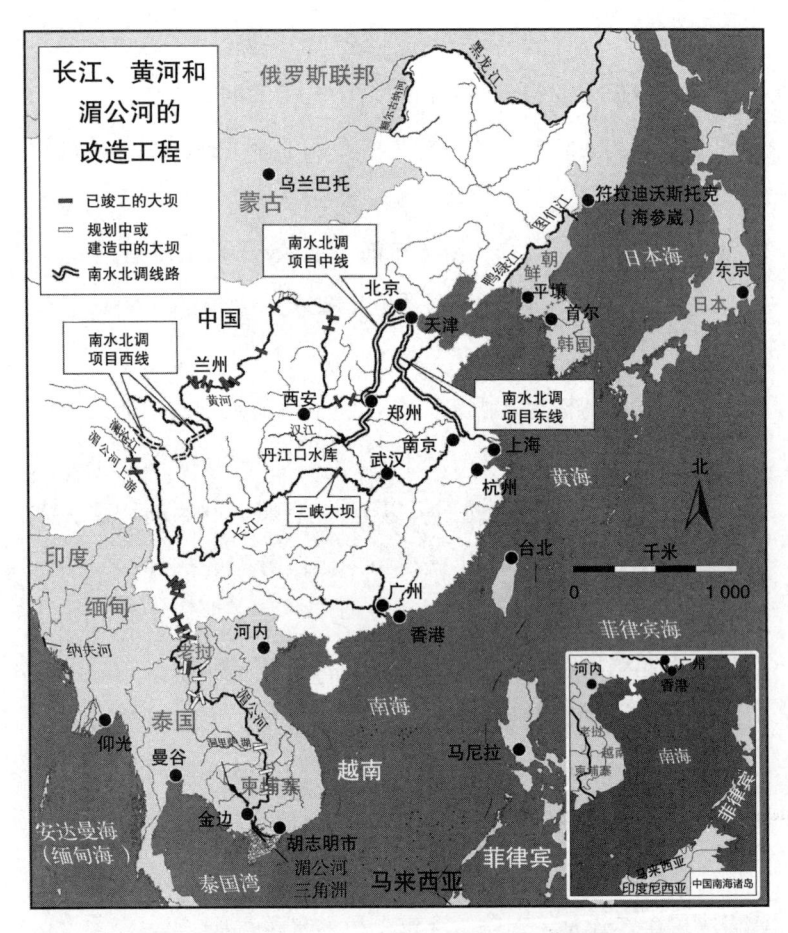

图 5-2 中国和东南亚地区的河流都曾经历过大范围的工程改造。图中被突出标注的是中国的南水北调项目（有东线、中线和西线），从长江流域抽水，向北输送；被标注的还有三峡大坝，以及沿着湄公河，分布于中国、老挝、泰国和柬埔寨，已经竣工或在规划中的一系列新的大坝。

经过半个世纪的规划，投入约 770 亿美元，中国的南水北调项目在建造时长和花费总额上，已经超过了三峡大坝。完工时，它会将长江与黄河、淮河、海河流域相连，每年从南方调取 450 亿立方米的水。而加州的水资源计划和中央河谷工程每年的调水量加起来不到 140 亿立方米。中国这一范围极大且多管齐下的调水项目，调水量与黄河总水量相当，从南到北贯穿了整个国家。

在中非和西非，有一个名为"特兰萨夸工程"的大型调水计划，极具挑战性，目前正慢慢变为现实。它的总体规划是将水从刚果河流域调出，输送 1 500 英里，汇入沙里河，而沙里河最终将流入乍得湖。该计划还包括挖掘一条长度较长的、可供航运的运河，在刚果（金）、刚果（布）和中非共和国建设一系列水利大坝。特兰萨夸工程每年将会运输约 500 亿立方米的水，其中有一半是通过 830 英里长的人工运河输送的。

规划特兰萨夸工程的原因之一，是为了挽救乍得湖。乍得湖曾拥有繁荣的淡水生态系统，是可以供养百万人口的主要水源，因为当地灌溉从中抽水，乍得湖一直饱受缺水困扰，也受制于日渐减少的降水。从 20 世纪 60 年代开始，这一大湖的面积已经缩减了九成，从原本的 2.2 万平方千米锐减至不足 1 000 平方千米。乍得湖面积缩水，导致鱼类、牲畜和庄稼减产，诱发了食品安全问题，也让社会经济条件日渐萧条，经常爆发由极端组织所领导的政治运动。一个名为"博科圣地"的宗教性的激进组织，以大规模诱拐女高中生而臭名昭著，它在尼日利亚的东北部建立了起义据点，此地正是因乍得湖的缩水而陷入了生存绝境。虽然刚果境内的调水计划并不能完全修复乍得湖的原貌，但它能保证 7 500 平方千米的水源稳定，能灌溉喀麦隆、乍得、尼日尔和尼日利亚境内多达7万平方千米的农田。

挽救乍得湖的一部分，仅仅是特兰萨夸工程的目标之一。这一项目的支持者指出，水力大坝能将急缺的电力运往乍得湖湖区，为当地带来诸多好处。他们十分欣赏设计通航水路的做法，这使十个非洲内陆国家可以相互通行。这些支持者也计划今后在改道工程的附近建设一个全新的发展区域，为当地交通、农业、能源和工业带来一些好处。

2018年，特兰萨夸工程成了在尼日利亚首都阿布贾所举办的峰会的讨论焦点。当时这一峰会汇聚了国际投资方，以及乍得、中非共和国、加蓬、尼日尔、尼日利亚等国的总统，他们对此计划非常感兴趣。其中，尼日利亚总统穆罕默杜·布哈里尤其热切，他主持了这一峰会。与会者在峰会上提出了一系列建议，也点明了今后的步骤，包括设立总额达500亿的国际投资基金，由非洲发展银行主管。有关特兰萨夸工程的可行性的研究，也已经得到了中国"一带一路"基础设施投资计划的资助。各国对特兰萨夸工程的社会和环境代价仍缺乏充分的了解，但已经启动了相关的研究调查。多年来，这一宏大的改道计划在非洲推进得极为缓慢，但如今开始慢慢赢得各方支持。

跨流域调水计划的始祖，当属印度正在进行的"内河联网计划"。如果计划得以完全实施，就能改变喜马拉雅山地数十条河流的源头走势，也能将数十条低地的河流相互连接。也就是说，调水计划的目标包括但不限于调整整个印度次大陆的河水径流。

与上文提到的其他大型改道项目类似，"内河联网计划"

从湿润地区的河流中调水——尤其是印度东北部，其降水量是印度干旱地区的 50 倍——再将抽取的水汇入干旱地区的河流。经过几十年的讨论与研究，项目规划者将印度的河流分为两类，一类是水量"盈余"的河流，另一类则是水量"不足"的河流。长长的运河和隧道会把水从水量充盈的河流送往水量较少的河流。

从水利学的角度来看，这种二元分割过度简化了河水径流的季节性特征，也不能完全反映水源使用的情况。例如，得到季风降雨补给的河水流域，排水量高，但依然会在干季面临缺水的困境，而且设置更好的水源管理系统，能缓解干旱地区水源短缺的现状。尽管如此，由于印度总统莫迪持续为其背书，而且高等法院认定该计划符合印度的国家利益，公众对内河联网计划的支持度一直十分高涨。

内河联网计划的宏伟蓝图由两大战略组成。第一个战略是，在恒河和布拉马普特拉河之间蓄水并分流径流，名为"喜马拉雅河流发展部分"，它是为了满足今后的需求而蓄水，并且将河流从一个流域引向另一个流域。为了实现这一目标，他们需要跨越位于印度北部、尼泊尔北部和不丹北部崎岖不平的喜马拉雅地区的上游水源在地形上的分界，建造许多座大型水库，修建 14 个"通道"（包括渡槽和隧道）。

此外，第二个策略是将流经印度次大陆的众多低地河流相互连通，名为"半岛河流发展部分"，包括挖掘 16 条长运河的规划，这些运河朝着全国各地延伸。这部分即将进入实施阶段，会启动"肯河-贝德瓦河连通项目"，如果该项目能成功应对环境抗议者所发起的挑战，幸存下来，将会建成一连串水库、大坝，以及一条连通印度北方邦和中央邦的长达137英里的运河。

内河联网计划的规划范围是史无前例的，远远超出了中国的南水北调的范围。仅挖土工程这一项，就能使其成为在地球地表开展的、最大的单项建设计划。若是完工，这一耗资1 680亿美元的项目，每年能挖出超过1.5万千米的运河和隧道，能运输1 740亿立方米的水。它还能产生3.4万兆瓦的装机容量，增加印度三分之一的灌溉土地。印度总理莫迪将内河联网计划称为"国家梦想"，自其上任起，就一直给予支持。

内河联网计划对印度河水流向的调整，会对水域生态系统以及数亿人的生活产生深远的影响。这一计划能改变当地经济发展的特征，也会改变当地人的生活状况。它会扰乱渔业的生态，导致入侵性鱼类的扩散，扩大水污染，还会散播疾病。在印度人眼中，河流一直具有神秘色彩，而内河联网计划势必将打乱长期沿袭的宗教和文化传统。就连内河联网计划最狂热的支持者都不得不承认此计划会破坏环境，迫使居民离开家园，但他们辩解说，这项计划为人类福祉和经济发展所带来的好处将会超过上述代价。在即将成为地球第一人口大国的印度，内河联网计划所能带来的好处包括改善食品安全、提升防洪能力，以及为能源、航运和城市水供应提供新的发展机遇。

不可忽视的治河代价

大型治河工程所带来的社会福祉，包括水源供应、电力供应、洪水防治和经济增长，同时也伴随着残酷的代价。代价包括社区的被迫迁移、对渔业和河岸生态系统的危害、通航河道的缺失，以及纳税人所分担的沉重的财政压力。随着科学人士和公众对工程代价的认识愈加深入，在发达国家抵制新治河工程的力量也日渐增长。在美国和欧洲，修建大型水坝的热潮早已退去，它们现在正着力废弃并清除陈旧的工程设施，而不再热衷于修建新的大坝了（就此现象，我们将在第七章多加探讨）。然而，发展中国家通常认为，修建大坝的好处抵得过我们所付出的代价。一种经常出现的说法是，治河大型工程所带来的更为广大的社会与经济效益，超越了其对当地环境和居民带来的负面影响。如今巴西用这个理由来说明兴建贝罗蒙特大坝的必要性，正如一百年前，加州也以此说明修建奥沙尼西大坝的必要性，这一工程将赫奇赫奇山谷变成了向旧金山供水的水库。如果旧金山调水的例子取得了成功，就能证明这一理由也许是成立的，但实际上，当时的工程造成了巨大的损失。

修建大型水库大坝所造成的损失尤其显著，能让河流在好几年内都无法畅流，也会让整个山谷在好几年间都沉在水底。城镇会湮灭在波涛之下，河流的生态系统随之加剧恶化。难以找到方向的鱼类会在大坝堆积，无法抵达产卵的地点。在大坝后面，蓄积的水会停滞、变暖，逐渐丧失氧气。污染物和沉积物被冲入水库，落入水底，将原本就被淹没了的树桩和旧时文化遗迹埋得更深。河水的排水量也受到了限制，排水时间、流水水量都会由大坝经营者和电力需求定价的周期掌控。

失去了沉积物的清水从水库倾泻而出时会削弱河道，冲刷

第五章　追寻水流　　185

下游好几英里的河岸和河漫滩。

中国的三峡大坝所产生的电力比加州的胡佛大坝多 20 倍，能保护 1 500 万人免于长江洪水的侵害。大坝特意惠及的区域能享受巨大的社会效益。但要蓄满水库，100 多万人就得撤离，他们原来所在的社区也会被淹没。大坝还会增加水污染，传播水生疾病，引发诸如小型地震和泥石流之类的新型地理灾害。堪萨斯州立大学教授王继达发现，三峡大坝所排出的水缺乏沉积物，侵蚀了下游数百千米的长江河岸。河道的向下侵蚀也限制了湿地和湖泊的生存空间，使其干涸。有些鱼类已经完全灭绝了。罕见的淡水鲸目动物江豚仅有约 1 000 只得以幸存。

大型治河工程的社会经济效益，也往往和支持者当初的预想不同。在有的国家，水利工程所产生的新的电力，很少能真正地输送给那些最急需用电的农村人。当谈及埃塞俄比亚的复兴大坝时，与我会面的每位埃塞俄比亚官员，都重复强调这样一个事实：四个埃塞俄比亚人里，就有三个享受不到充足的电力供应。现在仍不确定的是，大坝建成后，这些缺少电力供应的人能不能享受到大坝所产的电能。答案或许是肯定的，但如果这些人的居住地点没有变化，大坝的电力也就不能惠及他们了。埃塞俄比亚自身缺乏国家电网设施，而且大坝的建设地点过于偏僻，于是向邻国销售电力就成了更为合理的选择。这并不是说，大坝所产生的收益不能为穷困的埃塞俄比亚人带来任何帮助，只是大型河流工程并不能直接改善农村贫穷人口的居住条件。大型水库可能产生的影响，还包括促进城镇化。修建水库会迫使农民从被淹的河谷搬到城市，涌入资源开采业，而这些正是聚集了金钱与权力的地方。

我们可以从 20 世纪和 21 世纪早期建成的大型河流工程所产生的危害中吸取教训。现在，有积极的迹象表明，下一代大型大坝将会建在（中国、东南亚、拉丁美洲和非洲境内）全球仅剩的自由流淌的河流上，它们会使用与以往不同的新技术。新的水利项目可能会采用"径流式大坝设计"，这种大坝无须围蓄水库，就能产生电力，也会采用允许沉积物流向下游的策略。现代的大坝设有协助洄游性鱼类游动的鱼梯，防止鱼类游入水渠的护鱼筛网，以及其他技术创新，以此减少大坝对鱼类繁殖和迁徙所产生的负面影响。

正如第二章所述，签署国际河流协定已经成为主流。2014 年，《联合国水道公约》开始正式生效。合作性的河流治理协议，不仅能解决水资源分配的问题，也能处理污染和生态问题。

以上这些创新性技术和做法，都不能完全消除大型河流改造工程给环境和人类带来的负面影响。但是，如下一章所述，有时候我们还是可以从错误中习得教训，修正做法的。

第六章

河流污染与治理

2017年3月22日,热衷于参加超级马拉松赛的米娜·古丽,在内华达州拉斯韦加斯附近,沿着科罗拉多河跑了一场马拉松。第二天,她又跑了一次。接着是第三次,第四次,第五次。

在5天内跑完5场马拉松后,她飞到了巴西,在6天内沿着亚马孙河又跑了6场。之后,她马不停蹄,接连飞到墨尔本、上海、开罗、伦敦,沿着墨累—达令河、长江、尼罗河、泰晤士河跑了一场又一场的马拉松。截至5月1日,她已经沿着六个国家的六大河流跑了40场马拉松。

米娜·古丽是水资源保护的倡导者。她曾发起长度达1 049英里、名为"在六大河奔跑"的活动,旨在让大家意识到目前河流恶化的环境状态,而这些恶化往往是因为污染和抽水造成的。她对环境议题的热情,激励了很多人跟她一起参与马拉松,也大幅提升了媒体的关注度。"让大家享有干净、安全、可以获取的水源,是全球最为紧迫的议题",在结束马拉松旅程后,米娜·古丽这样在博客中写道。她之后发起了新的提升环境意识的活动，名为"因干涸而奔跑"，她在100天内跑了100场马拉松，都以倡导水资源保护为目标。

但米娜·古丽并非首位以亲身参与运动的形式投身水资源行动的个人。在英国，环境作家和电影摄影师罗杰·迪肯以游泳的方式穿越了整个英国，使大众开始关注英国备受污染的河流。在美国，环境主义者克里斯托弗·斯温从1996年起就开始在被污染的河流中游泳，他游过的河有哥伦比亚河、哈得孙河、莫霍克河和查尔斯河。他曾在某些特别恶劣的环境中，穿过污水、杀虫剂、工业污染物，例如纽约布鲁克林的纽敦溪，也就是污染源排放污水的地方，而这一污染源是美国联邦用于资助

图6-1 2017年，超级马拉松赛选手米娜·古丽在40天内沿着6条重要的河流（科罗拉多河、亚马孙河、墨累—达令河、长江、尼罗河、泰晤士河）跑了40场马拉松，以此来促使公众关注因过多的河流改道和污染而引发的环境问题。

污染清理的"超级基金"所覆盖的地点。他一边游，一边收集关于水质、关于个人生理的数据，并分享给研究者。他希望自己能像古丽和迪肯一样，以自己的行为刺激公众关注如今困扰全球河流的紧迫的环境问题。

人类的废弃物、工业排放的有毒物质和大规模的取水都会破坏全球各地的河流。世界上最受尊敬的圣河——恒河，现在被粪大肠菌群和化学废水污染了，对数百万印度教朝圣者构成了健康威胁，要知道，这些朝圣者将在恒河沐浴视为一种精神仪式。在恒河上游支流建造水利大坝，导致一些地区的排水量减少了一半。2019年，为了庆祝印度教的"大壶节"，约有1.5亿人聚集在印度普拉耶格拉吉（即以前的安拉阿巴德）附近，踏入圣水沐浴。尽管印度总理莫迪一直在承诺要彻底清理恒河，现在未经处理的污水和工厂的化学废弃物，仍然被持续地排入水中。

作为科学研究者，我也遇到过这样的污水。迄今为止，我做过的最不愉快的一次田野调查，发生在为硕士毕业论文收集水源样本的时候。当时我在印第安纳大学读书，因为教授的一席话，我决定在非常严重的雷暴天气下，从周围山坡上迅速流下的洪水中获取水质样本。尽管国家气象局发布了雷暴预警，我还是开着印第安纳州政府购置的福特烈马汽车冲向了取样点，车里装满了取样瓶和沉积物滤网。我直接睡在了车顶上，这样一来，大雨点一开始掉下来就会直接砸在我的脸上，把我叫醒。

最凶猛的风暴，总是在夜最深的时候来临。我穿上涉水裤，戴上橡胶手套，拿着过滤网和瓶子，跳到了河床上，向上游的方向眺望。汽车的车灯太闪，雨水又反光，我整个人处于半瞎的状态，等着洪水从上游中过来。我清晰地记得，当时有一道很长的闪电照亮了扭曲的、地狱般的山景。很快，洪水就冲过了我的双腿，水面升起来了，之后我一整晚都在用瓶子、过滤网捞水。

这种工作非常难熬，因为这里的山和溪流与我们常见的不同。周围的环境看上去宛如小说家托尔金笔下的魔多（黑暗魔君索隆的领地），堆叠着黝黑且易碎的采矿废石，这些废石就是镶着被压成拇指指甲盖大小的煤灰的页岩。这里没有一点儿绿色植物，看上去像是被烧焦了，但其实并不是；如烟灰般黑色的样貌，就是这种物质最本质的特征。它其实就是从老旧的废弃矿井中抛出的废石，这座矿井在25年前还可以开采煤矿。

开采矿井能产生一大堆废石。这些废石堆在地表，空气和雨水能很快氧化这些刚刚暴露在空气中的黄铁矿石和其他矿物，生成有毒的、鲜亮的渗滤液，即酸性矿排水。这些废水会渗入附近的河水和溪流，把它们染成黄色或是橙色，迅速让水变酸，杀死水中的生物。我当时的研究是在一处名为"塔克修士"的废弃采煤点进行的，很多类似的采煤点侵蚀了印第安纳西南部的山脉，也污染了那里的地下水、溪流和沃巴什河。

这些废石堆非常脏，酸度也高，有时会同时着起火来。它们周围土壤的水特别酸，以至于催生了一种名为"热源体属嗜酸细菌"的新生物，这种细菌喜热爱酸，生活在地下闷烧的火堆附近。如果下了大雨，这些松散的页岩碎片就会沿着山坡一齐滑下，把整条溪流填满。甚至雨水径流会立刻变成酸性的，马上就能让皮肤裂开口子，染上颜色。虽然这一研究的确很令人兴奋，但直到现在，我还是很厌恶这种酸雨。

这处老旧的印第安纳采煤点只是成千上万座废弃煤矿中的一座，这些煤矿破坏了全球的水质。酸性矿排水从矿井、矸石堆和尾矿池中渗出。渗滤液散播了很多有毒物质，例如铅、铬、锰、铝和砷。全球约有两万千米水路由于酸性矿排水而无法正常使用，这只是预估数字，实际数字会更大。

美国的超级基金

在美国，数千座废弃的矿井、工业区、军事设施和有毒的排出物，会污染溪流、河水和地下水。受污染程度最严重的是联邦政府超级基金指定的清污点——那里的脏污需要好几十年才能被完全去除。首批清污点之一就是拉夫运河，它是穿越尼亚加拉河东岸的短小水路，而尼亚加拉河位于美加边境小城，即纽约州的尼亚加拉瀑布城。

拉夫运河位于尼亚加拉瀑布城上游 5 英里处，原本是水力发电的一大项目。这一项目早在 1910 年就被废弃，挖的沟渠后来变成了倾倒有毒废水的污水池。胡克电化学公司在这里倾倒了超过 2.1 万吨的化学废物，在 1953 年盖上了土，并以 1 美元的低价，把这块地卖给了当地学校学区，于是这里建起了一片房子和一所学校。

到了 20 世纪 70 年代晚期，这些房屋的后院开始冒出生锈的桶，有毒的化学物质也逐渐渗到了地下室。当地居民中，有人流产，新生儿出现缺陷，有人患上了白血病，也有人感染了其他严重的病症。1978年，一期《纽约时报》的头版报道了拉夫运河的卫生问题。时任总统卡特宣布全国进入紧急状态，200多个家庭被迫撤离当地。1980年，美国再次就此事宣布进入紧急状态，750多户家庭被迫撤离当地。

1983年，拉夫运河被列为406个超级基金清污点之中的一个。要想彻底清除污物，可能得花20多年。如今，如果乘飞机飞往多伦多，那么在3万英尺的高空，你还可以看到运河长方形的沟渠，但经过超级基金项目的努力，它的污染没有那么严重了。

超级基金创立于1980年，当时美国国会通过了一项影响深远的法律，即《综合环境反应、赔偿和责任法》，简称"CERCLA"。它允许联邦政府叫停或是预防危险污染物的排放，以及向化学和石油工业收税，创立信托基金（即超级基金），为严重污染区域的清理工作提供资金。国会在通过该项法律的同时，也增补了几年前颁布的一项法案，即《资源保护及恢复法案》，简称"RCRA"。该法案由共和党出身的福特总统于1976年签署生效，为美国管理危险和无危险的固体废物构建了框架（如今此法律仍是美国管理处置固体废物所依据的主要法律）。在20世纪七八十年代，由共和党、民主党领导的政府都通过了一系列进步的环保法律，上文中提到的RCRA、CERCLA以及超级基金，算得上其中的关键法案。

美国政府的积极姿态是被俄亥俄州凯霍加河上的浮油所激

化、推动的，因为这些浮油在1969年突然燃起了大火。《时代》杂志刊登了一幅照片，显示这条河了无生机，火光四溅，引发了公众对现状的强烈不满，也催生了同时代的经典歌曲，如兰迪·纽曼的《起火了》和R.E.M.乐队的《凯霍加》。这场火灾并非凯霍加河的第一场火灾，但它的确改变了公众的情绪。这条着了火的河，连同拉夫运河的污染乱象、海洋生物学家蕾切尔·卡森所著的《寂静的春天》（1962）一书，在美国的政治领域开启了一段强烈抵制环境污染的时期。

当时的共和党所持有的环境立场，与今日完全不同。1970年1月，时任总统尼克松在第一次国情咨文演讲中阐释了他为环保主义所描绘的未来十年的蓝图。"有时候，历史上会发生意义深刻、影响深远的事件，迫使我们必须告别过去的传统，"尼克松在开头说道，"这样的时刻，恰好在今天出现了。"他接着描述了一项目标远大的计划，希望以此管控并减少美国的污染，包括一项总额达100亿美元的全国性水资源清理项目，而当时美国的国内生产总值每年仅为1万亿美元（如今，要是从美国的国内生产总值中拿出相同比例的钱大概是7 000亿美元）。"干净的空气，洁净的水源，开阔的空间——应该再次成为每个美国人生而享有的东西……我将向国会提交美国历史上环保领域最全面、最昂贵的规划，"尼克松说道。

这样一席演讲，对今天的共和党来说，是难以理解的。当我仔细研究总统博物馆收藏的关于尼克松国会演讲的照片时，我注意到，民主党出身的美国众议院议长约翰·W.麦科马克坐在尼克松背后，他露出了惊讶的神情。尼克松接着又提出要国会批准几十亿美元的拨款，用于处理设施，以清理全国受污染的河流。他就改善空气质量和减少汽车尾气提出了国家标准，还建议向含铅汽油征税，防止石油泄漏，并禁止向五大湖倾倒废弃物。

尼克松政府的首要任务是，建立一个新的强有力的联邦机构，以打造一个更安全、更清洁的国家。这个机构要建立并执行污染的国家标准，开展有关污染物如何影响公共健康和环境的基础研究，并寻求新的方式来减少污染。它还需要使用科学和硬数据向总统和国会提出政策建议。这一新的机构名为"美国国家环境保护局"（EPA），尼克松在 1970 年 12 月 2 日签署了行政令，使得该机构正式成立。

在之后的 10 年内，环境保护局实施并执行了《清洁水法案》《清洁空气法案》《美国有毒物质控制法》，也包括上文提到的 RCRA、CERCLA 和超级基金。多亏有这些法律，在这样一个污染严重的国家，其环境在过去半个世纪内经历了全面的提升。凯霍加河栖居着河狸、白头海雕、大蓝鹭，以及 60 多种鱼类。2004 年，它经历了一个象征性的里程碑，在经历了 21 年的清污后，拉夫运河被从列表里划掉了。它是 413 个被认可的完全修复的超级基金清污点中的一个。在我写这本书的时候，依然有 1 337 个清污点有待治理。

美国加强污染控制的势头，在 2017 年陡然反转。在这一年，刚上任的总统特朗普任命了斯科特·普鲁伊特，一个公开批评环保局的人，担任环保局局长。当普鲁伊特担任俄克拉何马州的总检察长时，他曾 14 次起诉环保局。在他担任局长的

16个月内,他废除了很多局内标准和规定,包括撤销了一项保护湿地和水道的水域法案。他通过向职员提供经济奖励,鼓励他们提前退休,也不再招新人填他们的缺,大幅削减了该机构的员工人数。在一年内,约有700多人离开了环保局,普鲁伊特甚至还要提议继续裁员,从15 000人裁至8 000人以下。

就在普鲁伊特完成其目标之前,他因为一系列道德投诉被迫辞职下台。他的继任者安德鲁·惠勒避开了普鲁伊特的丑闻,有效地延续了他的政策。他的举措包括不再以超级基金的名义清理哈得孙河,尽管它的沉积物和鱼类体内依然包含危险的含多氯联苯的污染物。而且,惠勒也移除了对全国20%的河流与溪流,和一半的湿地的保护措施。

近几年,环保局的势力被削弱,这会威胁美国半个世纪以来在水污染议题上所取得的进步。50年前,将污水和工业污泥排入河流是极为常见的现象。环保局的创立,以及它所受到的政党与公众的支持,引发了改善水质的潮流,这让两党治下的政府顺利执政,也维系了数百万美国人的健康安全。

2020年12月2日是尼克松创立的环保局成立50周年的纪念日,也是超级基金项目创立40周年的纪念日。在接下来的50年内,美国原来的环保成果还会继续拓展吗?我希望如此,但在2019年,已经没有人想要提出一个全面的全国性计划,例如《清洁水法案》《清洁空气法案》,或是《综合环境反应、赔偿和责任法》,来减少温室气体的污染了。要想找到美国20世纪70年代的环保热情,就得聚焦中国了。

中国的"河长制"

经过了 30 年的快速工业化，中国发生了很多像凯霍加河着火这样的污染事件。2013 年，中国的主要水道之一黄浦江上曾漂着数千具腐烂的猪的尸体。再往前推几年，松花江上出现了 50 英里长的、含有苯和硝基苯的有毒化学物浮油，而松花江正是黑龙江省会哈尔滨用水的主要来源。

中国广东省的贵屿镇等地曾发生像拉夫运河一样严重的污染。贵屿多年运营"电子垃圾"项目，"电子垃圾"指的是主要从西方国家运来的旧电脑、旧打印机、旧手机和其他废弃的电子设备，它们已经严重污染了水和土壤。中国的废品回收厂处理电子垃圾，一般都会烧掉印刷电路板，或是把它们放在火上烤，以此让电子部件脱落，或是在露天酸水池中提取金属。低价值的塑料和残留物会被露天焚烧，或是直接倒入田里、河里。

这些电子垃圾回收站和垃圾堆受到了多氯联苯、多环芳香烃、阻燃剂，以及像铅、镉、铜和铬这样的有毒重金属的严重污染。在贵屿，金属处理后所产生的粉尘覆盖了整个城镇，附近稻田种出的米，铅和镉的含量超标。这些地点和数千个垃圾倾倒点和排污水道一样，都因矿井、工厂和石油化工厂而遭受污染。

就像 20 世纪 70 年代的美国一样，中国领导人和公民越来越难以容忍污水和混浊的空气了。中国基本上不再从外国进口电子垃圾了，而且贵屿的处理厂以及其他约 3 000 个未被管理的回收站点，基本上都被关掉了。2017年10月18日，中国国家主席和中国共产党总书记习近平在中共十九大上发表了重要演讲，指出必须树立和践行绿水青山就是金山银山的理念，像对待生命一样对待生态环境，统筹山水林田湖草系统治理，实行最严格的生态环境保护制度。他提出了更为严格的排污标准，主张设立新的监管机构，并且建立一个新的"政府主导的环境治理体系"。这些新的机构将会负责监控水污染和空气污染的水平，以一种更为中心化的方式实施新的、更严格的环境标准和法律。

这些目标基本上和尼克松在47年前设定的目标一致，尼克松当时也提议推出新的全面的环保措施、全国污染标准，设立环境保护局。在未来几年，习近平所带领的中国将会借由中国环保机构，集中巩固环境污染控制的政策。虽然中国政策实施的过程与美国不同，但整个国家已经开始走向一个更为清洁的未来了。

习近平的演讲是中国加大火力向水污染宣战的攻势之一。中央政府用法令和政治任命相结合的方式，稳步推进中国式"生态文明"的概念，即物质财富与自然和谐共生。

改善中国河流、溪流、湖泊和运河的状况，是迈向这一目标的关键一步。中国政府最近设置了一个新的公共职位，称为"河长"，负责沿着天然水道巡逻并执行环境法。全国各地招募了众多河长，仅2017年，就有20万河长得到了任命。各级政府都设有河长的职位，如果河长负责的水道发生了损害环境的事件，这个人将会负个人责任。如果这个由20多万人组成的监察队能完成使命，就能极大地改善河流污染的问题。有关中国水质的大部分问题，都不是由法律和规定缺失造成的，而是因为当地政府官员和工厂主忽视了它们。

习近平为长江设定的计划，是中国从多方面清理水道的措施之一。正如我们在第五章所提到的，长江经历了多次改道，被三峡大坝阻截，而且其大多数河段都受到了污染。但在2016年和2017年，习近平宣布长江将成为一个特殊的经济区，优先重视生态环境和"绿色发展"，而不是传统的制造业。距离长江和其支流一千米以内的重工业和化学设施，都被视为非法建筑。有了这些"生态红线"，沿岸就不能再设立新的工业项目，很多现有的设施都会被移除。

这些新的规定和以往中国的发展政策截然不同，甚至获得了国际河流组织的高度评价，这一设在加州的具有洞察力的国际组织，致力于保护全球各地的河流和沿河社区。如果中国取得了成功，它的一些新做法和新技术会传播到其他国家。尤其是中国的"一带一路"倡议，会资助很多中亚地区的新的基础设施项目，包括大坝和水处理设施。中国很可能一举从全球污染大户变为水道维护的使者，这也许会令世界感到惊异，但发生的概率很大。

疾病缠身的水流

如果你喜欢品尝"复兴城堡"这样的好酒，也偏好法国乡村菜肴，那么我推荐你去法国中部的卢瓦尔河谷兜一圈，那里有连绵起伏的葡萄园和令人流连忘返的古老城镇。这一地区可口的白葡萄酒和桃红葡萄酒，要是在山谷里那些陈放酒桶的、阴凉且略有霉味的洞穴里，倒一点儿来尝尝，口感会更为优质。在这美妙景致中蜿蜒而行的是卢瓦尔河与其众多支流，它们塑造了河谷的一大部分，也形成了肥沃的葡萄园泥土。

坐落在河岸各处的是大大小小的村庄。多年前，妻子和我一起在其中一个名为"特罗"的村子度过了愉快的一周。在开始三个小时的晚餐之前，我们通常在傍晚沿着卢瓦河（卢瓦尔河的支流）的河岸散步，这条河缓缓地拐进村子。水上有座石桥，有些鱼游了过来，习惯性地等着我们投喂长棍面包的碎屑。这条通体碧绿的河平缓地流动着，穿越了起伏的田野，绕过了嗡嗡作响的蜜蜂，也游经了如画一般的城堡，身处此地，完全感觉不到时间的流逝。

景致是令人舒适的，但时间停滞的感觉的确是个假象。那些吞下了面包屑的鱼是鲤鱼，一种入侵性鱼类，它们由于卢瓦尔河谷的水质严重恶化而日渐活跃。卢瓦河之所以呈现翠绿色，是因为富含叶绿素的藻类大幅增加，藻类的增加则是因为人们使用了硝酸盐肥料，肥料是从法国耕种最为细致的农田之一渗到水里的。

氮和磷都是植物的养分，它们会促进田里庄稼的生长，也会导致水中藻类的猛增。这样一来，河水和湖水都变绿了，而且会耗尽它们已经分解的氧含量，这一过程也被称为"水体富营养化"。当藻类死去时，它们会沉入水底，继而会被微生物吞噬，这个过程会消耗更多的氧气。喜氧的鱼类，例如

第六章　河流污染与治理

褐鳟和鲃鱼，会消失，也会被不那么受欢迎的、能容忍湿冷水域的鱼类所取代，正如黑鲴、丁鲷和鲤鱼。在高峰期，卢瓦尔河每升河水中的叶绿素-a超过了150毫克，是世界上富营养化程度最高的河流之一。

这些充满了肥料的河流，藻类遍布，氧气被分解，流入海洋时也会污染海水。海上的"死亡区域"会以全球的河口为起点散播开来，这些区域底部的水缺乏氧气，处于一种严重的氧气分解状态（通常每升水的氧气在2毫克以下）。生活在海底或海底附近的生物会喘不过气来，迷失游动的方向，陷入混乱和死亡。这些生物包括具有重要商业价值的物种，例如蓝蟹和龙利鱼，以及深海鱼所捕食的软体动物和贝类。

目前我们已经辨识出覆盖24.5万平方千米海域的400多个死亡区域，它们的数量和范围还在不断增多、扩大。大多数死亡区域是从20世纪60年代和70年代开始形成的，就在20世纪40年代晚期氮肥出现之后。其中最大的一块，每年在墨西哥湾形成，位于路易斯安那的岸边和得克萨斯的东部。它是由密西西比河的排水而形成的，密西西比河现在的硝酸盐含量是工业化前水平的八倍。大部分硝酸盐来自艾奥瓦州，从农田冲刷进密苏里河和密西西比河的上游。2017年，这块死亡区域的范围扩展到史上最大程度，覆盖了将近9 000平方英里，相当于整个新泽西州的面积。

其他正在扩大的死亡区域，包括美国的切萨皮克湾和长岛海峡，德国的易北河口和基尔湾，法国的卢瓦尔河和塞纳河，英国的泰晤士河和福斯河口，中国的长江和珠江河口，以及芬兰湾。因为工业肥料是全球食物生产系统中的关键一环，从河口蔓延开来的海岸死亡区域已经是非常严重的海域污染顽疾，预计未来还将进一步恶化。

另一种我们经常忽视的河流污染，是由药品导致的。药品合成物会穿过我们的身体，从尿液中排出。人们有个坏习惯（也可能并非出于恶意），就是将过期的处方药冲入马桶。如今的水处理设施，既不能监测药品合成物，也没有相应的物理条件来过滤它们。这就意味着，扰乱内分泌的激素、抗生素和抗抑郁药，和其他使用受限的物质，会穿过我们的身体，经过污水处理厂，流入河流，再散播到世界上更为广阔的生态系统中。

这一过程会导致河流生物的内分泌紊乱，其中某些紊乱的现象值得我们注意和警醒。在华盛顿特区下游的波托马克河，有个废水处理厂。2005年，人们发现河里大部分雄性小口黑鲈都携带了雌性卵母细胞。这一突变是源于从华盛顿的下水道冲下的雌激素药物化合物。与之类似，英国的河流里也出现了大量双性鱼，其诱因可以追溯到流经污水处理厂的类固醇雌激素合成物。这一问题导致泰晤士河流域中三分之二的河流都有可能发生水生生物内分泌紊乱的情况。

像磺胺甲恶唑这样的抗生素，一般被用于治疗尿路感染和支气管炎，也出现在了河水里。抗菌性化学物质，如三氯生，被添加到了洗手液、沐浴液这样的产品中，其实原本没什么必要。总体来说，人们经常滥用抗生素，也给牲畜投喂了太多。当这些化学物质穿越污水处理工厂，进入天然水道，它们会催

第六章　河流污染与治理

生那些含有抗生素抗体的细菌菌株，这些细菌对生态系统和公共卫生的影响暂时是无法预见的。

第三种常被忽略的河水污染源，可能正藏在你的浴室里，或药品柜里。很多去角质霜或胶质的护肤产品都会以塑料微珠作为磨砂介质，以此磨掉身上死去的皮肤细胞。这些细小的球形颗粒由合成的高分子组成，是无法被破坏的，而且因为其组织细密且光滑，很难被水处理工厂过滤掉。在它们去掉你的死皮细胞后，会顺利通过整个水处理过程，直接排入江河湖海。小型鱼类会错把这些颗粒当作食物直接吞下，于是这些化学物就进入了食物链。尽管越来越多的国家开始禁绝塑料微珠，它们目前依然会出现在全球大部分地方的护肤品中。

塑料微珠其实是更大范围的微塑料污染扩散的一种形式，将会危害河流、海洋——是的，甚至还有我们已经处理过的饮用水。吸收细小的塑料颗粒，对公共卫生的长期影响，目前是难以判断的，但这些物质疑似有致癌作用，也会扰乱内分泌。一般来说，瓶装水含有的塑料颗粒，要多于从自来水接的水。

就个人而言，我们可以通过简易的实践，减少药品和塑料物质流入河流、继而进入更大的自然环境的概率。我们可以使用那些含有天然磨砂物（例如燕麦、核桃壳和浮石）的护肤品，而不是含有塑料微珠的护肤品。只有在必要的时候服用抗生素，用完全部的处方药量。大多数药店都能回收过期药片，以便后续处理。我们至少能做到把没吃完的药密封在瓶子里，把它们扔到那些有待填埋的垃圾堆里，而不是直接冲下厕所。我们也能做到喝自来水。一旦注意了这些，我们就能减缓合成化合物进入河流、海洋和生物体的愈演愈烈的趋势了。

格陵兰岛的里维埃拉

既然我向各位抱怨了之前最糟糕的田野经历，那也该分享一下最酷的版本。

让我们想象一下世界上最大的水上乐园是什么样的。那里可能到处都是滑道，在蔚蓝色的水中翻滚。这些滑道聚集在一起，组成了更大规模的滑道，它们不断合并，最终组成唯一的巨型水滑道。它冒着泡沫，约有60英尺宽，不加控制地快速冲到你的左边，钻入一个轰隆作响的孔洞。继而，一片类似于烟雾的白色水雾从洞中腾起。你能听到也能感受到孔洞在你脚下隆隆作响。

假设这些水滑道并不是由架高的玻璃纤维制成的，而是在地面凿出来的。地面并非由土壤构成，而是由一块块质地松脆的白色冰块组成。孔洞不是通向游泳池，而是穿入了格陵兰冰原的底部。这里没有乐园里孩子们欢乐的嬉笑声，仅有的是，你气喘吁吁的呼吸声，拉扯身上的绳子的声音，以及从冰川深坑中遥遥传来的隆隆声。

上述幻想的场景，其实是格陵兰岛冰融区的真实写照。从2012年起，我就一直在此做研究，做野外考察，也收集卫星遥感的数据。与南极冰盖不同，格陵兰岛的大块冰面通常会在夏季消融。这种融化的现象在格陵兰岛的西南部比较普遍，那里靠近一座名为"康克鲁斯瓦格"（有时被称作"南斯特伦菲尤尔"，即其原有的丹麦名）的小镇。

康克鲁斯瓦格起初是美国在二战时的空军基地。1992年，机场和基地被废弃了，移交给格陵兰岛管理，而格陵兰岛是一块逐渐走向自治的丹麦领地，它正在逐步脱离以前的宗主国。如今，康克鲁斯瓦格机场（代号SFJ）是格陵兰岛唯一一座国际机场，同时也是该国的一大航空枢纽。如果你从哥本哈根出发造访格陵兰岛（我强烈推荐你有机会去尝试一下），就会飞越上文中的冰融区。

格陵兰的这一地区比大多数地区阳光更充足、更干燥，被称为"格陵兰岛的里维埃拉"。在六七月份，阳光如暖色的蜂蜜倾泻而下，基本上能照射一整天，融化了冬天的积雪，露出了下面光秃秃的深色冰块。这一裸露的冰面，每天都以几厘米的速度融化，上面孔洞密布，脏兮兮的，浸泡在融化了的冰水里。数以百万计的小河如树丫一样聚集起来，汇成支流，最终形成呼啸而过的主干，即一条冰河，先是曲折蜿蜒地流过，继而奔涌着完全覆过冰面，其流动的速度可以与最快的河流流速相匹敌。

借助卫星绘图，我和我的学生发现，该区域的数百条冰河都会流进冰川上的洞，也就是冰块里融出的通道。水从冰盖下方流出，流向冰盖边缘，继而流入大海。格陵兰岛上的融冰，每年会让全球海平面升高一毫米——相当于全球海平面上升速度的三分之一——甚至未来还会加速。我们所研究的冰河是这些水的主要来源。

冰水会涌进几百个闪闪发亮的蓝色的冰湖，它们如珍珠一般，星星点点地分布在大块冰面上。它们看上去很美，但其实带来了重重危机：每年，很多冰湖都会突然从底部裂开，形成瓯穴。在几个小时内，冰湖里的水就流光了，这些原本围住的水会冲向冰盖，流入大海。

格陵兰岛上的冰河与冰湖具有引人注目的视觉冲击力，这也是促使《纽约时报》派出普利策奖获得者、摄影师乔希·哈纳和记者科拉尔·达文波特，与我一起进行野外考察的一大原因。我们的科研目标是测试气候模型的准确度，该模型用于预测未来冰面消融的程度，以及由格陵兰岛融冰而引发的海平面上升的情况。为了达成目标，我们当时测量了一条大型冰河的排水量，同时利用无人机和卫星绘制出上游流域的情况。通过对比实际排水量数据和气候模型的估值，我们就能知道模型预测的可靠度。

我的研究团队在河上悬挂缆线，将传输数据的浮标放置在蓝色的冰河上，与此同时，哈纳则用无人机为《纽约时报》拍下了最早最原始的航拍影像。他的影像资料看上去非常壮观。《纽约时报》随后将这段影片放进了名为"格陵兰岛在消融"的多媒体页面中，并以此获得了2016年的威比奖。2017年夏天，《纽约客》派伊丽莎白·科尔伯特，一位曾获普利策奖的写作者，来到了我们的野外营地。科尔伯特当时很热情地帮我们搬运直升机上的物品，在融冰上支帐篷，给我们留下了深刻的印象。她跟我们相处了一晚，就飞回了家，写下了一篇标题为《格陵兰岛在消融》的深思熟虑的文章，描述了科学家和外国闯入者的现状，也展示出了格陵兰岛与丹麦之间的权力角力。我们当时的研究成果在 2017 年发表了，《纽约时报》借用由我们的无人机拍下的影像制作了一个多媒体作品，名为"格陵兰岛融化了，融化的水去哪儿了"。总而言之，这三个备受关注的媒体作品向公众展示了摄人心魄的图像，也就冰盖融化这一重要现象，以及鲜为人知的冰河的奇特系统，提供了宝贵见解。

这些蓝色的冰河冲过冰盖的表面，其热度使得冰面向下消融，切出了足以让整块浮冰消失殆尽的陡峭的通道。这一特征刚好和陆地上的河流相反，陆上河流通常是在上游流过陡峭的山坡，在快要流向海岸时，就变得比较平缓了。在格陵兰岛的这一区域，基本上所有的冰河都会流经冰块上的裂缝，而这些裂缝会引走河流的水，融开瓯穴。河水沿着冰洞骤然落下后，便在基石和浮冰之间穿行，同时，压力梯度推动河水流向冰盖边缘，因为那里的冰面压力较小。当流到边缘时，融化的水汇聚成了更大的泥泞的河流，奔涌向海。

其中的一条河，沃森河，经由幽深的基岩峡谷，呼啸着穿越了康克鲁斯瓦格的城镇。它那因为高流速而冲出水花的水域，流势狂野，尽管我花了 10 年时间从一座横跨峡谷的钢桥上获取数据，测算河水排水量，还是没能得出准确的信息。而且，整个测算的过程是选在流速相对稳定的夏天进行的。2012 年 7 月，一场声势浩大的冰融洪水冲毁了那座钢桥，当时整个冰盖的表面 4 天就完全消融了。

如此庞大的冰融现象，在现代测算和卫星时代中从未出现过。在冰盖顶上，深入核心的钻井营地，温度从未在结冰点以上，松软、干燥的雪花消融并结成了壳。在地势更低的地方，新的冰河开始涨水，在冰上呼啸流过。最近，融冰已经超过冰山崩解，成了格陵兰冰盖的主导过程，格陵兰岛冰盖——冰盖堪称更新世的幸存者，它的水已经在陆地上凝结了10万多年——现在正漂向大海深处。

顶峰水期

通过水循环，数百万年来，海平面随着地球温度的变化而上升和下降。在寒冷的冰期，在山顶和大陆地表冰雪形成积累的水比融化或是河流径流返回海洋的水更多。这一过程使得水从海洋流向了大陆，导致冰盖和高山冰川不断增多加高，海平面下降。在间冰期，高山冰川和冰盖的融化比新的降雪聚集的过程要快，导致冰量缩减，海平面上升。蒸发和降水是水从海洋移动到陆地的主要方式，冰川消融的现象以及冰河自身都是水从陆地返回海洋的主要渠道。

当全球气候变冷，陆地冰面增高，海平面下降。当全球气候变暖，陆地冰面萎缩，海平面上升。在第四纪，海洋和冰面如此相互影响，持续了200多万年。这种变冷和变暖的循环持续了大约10万年，变动的速度是几个因素共同作用的结果：岁差（天体的自转轴因万有引力而出现的缓慢变化）所导致的地球不稳定转动，地球的转轴倾角（行星自转轴与轨道平面之间的倾斜角），以及围绕太阳轨道的离心率（被称为"米兰科维奇循环"）。冰期—间冰期循环持续的时间，比从第一个农业文明到现在所经过的时间，长 10 倍以上。

如今，地球的气候再次变暖了，但变暖的速度是以年为计，而不再是以千年来计了。每年，气温纪录不断被打破。冰川快速萎缩，全球海平面每年升高 3 毫米以上。生物开始向纬度更高和海拔更高的地区迁移。北冰洋上浮冰的面积，比 20 世纪 70 年代晚期 NASA 首次用微波卫星测算的数据缩减了 40%。

导致上述可以观察到的变化以及其他变化的主因，是工业活动增加了大气层中二氧化碳、甲烷和一氧化二氮气体的含量。尽管其他的自然现象也有可能导致气候变暖——例如，太阳照射和休眠火山的喷发周期——但这些现象已经被仔细测算过，没有一项可以解释现今正在发生的气温升高的现象。周期特别长的米兰科维奇循环，也和近年来剧烈的变暖现象无关。经过了严格的测算，只有大气中不断增多的温室气体能解释我们正在经历的升温进程。

温室气体对地球表面温度变化所产生的影响是毫无争议的，人们早就认识到了这一点，而产生影响的原因在于它们暖化了对流层。在 19 世纪 20 年代，法国数学家约瑟夫·傅立叶注意到，依照地球到太阳的距离，地球现在的热度比它应有的水平要高得多。关于变暖原因的物理学解释，即由大气中的温室气体分子所引发的热红外线能量的再辐射，从 1896 年起就为人所知了。当时，瑞典化学家斯万特·阿列纽斯用笔和纸描述了这一原理。要是没有温室气体，你现在就没法阅读这本书了，因为地球很可能还是一个了无生机的大冰球。

经过 40 多年的研究，严谨的气候科学家共同认为，地球目前的变暖趋势主要是由人为造成的温室气体排放而导致的，而排放温室气体是通过燃烧化石碳原料、生产混凝土而实现的。上述解释是一群持有怀疑精神、相互竞争的个人所达成的前所未有的共识，他们的职业要求他们在智慧上胜过彼此。有意思的是，人们驳斥这一得来不易的共识所常用的理由——即有其他因素，在地质时期的过往历史中出现的地球物理的诱因，导致了自然气候变化——也是由这批科学家发现的。

这些研究者早就不再纠结于辩论，争吵气候变化到底是不是人为造成的了。他们现在的关注点在于，我们所引发的气候和环境的快速变化，具有怎样的节奏，会产生什么可能的后果。

这囊括了很多关于气候如何影响河流的研究。从历史排水量记录的分析中，我们得知从20世纪中叶以来，在全球监控的三分之一的河流中，河流每年的流量已经改变了30%及以上。从这些记录中，我们可以观察到一个清晰的地理特征：低温的、高海拔河流的排水量总体上都有上升，然而那些较为温暖的、位于中海拔地区的河流，排水量持续减少，变化的程度在60%及以上。排水量的减少，在中国、非洲、欧洲地中海地区、中东、墨西哥和澳大利亚的历史记录中尤其明显，中国的黄河就是个特别突出的例子。这些发生在中纬度的水量缩减，主要缘于人类调水、修建水坝，以及河流改道，气候变化倒是个次要原因。

然而，在高海拔地区不断上升的河流排水量，反映了一种强烈的气候回应。大部分的水量增多的现象，可以由克劳修斯-克拉佩龙方程解释。这一基础的大气物理学方程，说明了为何温暖的空气能容纳水蒸气（从而导致更多的降水）。冬天的河流流量也在不断增加，原因在于冬天的气候越来越温和，地下水的水量也在变多，这一现象在冰冻的北冰洋和亚北极地区特别显著。

由高山冰川所填充的河流，随着古代冰面融化，冰块漂回海中，也在不断涨高。在全球范围内几条重要的由冰川水补给的河流中，几乎有半数都经历了暂时的排水猛增，即"顶峰水期"。这一现象是短暂的。到 21 世纪中叶时，亚洲水塔中冰川的消融会导致印度河、恒河、布拉马普特拉河和长江上游的流量减少 5%~20%。

印度河和布拉马普特拉河的状况，尤其令人忧心，因为这两条河的水占喜马拉雅冰川排水量的 40%。"顶峰水期"的现象在布拉马普特拉河的上游反复出现，预计将在 2050 年出现于恒河，在 2070 年出现于印度河。到那时，这些重要河流的夏季流量会减少，河水所供养的人口也会随之减少 6 000 万之多。而且，如果大部分气候模型的预测不准，即未来的降水不会有所增加，那么河流水量减少的幅度还会更大。

随着陆地冰川的缩减，河水水量也会产生季节性的变化。但即使在炎热干燥的年份，冰川依然能维持河水的水量，因为冰川融化会给河流带来额外的补给。在冰冷潮湿的年份，冰川又会增加。但是如果冰川完全消失了，这一重要的缓冲效应也会随之消失。如今，冰川融水的主要消耗者，将不得不面对河流水量在夏天和旱季减少的窘境，而那时正好是农业耕种最需要用水的时候。水量减少所带来的另一个糟心的副作用是，能稀释污水和污染物的水量也减少了。这意味着如果污染的水平维持不变，污染物浓度将会上升，使得河水水质恶化。

在更短的季节周期内，与冰川融水类似，山脉积雪也维持了冬季的降水量，直到晚春和夏季来临。如果积雪整个冬天都保持不化，下游水流出现的时间就会延迟，而这些水是耕种时最需要的水。如果气温太高，积雪不能在冬天保持原样，降水出现的时间会远远早于耕种时节，雨水会流进大海。为了减缓这样的趋势，中国、印度、美国，以及其他依赖积雪维系农业发展的国家，在积极修建大坝，将一些冬天的流水围堵起来，但这些水不能取代山脉积雪和水库所能容纳的巨量水源。

通过更为剧烈的蒸发效应和更多的工厂用水，不断攀升的气温也会夺走土壤中的水，继而减少河流的补给水量。这一现象正在给美国西南部带来严峻的考验。该地区严重依赖科罗拉多河来获取大部分的水源供应。有 4 000 万人，以及该区域基本上所有的城市，都仰赖这条河以维系生存——最有名的例子当属洛杉矶和菲尼克斯，也包括像阿尔伯克基和圣菲这样更为小型的城市。降水减少，加上气温升高，导致科罗拉多河每年的排水量小于常年的平均值，继而使得美国七个州所享有的由法律准许的水量供给，遭遇了结构性短缺。

2000—2014 年，科罗拉多河的年度排水量比 20 世纪（1906—1999 年）的长期平均值少了 20%。减少的水量之中，三分之一到二分之一是因为流域气温升高了 0.9 摄氏度，积雪量少了，工厂用水多了，土壤中水的蒸发量也增加了。随着气温的增加，科罗拉多河每年的排水量还会持续缩减。据气候模

第六章　河流污染与治理

型的保守估计，到 21 世纪中叶时，科罗拉多河的年排水量还会再缩减 20% 甚至 30% 左右。到 2100 年时，科罗拉多河的年排水量会少于目前的一半。

持续变暖的气候除了会影响河流排水量和排水时间，还会给河流带来其他影响。随着水温上升，在暖水中生活的生物，例如鲤鱼，会活得更好，但是冷水物种，例如鳟鱼，处境会更为不利。在冬天跨越河上冰面，会越来越危险。在春天，由断冰导致的洪水也减弱了。尽管这样的洪水会破坏基础设施，但河漫滩的生态系统还是会从这些由沉积物和水所组成的庞大混合体中获益。在冰封的北冰洋和亚北冰洋地区，融化的地面使得更多的地下水汇入河流，改变了它们的化学性质，也增加了在古代生成的、已被溶解了的土壤碳，这些碳继而会飘向大气。

气候变化对河流所产生的、最令人恐惧的一大影响，是极端洪水发生的频率将会增加（除了上文所述的由融冰带来的洪水）。通过克劳修斯-克拉佩龙方程，我们得知温暖的大气会产生更多降水。这会增加河流泛洪的概率，就像高温会增加热浪和干旱的概率的原理一样。然而，与气温变化相比，未来的降水特征会更难用模型加以预测，使得降水预测成为大气科学研究中极具挑战性且极为活跃的一个领域。尽管目前的历史记录很清晰，每年河水水量的趋势也很明显，要想确认极端洪水的趋势，依然是非常艰难的。部分原因是，要想探查罕见现象的统计趋势，需要长期的历史记录。一个例外出现在了美国中部，那里的统计学研究确认，河水泛洪的频率的确在近几年增加了。

总体说来，气候模型所得出的结论是，河流洪水发生频率和全球平均气温之间存在着非线性的正向关联。总体来讲，如果全球平均气温升高 1.5 摄氏度，会导致全球死于洪水的人数翻一番，直接经济损失增加近两倍。如果全球平均气温升高 2 摄氏度，会导致死亡数再增加 50%，直接经济损失再翻一番。

然而，这些全球范围内的平均数值与现象，掩盖了不同地区的一些关键差异。例如，洪水水位的重现期往往是 100 年左右，意味着重现的概率每年都在 1% 左右。在欧洲地中海沿岸、中亚、美国西南部，这一概率会更小。而在东南亚、印度半岛、东非和南美洲的大部分地区，这一概率则会更大。洪水带来的危害，在很多地区会加重，但在另一些地区则会减弱。

气候变化的影响，虽然不及河流改道、修建大坝和水污染的影响，但也在不断给全球河流系统带来重压。夏季水量的长期减少，发洪频率的改变，以及河水温度的升高，都会给人类和天然生态系统带来挑战。这些共同的压力会使监控、了解全球河流的情况，以及合理使用河流资源，变得愈加重要。在接下来的两章中，我们将会探讨新的科技、传感器和模型如何协助我们做得更好。

第七章

随着水流而行

卡梅尔河是条可爱的小河。它不是很长,但它的河道有一条河应有的一切。它从山中发源,自高处落下,穿越浅滩,被大坝围成湖,再涌出大坝,撞上圆形巨石,裂出圈圈水纹,也在桐树脚下游荡着,流入鳟鱼栖息的水池……好几个农场依小而肥沃的河谷而建,它们从河里抽水,浇灌果园和蔬菜。鹌鹑在河岸旁吱吱叫着,成群的哀鸽则在黄昏时飞来,咕咕地啼着。浣熊在河边踱步,寻觅青蛙的踪影。这就是一切河流所应有的景象。

——约翰·斯坦贝克,《罐头厂街》

诺贝尔文学奖获得者约翰·斯坦贝克,生长于加州的萨利纳斯山谷,此地历来有移民聚居,有农田,也会因水源而发生争执。如今,这里是美国著名的生菜种植基地。很多小说的灵感都来自其格格不入的特征和其秀丽的景色,这景色里包括卡梅尔河，这条如宝石般的河流发源于中央海岸上的圣卢西亚山脉，在海滨小镇卡梅尔的南边流入太平洋。在1945年发表的小说《罐头厂街》里，斯坦贝克曾描述过河边茂密的蕨类植物和淡水龙虾，也提到过那些在河岸徘徊的野生狐狸和美洲狮。在他生活的年代，卡梅尔河疾冲而下，被硬头鳟簇拥着向前流淌，而硬头鳟是一种耐力极强的海生虹鳟鱼。

斯坦贝克曾经把他养的硬头鳟放到了大坝下游，这个大坝极有可能是圣克利门蒂水坝，它建于1921年，当时的斯坦贝克仅有19岁。这座106英尺高的大坝，为沙丁鱼罐头厂，乃至蒙特雷逐渐增长的人口，提供了重要的水源。因为它的存在，硬头鳟再也无法进入卡梅尔河的上游了。

与三文鱼类似，成年的硬头鳟从海里回到淡水产卵，在冰冷的、充满氧气的内陆河流粗糙的砾石底部，产下后代。人们在此处修建了鱼梯（鱼梯是由一阶一阶池塘组成的狭窄阶梯），以便让鱼类逆流，跃过圣克利门蒂水坝，然而因为它建得过于陡峭，所以无法实现既定的功能。在《罐头厂街》出版4年后，河上的第二座大坝建成了，就在第一座大坝上游的约6.5英里处，它并未修建鱼梯。过去每年约有20 000条成年硬头鳟在卡梅尔河里簇拥洄游，十分壮观，但在新大坝建成后，这一数字逐渐减少。1997年，硬头鳟被列入美国《濒危物种法案》中"受威胁"的动物名录。2015年，在圣克利门蒂水坝存活下来的硬头鳟，仅剩7条。

在大坝建成前，卡梅尔河承载着一切河流应有的职能。河水卷着沉积物流向下游，通向海里，但是当河水流经流速缓慢的水库区域时，就会放缓步伐，将沉积物放下。于是，沉积物在大坝后方慢慢堆叠了起来，到 2008 年为止，水库因沉积物而丧失了 90% 以上的储水量。它无法再承担原有的储水功能，更糟糕的是，大坝本身变成了安全隐患：加州大坝安全管理署判定，圣克利门蒂水坝不能抵御任何重大的地震或洪水的侵袭。大坝的持有者加州美国自来水公司需要启动花销高昂的改造计划，挽救已经年久失修的工程建筑。

长久以来，渔业生物学家都在公开谴责用大坝阻截河流的做法。这家公司最终并没有选择重新改造圣克利门蒂大坝，而是决定与加州海岸保护区和国家海洋渔业局（隶属于美国国家海洋和大气管理局）合作，策划以安全的方式移除大坝，将卡梅尔河恢复至自然流淌的状态。

这个想法很大胆，也面临很多技术上的挑战。拆除大坝非常简单，但这样会导致在近 100 年间堆积的沉积物突然倾泻而出，把整条河灌成泥浆，也会把整个河床抬起来，为下游制造新的洪水隐患。然而，挖掘、运输沉积物的费用极为高昂。为了节约花费，超过三分之二的沉积物——约有 250 万立方码[①]——得在原地固定。

为此，公司想出了一项新颖的工程方案。他们将河水从大坝上游调出，绕过原有的水库基底和大部分堆叠的沉积物。因而，他们需要在附近的一个山脊炸出一条新的河道，将河流重新引到邻近的支流里。这条支流会再加宽，变成一条长

---

① 1 立方码 ≈ 0.8 立方米。——编者注

达 2 500 英尺的通道，以便承载支流乃至全部卡梅尔河的河水。借由挖出来的大块岩石，这一通道变成了一系列由瀑布和栖息水池所组成的水路，这样的精心设计旨在吸引硬头鳟经由此地向上游游去。

当通道在 2015 年完工时，圣克利门蒂水坝也被拆除了。在大坝被拆的同一时间，幸存的硬头鳟马上占领了整条河道。自约翰·斯坦贝克的青少年时期以来，这一濒临灭绝的鱼类，还是第一次能自由地游向上游，顺利产卵。

再现二战时的大坝摧毁

圣克利门蒂大坝的拆除，反映了在美国和欧洲如火如荼的拆除大坝的运动。仅 2019 年，美国就拆除了近 1 600 座大坝。美国目前约有 8 000 座大坝（包括小型工程），虽然对这个总数而言，拆除的比例很小，但拆除的势头是愈演愈烈的。约有 70% 的大坝拆除发生在 1999 年之后。在中西部、东北部和西海岸的数个州，拆除大坝已经成了一个司空见惯的举措。加州、俄勒冈州和密歇根州已经移除了 5% 以上的大坝，威斯康星州拆除的比例甚至超过了 10%。

拆除大坝大多是出自经济考量，而非环境后果。沉积物侵占水域，建筑物年久失修，使得很多 20 世纪早期的河流工程丧失了功用。它们普遍状况不佳，不能再承载原有的建筑使命了。不安全的建筑构造会加重管理者的责任风险，在美国，水利大坝须经由联邦能源管理委员会（FERC）批发许可，才能不断投入使用，这需要管理者耗费巨资进行升级完善。在西北太平洋沿岸地区，快速增长的风能和太阳能发电能力，降低了可再生电力的价格，进一步削弱了水电大坝的经济收益。因而，仅就经济原因而言，移除大坝已经日渐成为管理者眼中颇具吸引力的选项，尤其是当有合作伙伴愿意帮他们付钱的时候。简而言之，拆掉旧的大坝，通常是有利于管理者维持基本的营收的。

而且，越来越多的科学研究说明，拆除大坝有利于河流修复，这助推了拆除大坝的趋势。如果能合理地处理沉积物，移除旧的大坝，在短期内就不会产生那么多环境危害。若是在好几年间，把大坝一点儿一点儿地拆除，就会缓解沉积物大量倾泻入河的情况，也会削弱对下游的洪水威胁。在短短几年内，下游的河道能和上游原有的沉积物源头相连，河流也就能重新承担起向海洋搬运沉积物的老本行。

几乎现在所有被拆除的大坝，规模都是偏小的，大部分的高度都在 10 米以下。但随着工程师和科学家对技术越来越有信心，这一现象也会改变。2014 年，两座非常高的大坝在华盛顿州的艾尔瓦河被拆除了，在过去的几十年里，它们一直都阻碍着奇努克三文鱼（太平洋三文鱼中的最大的一类）的通行。经过三年逐步进行的拆除工作，高达 210 英尺的葛莱恩斯峡谷大坝和 108 英尺的艾尔瓦河大坝，仅剩的部分也被完全清除了。

接下来，河水恢复得十分迅速。在短短几年内，艾尔瓦河已经重新修复了旧有的河道，并且清除了超过 1 000 万立方米的沉积物，将入海口处的海床抬高了 10 米。因为这些大坝特别靠近海岸，移除大坝就能让迁徙的鱼类顺利进入环境优良的上游栖息地。在移除后的几天内，奇努克三文鱼就开始向上游，经过了原有的大坝边界，一直游向奥林匹克国家公园和它们原来的产卵地。

加州甚至还在进行一个更为宏大的计划，以便能移除克拉马斯河上四座高大的水利大坝。克拉马斯河流经俄勒冈州和北加州，最终汇入太平洋，其水源已被严重透支。第一座大坝于1918年落成，从那时起，当地的原住民部落就一直在抗议大坝的项目。2002年，这里曾出现过三文鱼的大面积死亡，那时候，由能源管理委员会批发的50年期的许可也快过期了，渔民和原住民和当地农民、政治家角力，为规划这一老化建筑的未来而争执不休。虽说这些不同的利益相关方没能形成积极、持久的联合阵线，但他们最终达成了三项重要的和解协定，将政府机构、部落政府、农耕组织和环保非政府组织都囊括了进来。

这些得来不易的协定也得到了太平洋电力公司的支持，该公司正是大坝的持有者，隶属于沃伦·巴菲特的伯克希尔·哈撒韦控股公司（抗议者们也采取了进一步的劝说策略，开展常规的静坐行动。当伯克希尔·哈撒韦公司在奥马哈举行年度股东大会时，抗议者们在门外吵嚷着要求拆除大坝）。经过好几年的协商后，各方达成了一项协定。目前，拆除的计划还在等待能源管理委员会的审核，最早可能会在2021年启动。

拆除老旧大坝的热潮，也在西欧蔓延，那里有成千上万座小型大坝、堰、暗渠，在几个世纪里，它们将河流沿岸的栖息地切割得四分五裂。至少有 5 000 座小型水坝已经在法国、瑞典、芬兰、西班牙、英国境内被拆除，更为大型的水利工程也被列为了拆除目标。2018 年，一座横跨西班牙韦夫拉河、22 米高的大坝被拆，旨在恢复该水域中狐鲣鱼、水獭、黑鹳的数量。韦夫拉河是杜罗河重要的支流，而杜罗河是伊比利亚半岛最大的河流之一。法国目前也正在准备清除两座位于诺曼底塞吕讷河上的大坝，以及建在莱茵河上、与德国相邻的弗山里格昂大坝。

"欧洲大坝移除"是个非政府组织联盟，成员包括欧洲河流网络、世界鱼类洄游基金会、河流信托、世界野生动物基金会、欧洲再野生组织。该联盟已经选出了在未来几年可以拆除的数千座大坝。这一环保趋势令人振奋，它的出现与经济条件、责任问题，以及一项名为《水框架指令》的欧洲法案密不可分。该法案要求欧洲水路在 2027 年前实现"优良的生态状态"和"优良的化学环境"。

移除大坝的确会对环境构成某种威胁。即使是计划最为充分的方案，想逐步清除堆积的沉积物，也有可能诱发极端洪水。如果这些沉积物含有毒污染物，那么一旦被放入下游，就会摧毁河流的生态。这些刚暴露出的水坝沉积物，似乎也会吸引入侵性的植物物种。虽然鱼类能很快重新占领以前的栖息地，但那些在河岸生长的树林得花数十年的时间才能长回原来的样貌。总而言之，过去的 10 年让我们充分了解到，一旦将河流的阻碍清除，河流是能够快速地修复原有的物质特征的。卡梅尔河重新启用后，不到一年，它就清除了一米多高的沉积物。在两年内，这条河的两边河床，布满了便于鱼类产卵的新鲜的砾石，一直延伸至太平洋。

富裕的发达国家曾经在20世纪早期和中期在河上疯狂修建大坝，如今开始逐步拆除了。与此同时，正如第五章所述，世界上的发展中经济体，还在建造或计划建造上千座新的大坝。100年以后，它们也将面临水利工程老化、水库被沉积物塞满以及渔业衰败等问题。在河上修建大坝能获得许多短期的经济和社会收益，但伴随收益而来的是长期的代价。

渴求沉积物

在大坝后方包围并储蓄河流沉积物，就会导致河流下游缺少沉积物。大型水库的常见问题是，它们放出来的水都是清澈的，很少有沉积物在其中。

我的父亲是一位地质学家，有50多年研究河流沉积的经验，他最近卷入了一项有关萨斯喀彻温河三角洲湿地缩水的法律纠纷。萨斯喀彻温河三角洲十分广阔，生态环境充满活力，由一连串内陆水道和沼泽构成，靠近加拿大北部的坎伯兰豪斯的村庄。1962年，萨斯喀彻温省电力公司修建了一座大型水坝和水库，即E.B.坎贝尔水电站，横跨萨斯喀彻温河，位于坎伯兰豪斯境内村庄上游约60千米处。大坝成了该省水力供电的重要来源。但它也引发了生态系统的灾难，因为大坝截断了洪水，而洪水会在河漫滩和三角洲定期泛滥，为大量沼泽提供充分的水源。

自大坝建成以来，湿地已经逐渐干涸了，那些想寻找筑巢地点的迁徙鸟类会感到沮丧；当地的原住民，克里人和梅提斯人，在过去几百年间狩猎并围捕此地品种繁多的野生动物，他们现在出来打猎也会无功而返。有些人原本靠鸭子、驼鹿和麝鼠充饥、填补收入，或是以它们作为诱饵，让孩子们去室外玩耍，免得他们一直宅在家里，沉迷网络。因而，这三种动物的数量缩减，给这些人的生活带来了巨大的困难。

当地居民将沼泽的持续消失归咎于大坝对洪水的阻截，这不难理解。他们认为，如果迫使萨斯喀彻温省电力公司时不时地释放人造洪水，就能解决现在的困局。但根据我父亲在过去几十年间所做的实地调查，这一问题远比表面上复杂，而且很难有修复的余地，因为 E.B. 坎贝尔水电站在源源不断地放出缺乏沉积物的清水。

当河流进入水库的静水区，就会卸下沉积物，这些沉积物会在水库底部囤积。这样一来，从大坝下方放出的水，就会特别清澈。于是，河水得从自己的河道里挖取沉积物，把河道挖得更深、更宽。被侵蚀、扩大的河道，就不太可能在丰水期涨到漫过河岸了，因为河水够不到周围的沼泽，沼泽也就干涸了，即使这些排水可能曾经淹没过它们。

30 多年前，我曾经作为我父亲考察团队的助理，造访过萨斯喀彻温河三角洲。我们从河流充满泥沼的河漫滩挖出了沙和泥的芯，以更好地理解河流泛滥的漫长历史是如何将此地变为加拿大野生动物的一大聚集地的。我依然记得，当时我站在没过大腿的水里，周围是垂柳的枝条，把取芯钻架插在淤泥里，成团飞舞的凶猛的蚊子一齐俯冲到我的身上。如今，这片区域已经完全干涸了。麝鼠和鸭子已经消失殆尽，因为克里人和梅提斯人的船一直在跟踪围捕它们。萨斯喀彻温河陷在了一条不断扩大的壕沟内，漫无目的地向前奔流，它被萨斯喀彻温省电力公司所把持，也被沉积物和水的物理作用所限制。

减少危害

河流大坝的负债和其带来的环境危害，增强了移除大坝的呼声，但这些呼声只存在于一小部分富裕的发达国家，它们面临的是，越来越多在20世纪早期和中期建造的大坝年久失修。与此同时，也存在着新的修建大坝的热潮，全球至少有3 700座新的大坝刚提出了建设方案，或是正在建设中。正如我在第二章和第五章所提到的，大部分新项目出现在中国、东南亚、中亚和非洲，它们国内反对建设大坝的声音相对较弱。

从全球视角而言，小部分大坝的拆除并不能抵消每年新建的几百个大坝的危害。正如我们所见，20世纪建造大型水利工程的潮流引发了严重的生态和社会危害。新的大坝项目的建设者们，将来可以避免类似的错误吗？

答案处在"不"和"可能"之间。说到大型储水水库，像是三峡、埃塞俄比亚复兴大坝所建的水库，迁移人口、改变水流、拦阻鱼类、降低水质、积累沉积物、侵蚀下游河床，都是不可避免的。然而，目前至少有三个宏大的概念正在挑战旧有的范式，即在大坝修建大型水库，既吸纳好几年的河水，也蓄积大部分的沉积物。这三个概念是，设计流量、沉积物穿透的技术和径流式大坝。

设计流量旨在优化水库的放水量，以服务于环境目标和经济目标。大型水库能蓄积一条河的天然流水，因而会干扰其沿河生态。是否可以通过有策略的定时放水，模仿天然洪水周期，或者冲走侵略性物种来缓解这个问题呢？最近的一项研究模拟了圣胡安河（科罗拉多河的支流）被大坝和水库阻截的情况，其结论显示，在冬天增加放水量，有助于天然鱼类的生存，也会限制入侵物种的活动，同时无须压制水库最基本的经济目标。有什么拒绝这一想法的理由呢？

事实上，设计流量是个极具争议的想法，它能让人们兴奋起来。例如，一项最近刊载在《科学》杂志上的研究，探究了设计流量为何能减弱规划的大坝对洞里萨湖渔业的影响。洞里萨湖渔业在柬埔寨具有举足轻重的地位，每年能创造 20 亿美元的收益，这一产业维系着柬埔寨、中国、老挝、缅甸、泰国和越南境内 6 000 多万人的生存。研究者使用了数学建模，称严谨定时的设计流量不仅能维护这一重要的渔业的发展，而且很可能将鱼类产量提高近四倍。这篇论文被众多书面辩驳质疑其方法和结论的合理性。研究者随后做出了反击，驳斥了反对者所使用的"不准确"和"不相关"的说法（对科学家来说，这些是常见的形容词）。

概括来说，反对设计流量的人认为用水坝本身阻击大型水库和水坝所带来的巨大的负面环境影响，是徒劳的。他们指出，采用定时放水的方法，并不能解决大坝带来的典型问题，包括阻拦鱼类通行、水温变热、水质变差、沉积物堆积。这些都是合理的主张，但是他们并不能完全反驳这一现象，即在现存的大型水坝，优化释放河水的时间，能为下游提供某些环境效益。在写作这本书时，我还不能完全断定哪一方是对的。设计流量是个比较新颖的提法，发表的学术成果还比较有限。在我们能以充足的信心实践设计流量的想法，缓解大型河流水坝的环境危害之前，还需要更多的研究提供佐证。

第二个想法实施的可能性更大一些，它是要设计和管理新的大坝，使得沉积物能穿过建筑。这一想法的愿景是，沉积物穿透的技术能缓解大坝下方河道侵蚀的现象，也能减轻相关的生态和经济问题。加州大学伯克利分校的马特·康道夫教授是研究河流修复的专家，他评估了湄公河下游及其支流正在规划中的130多座大坝后方沉积物囤积所带来的风险。在第一项研究中，他用电脑模型计算了大坝沉积物的囤积量，也衡量了大坝可能造成的下游沉积物缺失的情况。

令人难以置信的是这些大坝的修建能囤积原本供给湄公河三角洲的96%的沉积物，它造成了巨大的沉积物缺口，而且会引发严重的河道侵蚀，足以威胁整个三角洲存在的基础。在第二项研究中，他指出了一系列技术解决方案，可以至少让一些被蓄积的沉积物穿过大坝，或是绕过大坝。这些方案包括挖掘通行河道、开闸放水、冲刷水库、排出浊流（即质地稠密、流速极快的、由水和沉积物构成的混合水流），让水流通过大坝。某些河流的支流会携带大量沙土，将不设大坝。把这些想法融入该区域的规划之中，将会让更多湄公河的沉积物顺利抵达三角洲，缓解（而不是消除）一系列严峻的沉积物缺乏的问题。

第三个想法被称作"径流式设计",它能削弱水库和大坝所带来的一些最严重的环境危害。径流式大坝的总体概念,是为了缩减水库的规模,甚至使其消亡。若是采取最简洁的设计,径流式大坝能让水穿越较低的大坝的涡轮,无须蓄水。更普遍的做法是,水流会暂时被小型水库蓄积起来,囤积的时间可能是几小时、几天,而不是几个月或是好几年。这一策略不适用于容易干旱的地区,也不能满足水源储备的需求,但对流量稳定的河流来说,这种举措可以用于生产水能。

径流式大坝不能完全规避负面的环境影响,如改变水流、阻截鱼类通行以及堆叠沉积物,等等。然而,相较于传统的大型水库和大坝,此类大坝造成的影响较小。因为湄公河下游全年的水流都比较稳定,在此筹建的所有大型工程,其实都是径流式大坝的变体。如果它们能使沉积物穿过大坝,那么未来湄公河下游的处境,将和科罗拉多河、长江和其他被严重过度蓄水的水域大为不同。

未来的水轮

径流式的概念由来已久,可以追溯到最简单的水轮形式(参见第一章),这种水轮翻动磨盘来研磨面粉。这种在工业革命时期横跨了欧洲、新英格兰的众多溪流和河流的低位差堰,其实是一种径流式水坝,其设计意图就是将持续稳定的水流输送到水轮上。这一古老的构思,如今正在重燃人们的兴趣,人们希望在只蓄积少量的水或是不蓄水的情况下,从自由流淌的水流和河流中产生少量的无碳电力。

微型水力发电设施，即最少能产生 10 千瓦电力，最多能产生 100 或 200 千瓦电力的水力发电装置（要看具体国家的情况），有着历史悠久的小众技术市场，在数十年内一直为偏远的社区提供电力。成千上万的微型水力发电设施，目前已经在中国、尼泊尔、巴基斯坦、秘鲁、斯里兰卡和越南投入运行。压力钢管是能将山脉河水引入隧道或水管的装置，它将水压到下方的一个小涡轮里，产生的电力足以满足一户或是好几户人家的需求。其他的变体，是上冲式水轮，或阿基米德式螺旋抽水机。在水量稳定、水不会被冻住的地方，如果调取的水量较少，微型水力发电就能提供稳定的、基于当地需求的电力供应，而且对环境造成的破坏也很小。

现在很多公司在销售这种采用旧技术原理的现代装置，将它同时应用于城市和农村。这些装置由轻量的金属薄片制成，并未采用木头，但基本原理是一致的。在英国，一家名为曼恩电力咨询的公司安装了 60 多个设备，大部分都配备了阿基米德式螺旋抽水机的现代版本。在英国众多被建筑包围的河流和旧磨坊之中，很多都有提供少量可再生能源的潜力，而且阿基米德式螺旋抽水机特别适合改造现有的低位差堰。水轮可以嵌到旧的水槽里，有时候，甚至能嵌入老旧的木质水轮曾经用过的、同一个水轮坑里。

在英格兰的诺森伯兰郡，一个名为"克雷格塞德"的维多利亚时期的庄园，曾经是全球首个使用水力发电的住宅。在近 140 年后，这一历史应用再度出现了，庄园现在的主人安装了一个长达17米的阿基米德式螺旋抽水机和微型水力涡轮，通过这一设施，能把庄园建有大坝的湖中的水运往河口。这一合力产生的无碳电能，能帮助克雷格塞德实现其一半电力出自可再生能源的目标。在意大利都灵，已经启动了一个大型项目，在一条古老的运河上安装了80个现代水轮，为2 000多户家庭提供足够的电力。

图7-1　阿基米德式螺旋抽水机和水轮的古代技术，在如今低碳能源革命中，重现江湖。设计合理的系统对环境的负面影响很小，而且经过改造，可以安装在古老的水轮遗址上，例如图中这台位于英格兰的抽水机。（曼恩电力咨询供图）

尽管从原理上来讲变化不大，但现代的阿基米德式螺旋抽水机和水轮仍是一项持续演进的技术。一家名为史密斯工程的英国公司正在销售由激光切割制成的、可以高效发电的上冲式水轮。这些水轮能从每秒仅有100升的河流排水中，产生5 000瓦的电力，能在7年内收回成本。水轮是扁平包装的，就像宜家的家具一样，无需特殊工具便可组装。一家名为新能源公司的加拿大公司在销售一款垂直运转的涡轮，可以直接将它放置在溪流或河中，产生 5 至 25 千瓦的电力。这家公司也提供多种支撑装置（包括锚定的浮台，它可以在河水中固定涡轮，同时也避免阻碍水流），以及电能转换的设备，可以将生成的电力转成家用电力。

小型水电，广阔中国

规模稍大一些的河流发电设施，被称为"小水电"或 SHP，是容量为 10 或 50 兆瓦（同样，取决于不同国家的情况）的发电设备。中国比其他任何国家都更支持小水电，几十年前就开始用它为偏远的农村供电。20 世纪 90 年代，中国进一步将小水电列入国家环境政策的一部分，阻止农民伐木烧柴。

21 世纪以来，中国几乎家家户户都用上了电，对小水电技术的使用又出现了变化。将小水电装置连接到输电网，成为中国实现国家发电目标、减少温室气体排放战略的重要组成部分。为了激励新小水电项目的建设，中国政府将批准成立 50 兆瓦及以下私人水电站的权限交给了地方政府，输电网公司因而必须从这些电厂购买电力。

水电技术一开始为偏远村庄供电提供了实用的解决方案，继而转变为环保工具，成为中国低碳能源的全国性供应源，小型水电的建设热随之兴起。截至 2015 年，中国已经有 4 万多家小水电厂，它们主要由径流式压力管道和动力装置组成。它们的总装机容量接近 80 千兆瓦，几乎是三峡大坝的四倍。

图7-2 在过去20年里，中国极大地拓展了小水电技术的应用范围。到了2015年，中国共有4万多座小水电站，总装机容量近80千兆瓦，几乎是三峡大坝的四倍。如图中的怒江所示，支流的排水可以通过压力管道和小型发电厂产生低碳电力。（泰勒·哈伦／摄）

中国的小水电热潮提升了国家可再生能源的整体产量，受到了广泛赞扬，但这也是有代价的。由于地方政府现在将小水电视为一种收入来源，他们有强烈的财政动机去过度开发小型水道，不停地新建压力管道和发电厂。有些河流长期干涸，生态遭到破坏，当地农民的生计也因而受损，没水灌溉自家的农田。

中国的经验强调了一个事实：小型水电设施可能会减少温室气体排放，对社会和环境的破坏也比大型水库大坝小，但如果设计和管理不当，依然会造成危害。为了解决这个问题，非营利组织低影响水电研究所（LIHI）希望通过证明合格的微型和小型水电项目只会给人类和生态系统带来"低影响"，来激励各地安装可持续运营的设施。获得LIHI认证的项目，必须将对鱼类通道、休闲人群、生态栖息地、受威胁或濒危物种、文化和历史遗迹的影响降到最低，并允许公众免费进入。"应对气候变化不应意味着牺牲生态系统，"LIHI的执行董事香农·埃姆斯说，"借助低影响认证的项目，我们在发电的同时，仍然可以保护、经常改善栖息地的状况。"这样的想法可能会在今后传播开来。在撰写本文时，全美有近150个项目获得了LIHI认证，还有几十个新项目正在等待批准。

曼恩电力咨询公司等创新公司和LIHI等认证项目，都希望推动新生的可持续小微水电市场发展，挖掘其潜力。根据欧洲小型水电协会的数据，超过33万个装置地点散布在欧洲各地。虽然目前小微水电的市场依然很小，但这些装置如果能被妥善设计，就可以高效运转，它们稳定可靠，而且对环境几乎没有负面影响。它们可以同时在城市和乡村提供当地电能，有助于实现更广泛的可再生能源的目标。同时，它们也能唤起人们对可再生能源技术的兴趣，推广相关教育。要是把它们安装在历史著名的工厂和大坝上，就更能激发大众的探索欲。通常，我们一想到"微型"或"小型水电"，就会联想到偏远的山间聚落，以及担心世界末日迫近的人们。现实中，这样一项好处居多、损害较小的技术，可以帮助城市居民将绿色能源变得更为多样。

被烹煮的蛇头鱼

在我面前的桌子上，蒸着一碗汤，和两盘无法辨认的、香气四溢的食物。和我同桌的人在用高棉语愉快地聊着天，把吃的盛到盘子上。我凑了过去，想看清楚上面到底是什么。一个盘子里装着些许小淡水螃蟹，蟹肉被切成了丁，过了油，又加上香料炖熟了。在另一个盘子里，我看到一只鸡的秃头和喙从一堆切碎的内脏和鸡身子下面伸了出来。放在一侧的是一个橡胶质地的棕色、圆形的东西。在盖碗里，有一些薄片白肉和一整套煮熟的鱼内脏。这些食物的香气十分诱人——有辣椒、大蒜、柠檬草和波罗福[①]的味道。我定了定神，把它们都尝了一遍。

这些菜意外地好吃，甚至口感近似橡胶的鸡血块也很可口。

[①] 波罗福（prahok），俗称"臭鱼"，是一种发酵鱼制品。——编者注

唯一令人失望的是鸡肉，尝起来又柴又硬。几只母鸡在我们身边紧张地啄食，它们的腿十分瘦长，看上去经常运动。就在我们埋头品尝的时候，有只鸡一边尖叫一边逃命，后面是急忙追鸡的厨子，因为刚有客人下了午饭的单子。

用餐的地点景色很美，柬埔寨几乎所有的户外场地都是这样。我们盘腿坐在一个高高的露天台子上，上面的木地板刚被清洁过。这个平台大约有 10 平方英尺，屋顶是茅草做的。在我们周围，也零散分布着其他几个平台和食客。在我们前方，有个波光粼粼的绿色池塘，周围环绕着茂密的植被，一座摇摇晃晃的竹人行桥横穿其中，四个由手工砍伐的原木制成的独木舟被栓在了桥上。如镜子般光洁的水面泛起阵阵涟漪，漾着水涡，鱼儿也跟着旋转。

精致的大块白肉是从蛇头鱼身上割下来的，这鱼长得面目可憎。蛇头鱼是一类原产于亚洲、马来西亚、印度尼西亚和热带非洲的食肉淡水鱼。几小时前，有人把一条蛇头鱼从排干了水的农场池塘的泥里拖了出来，当作礼物送给了我们。蛇头鱼肌肉发达，身似鳗鱼，也有像豹一样的斑点，脑袋很大，张开的嘴里排满了牙齿。它长得有点儿吓人，但我相信吃起来味道不错。我们把它放进了一个塑料袋里，拿到了餐厅，它还在扑腾，之后就被烹成了午餐。

蛇头鱼喜食鱼、蛇、青蛙、鸟，甚至也会吞食同类，会捕捉任何能抓住的东西，它们像青蛙一样钻入泥土，以度过干旱期。离开了水，它们依然能呼吸，它们会在陆上蠕动，寻觅溪流、河流或池塘的踪迹。我听过有关这种北美鱼的恐怖故事，它是一种由于非法引入野生环境而迅速蔓延的入侵物种。鱼类和野生动物管理者被它们的贪婪和适应力吓坏了。垂钓者管它们叫"弗兰肯鱼",害怕它们会接近自己喜欢的钓鱼洞。在加州大学洛杉矶分校的环境科学课上,我曾向学生严肃地介绍过蛇头鱼以及斑马贻贝、棕树蛇、水葫芦和挪威鼠等其他入侵物种。

2002年,在马里兰州一家购物中心后面的池塘里,有位不知所措的渔民捞出了美国第一条登报的蛇头鱼。媒体随即大举报道,人们抽干了那个池塘,发现里面还有数十条幼鱼。后来,人们追溯到了一对活体样本,是有人在亚洲鱼市买了蛇头鱼,并把它们倒进了池塘。两年后,在切萨皮克湾流域的重要支流波托马克河上,又有一条蛇头鱼被捕获。截至2018年,这种鱼已经向上游扩散至马里兰州,并且每年在近三个新的子流域中定居。照这个速度,蛇头将在50年内遍布整个流域,包括萨斯奎汉纳河、拉帕汉诺克河、詹姆斯河和约克河。

同一种生物,在我的国家被人唾骂,在另一个国家却被视为价格昂贵的珍馐佳肴,这不禁令人困惑。在金边的街头市场,我看到人们为了买卖装在金属桶里的蛇头鱼,激烈地讨价还价,这些蛇头鱼又会以高价倒卖给城市消费者。我完全了解这种鱼作为入侵物种会造成多大的生态威胁,但不知道它在这里会受到如此青睐。

我们吃的那条蛇头鱼特别美味,而且价值不菲,这和它的产地有关。这条鱼是从一个被故意排干的池塘底部活捉的,之前,它在周围广阔肥沃的稻田里游泳、觅食。我12月访问时,田地是干的，但从 5 月到 7 月，在季风降雨期间，它们注满了从周围溪流、河流和洞里萨湖涌入的洪水。这里一年淹一次，人工挖出的池塘通常位于不到一米深的广阔浅水湿地的底部。旱季被困在池塘里的成年种鱼被放了出来，跋涉许久，游过周围的稻田，到峡谷里产卵。从附近溪流中逃逸的野生鱼，也是一样。被淹的稻田长满了浮游生物，为生长周期短、品质高的淡水鱼类提供了丰富的食物基础。

稻田里的鱼长得很快，数周内即可达到食用大小。它们的粪便沉积在池底，是稻田的免费肥料。当季风雨结束时，洪水会退回到溪流、河流和田野中的人工池塘。鱼儿们别无选择，只能跟着水走，许多鱼被困在了池塘里。到了秋天，田地干涸，稻谷又高又长，池塘里挤满了鲶鱼、蛇头鱼和其他适销的鱼类，都是从周围自然汇集而来的。

通过将自然季节性洪水与低强度水产养殖相结合，稻田可以成为高产渔场。关键是要挖一些深的、具有战略意义的池塘，以便在旱季期间捕获和留住鱼类。向外辐射到田地的浅沟，在最大限度上使鱼在水位上升时分散，并在水位下降时被捕获。一些池塘被排干或打网，为农民提供食物和现金。另一些池塘则不开放捕捞，以维持一些产卵鱼群。这些保护区被称为"社区鱼类保护区"，在第二年为新一代鱼类提供栖息地。

要是我们吃的那条蛇头鱼，游到了餐厅旁风景秀丽的绿色鱼类保护区，它还能多活一年。不幸的是，它之前被困在了已经排干的收获池中。水被抽到周围干涸的稻田里灌溉，养鱼人从泥里捞出 200 千克鱼，投入活井，运到市场出售，每公斤

1.5~2 美元。由于生活在稻田中，我们吃的那条蛇头鱼有着异常干净的味道，所接触的化学物质也极少，在金边可以卖10美元，价格几乎是在渔场里长大的鱼的两倍。

这种自然和人工过程相互协作的混合水产养殖形式，被称为稻田渔业（RFF）。RFF 作为一种可持续的渔业形式，得到了东南亚政府和非政府组织的推广，越来越受欢迎。我当时访问柬埔寨，是为了参观世界渔业研究中心组织的 RFF 项目，世界渔业研究中心是一个国际非营利研究非政府组织，旨在通过推行可持续渔业减少发展中国家的饥饿和贫困的现象。

世界渔业研究中心的组织者去农村向农民宣传如何同时在田间种植水稻和养殖蛋白肉类。由于大多数村庄缺乏设计和建立 RFF 系统的财政资源，非政府组织向捐助者和政府寻求赠款以资助他们。这种渔业的成本很低——必要的挖掘只需要花费数万美元——而且大部分是前期成本，这对基金会和捐助者来说，有很强的吸引力。

我参观的一个 RFF 项目是 2015 年为洞里萨湖附近的 Korn Thnot 村建造的。让我震惊的是，这个 200 英尺 × 500 英尺的社区鱼类保护池塘，连同周围的一些捕捞池，对村民的帮助如此之大。当人们在捕捞池中撒网准备晚餐时，一位占族长老告诉我，他们每年向稻田散播鱼苗，他自己的村庄和周边村庄都能从中获益。

这种将水产养殖与水稻种植相结合的做法，其实由来已久。在中国，以前的农民经常将鲤鱼分批投入被淹没的稻田，也发明了很多其他的稻田养殖技术，但后来逐渐被遗忘了。如今，这个概念再度引起了关注，因为它能直接帮助农村贫困人口增加食物营养、改善财务状况。在发展中国家，有10亿多人依靠鱼类来获取大部分动物蛋白，25万人以渔业和水产养殖为生。通过教育、筹款和购置重型挖土设备，世界渔业研究中心和其他可持续水产养殖非政府组织，巧妙地将季节性洪水周期与农业结合起来，以救助世界最穷困的人。

最"先进"的三文鱼

在访问柬埔寨的9个月前，我曾拜访挪威北部峡湾的三文鱼养殖场，整个养殖场都是高度机械化、计算机化的。

这是个独立的生态系统，由钢铁围建而成。有个中央平台，向外散出长长的、漂浮着的黑色饲管，伸向十个巨大的浮环，整齐地排列成两排。每个圆环下方都悬挂着一个深网围栏，里面有多达20万条肥胖的银色三文鱼不停地转着圈，吞着食。它们在陆地上孵化后便被送到了这里，被安置在特殊设备中。这个设备还原了寒冷淡水河的环境，有自然流淌的水和砾石，形成了挪威人工养殖大西洋三文鱼的完整生命周期。软管被油性的棕色鱼食颗粒震得嘎嘎作响，鱼食会依照算法从巨大的被螺栓固定在中央平台上的消毒钢料斗中自动排出。在楼上，一座舒适的船长桥俯瞰着环形围栏。被LCD屏幕点亮了的环绕式控制台，监控着每个围栏的食物消耗、温度、pH值和其他水质变量。一位笑容满面的挪威养鱼人，手里拿着一杯热气腾腾的新鲜咖啡，从一张带软垫的办

图 7-3 三文鱼养殖在挪威蓬勃发展，小三文鱼在陆地上孵化，继而被转移到近海养殖场，如图所示——这是在博德附近的、当下最为先进的设施。一个机械化的中央平台（前景）将食物颗粒分配到浮动的环形围栏，每个围栏都有计算机化的水质传感器和多达 20 万条三文鱼。（劳伦斯·C. 史密斯 / 摄）

公椅上转过身来，向我介绍所有软件的功用。这样自动化的系统与柬埔寨那泥泞的水产养殖池塘大不相同，但在这两个地方，养殖者的目标都是一样的：尽可能让鱼长出更多的肉。

由于寄生海虱侵扰、人们过度使用抗生素和杀虫剂，很多食物和排泄物散落在海底，三文鱼养殖的环境历史是十分复杂的。养殖三文鱼通常会逃脱，与野生三文鱼竞争，有时它们的数量甚至会超过野生三文鱼。它们的饲料主要由磨碎的鱼粉和油制成，这意味着需要消耗其他鱼类来养三文鱼。但近年来，挪威在这些问题上实现了重大突破，包括大幅减少抗生素的使用、更严格地监测和远离海虱的暴增，以及开发替代饲料来源。三文鱼养殖是个快速发展的行业，仅在挪威，每年产值就超过80亿美元，使这个斯堪的纳维亚小国一跃成为养殖大西洋三文鱼的世界第一大国。这些鱼行销全球，并已取代野生三文鱼，成为挪威最重要的海鲜出口产品之一。

这一渔业趋势已经蔓延全球。如今，水产养殖已经是一个价值超过2 000亿美元的产业，每年生产超过1亿吨的食物，增长速度比其他任何食品生产部门都要快。2016年，全球养殖了价值1 390亿美元的鱼类、570亿美元的甲壳类动物和290亿美元的软体动物。五个最大的生产国分别是中国、印度、孟加拉国、缅甸和柬埔寨。最常见的养殖鱼类是各类鲤鱼、罗非鱼、鲶鱼和三文鱼；最常见的甲壳类动物则是基围虾和大虾。

2000年至2019年间，养殖鱼类产量几乎增加了两倍，从每年不到2 000万吨增至近6 000万吨。这个数字十分庞大，但平均而言，每人每年消费的养殖鱼只有7千克，仅相当于一周的食物。因而，水产养殖业的上升空间非常巨大，近年来的快速增长可能仅仅是个开头。

到 2050 年时，全球将有近 100 亿人口，我们不得不面对这一事实，但同时也对此有所展望。人类对蛋白质的需求正在加速增长，相应地，也在过度捕捞海洋生物，全然不顾对环境的影响。而海鲜已经成为地球上最后一种经得起大规模商业捕捞的野味了。如果处理得当，养殖鱼类、甲壳类动物、软体动物，甚至是藻类，在日常食物中的比例将会越来越高。

偶发性的水产养殖

蒂尔加滕公园是德国最大和最受欢迎的内城公园之一，占地 520 英亩，内有花园、池塘和溪流绿洲，临近位于柏林市中心的查理检查站。每到夏季，柏林人纷纷涌向蒂尔加滕公园，放松身心，享受自然风光。但最近，人行道上出现了很多瞪大眼睛的甲壳类动物，它们从水里爬出来，挥舞着锋利的钳子，吓到了很多行人。克氏原螯虾开始在园内激增，这种虾原产于路易斯安那州的溪流和沼泽，是不折不扣的入侵物种。现身于蒂尔加滕的种群很可能来自宠物贸易，有位无聊的水族馆老板把一些虾倒进了园内某片水域。

克氏原螯虾也被称作路易斯安那小龙虾、沼泽小龙虾、小龙虾或泥蚝，它会传播一种疾病，威胁欧洲本土小龙虾的物种安全。其特殊的捕食特征、高密度的聚居特点和侵略性的穴居活动，会给水中的生态系统造成严重破坏。与大多数其他小龙虾不同，它通常钻入地下以度过干旱期，并且能在陆地上长距离爬行，以寻找新的栖息地。

在其他地方，原本不受欢迎的入侵者变成了富有价值的食物。红沼泽小龙虾的外观和味道与小龙虾十分相似，煮着吃，配辣炒什锦饭吃，或用其他多种方式烹制都很美味。在路易斯安那州，有1600多名小龙虾养殖者在池塘里养小龙虾，同时，有近千名商业渔民在阿查法拉亚河沿岸捕捞小龙虾。总的来说，路易斯安那州的小龙虾产业每年可以为该州提供约1.5亿磅的食物，以及3亿多美元的收入。

在德国，为了遏制小龙虾泛滥，官员们为龙虾养殖颁发特殊的商业捕鱼许可证，向当地餐馆宣传小龙虾的可食用性，希望可以通过吃小龙虾来解决这个问题。不过，吃小龙虾，剥壳有些费事，德国国内也没有吃小龙虾的传统。上述策略效果不大，这种入侵物种很可能会持续存在，并扩大其版图。

尽管如此，吃小龙虾的习惯不是近来才有的，是有历史先例的。一个世纪前，南京有人进口了一些克氏原螯虾，当作青蛙的饲料。该物种很快入侵了当地的稻田，几十年来一直被认为是一种害虫。20世纪90年代，当地厨师开始用香料烹制它们，害虫成了一种抢手的美食。如今，小龙虾水产养殖在中国每年能创收20亿美元，廉价冷冻小龙虾尾的出口，给美国路易斯安那州的生产商造成了严重冲击。

有了这样的先例，开发新的食品市场是否有助于遏制那些威胁全球河岸生态系统的入侵物种，是个值得思考的课题。以亚洲鲤鱼的严重问题为例，它们正蔓延到密西西比河流域，并将很快渗透到五大湖中。它们最初是在 20 世纪 60 年代和 70 年代从中国进口而来，用于控制池塘中的藻类，在大洪水期间逃到了密西西比河，此后也蔓延到了密苏里河和伊利诺伊河系统。

"亚洲鲤鱼"这个词囊括了几个世纪以来在亚洲被饲养的鱼的品种，尤其是鳙鱼、鲢鱼、青鱼和草鱼。亚洲鲤鱼在大小和数量上都以惊人的速度疯长，远远超过了本地鱼类，改变了水质，也伤及划船者，因为当它们惊慌失措时，会高高跃起，可能会砸到人。有几起死亡事件与跳跃的亚洲鲤鱼有关，一条鲤鱼可以长到 100 多磅重。它们跳跃能力极强，能越过低矮的水坝、船闸和其他阻碍前进的障碍物。

在撰写本文时，能阻挡鲤鱼入侵密歇根湖的最后堡垒，仅剩美国陆军工程兵团在芝加哥运河安装的电子屏障了。万一鲤鱼突围，可能会对每年 70 亿美元的渔业和五大湖的原生生态造成难以预料的破坏，并会占领流入五大湖的河流。威胁近在眼前，密歇根州自然资源部近期宣布，向任何能够制订可行计划、防止亚洲鲤鱼进入五大湖的人，提供 100 万美元的奖金。

那么，商业化养殖亚洲鲤鱼能有效阻截其对美国腹地的入侵吗？亚洲鲤鱼骨头多，但肉质温和且白，非常适合磨成肉饼或油炸。烤的时候，它像剑鱼一样粘在一起。南伊利诺伊州卡本代尔大学正在研究如何将亚洲鲤鱼制成肥料和水产养殖饲料，以及对其进行养殖。伊利诺伊大学则尝试在学校餐厅供应亚洲鲤鱼。在肯塔基州，一家名为"FIn Gourmet Foods"的初创公司获得了一项剔除亚洲鲤鱼细骨的方法的专利，可以将鲤鱼加工成无骨鱼片、鱼饼、鱼汉堡和鱼糜（一种鱼酱，在美国通常被称为仿蟹肉）。只需 71 美元，我就可以直接从公司网站订购冷冻亚洲鲤鱼汉堡、鱼饼和芝麻姜汁鱼片。我发现鱼饼有点儿像橡胶，但鱼片很好吃，质地坚硬，片状，很像白鱼。

私营企业"银鳍集团"，认为亚洲鲤鱼可以进一步发展，占领庞大的美国市场。顾名思义，该集团提议将亚洲鲤鱼更名为"银鳍"，并于 2018 年与北美食品巨头西斯科食品服务公司合作，在全美分销银鳍产品。该集团这样描述其宗旨："我们通过推广对亚洲鲤鱼的商业捕捞，减少其数量，最大限度地减少它们的威胁，使它们能够与本地物种共存，最大限度地减少由跳跃鲤鱼引起的水上事故，创造急需的就业机会，振兴商业渔业，刺激当地经济，并为消费者提供清洁健康的鱼类产品。"然而，即使进行了形象改造，为亚洲鲤鱼创造一个可观的国内消费市场，仍然是一项艰巨的挑战。大多数美国人依然不喜欢鲤鱼，创造庞大的市场成了关键。一只成年雌性鲤鱼每年可生产 100 多万个卵，其中大部分能孵化并存活。每条河每英里能产出约 35 吨鲤鱼，其捕获率则接近每小时 3 000 磅，数百万美国人需要尝试发现"银鳍"的美味，以摆脱入侵物种的问题。

相较而言，中国是个更为现实的市场，亚洲鲤鱼在这里颇受欢迎，消费者认为野生捕获的美国鱼比国内养殖的鱼更安全。发展中国市场的主要障碍在于，养殖鲤鱼的成本很低，消费者也更喜欢活鱼，不一定会选择从美国进口的冷冻鲤鱼。尽管面临这些挑战，新的出口渔业已经在美国的中心地带兴起了。

伊利诺伊州推出了几项旨在刺激发展亚洲鲤鱼渔业的商

业计划，其中包括为向中国出口美洲亚洲鲤鱼的"大河鱼公司"提供200万美元的赠款。一位名叫Angie Yu的女性创业者，从洛杉矶搬到肯塔基州，创办了"两河渔业"公司，也将目光投向了这个出口市场。她的公司聘请商业渔民捕捞鲤鱼，然后将其加工成肉饼、鱼尾、香肠、鱼排和饺子，并进行速冻运输。在2014年和2018年，两河渔业分别加工了50万磅和200万磅的鱼类产品。该公司的产量正在快速增长，目标是在2021年达到1 000万磅，在2024年达到2 000万磅。该公司生产的亚洲鲤鱼产品有90%出口海外。

面对入侵物种在全球水路的大肆传播，偶发性水产养殖只能解决一部分问题。路易斯安那州的小龙虾和亚洲鲤鱼或许可以开辟出可靠的商业市场，但五大湖的斑马贻贝和波托马克河的蛇头鱼则没有这么幸运。就亚洲鲤鱼而言，必须从头开始建立可靠的供应链，包括搭建冰库、加工设施，以及给大量商业渔民提供培训，以便其捕获陌生物种。如果人们开始习惯吃亚洲鲤鱼，亚洲鲤鱼也有了商业价值，那么非法的物种迁移只会愈演愈烈。

此外，围绕入侵物种发展新产业，并不能消灭它，因为成功的商业模式需要维持甚至会扩大物种的供应。若是新兴的亚洲鲤鱼产业能在密西西比河流域发展起来，我想，像其他任何产业一样，人们会组建贸易集团，聘请游说者来维护业务运转。商业捕捞可能有助于控制亚洲鲤鱼在美国的数量，或是遏制红沼泽小龙虾在德国的扩散，但不太可能将它们根除。

旧河新用

到目前为止，本章已经探索了一些新的、有可能实践的想法，原理都是将河流恢复到更自然的状态，使河流获益——通过拆除大坝、设计减少水储量和沉积物的新大坝、设置微型和小水电、营造可持续发展的水产养殖系统，以及食用侵入性物种。河流的物理修复（例如，通过拆除混凝土衬砌和防洪结构）是土木工程中快速发展的子领域，我将在第九章中以洛杉矶河为例进行讨论。和污染控制（见第六章）一道，这些都有可能扭转人类长期以来破坏河流环境健康的历史。

这些想法，包括创建休闲区、发展可持续水电和养殖鱼类蛋白质，带来了良好的社会效益，但它们的规模不大，主要侧重于解决并减少过去的错误。那么，未来是否会有围绕河流的一些重大创新呢？或者，是否只有巨大的水库大坝才能带来可观的社会和经济收益？——巨型水坝在20世纪早期兴起，可以追溯到胡佛水坝、大古力水坝修建和田纳西河谷管理局的创办。

价值30亿美元的电池

一个更宏大、更新颖也更具颠覆性的想法依然在探讨中，就是将科罗拉多河变成一个巨大的可再生能源储存装置。

随着可再生风能和太阳能发电成本的持续下降，阻碍公用事业公司采用这些技术的主要障碍是这些能源不够稳定，而不是价格问题。当太阳落山和风力减弱时，这些能源产出的电力太少。当大风吹来和光照充足时，这些能源产出的电力太多。如果公司无法出售或赠送剩余电量，就必须关掉产能，否则电网将不堪重负。可再生能源的波动性太大，公用事业公司和消费者都很难应对，这也是为什么煤和天然气发电厂依然是当今能源结构的重要组成部分。

分布于全国的高压输电网能为解决能源波动提供帮助，但在美国，创建电网既昂贵又面临政治阻碍。此外，长距离传输会损耗电能。因此，解决方案之一，就是在本地找到具有成本效益的方法来存储剩余电力，以便在需要时将其返回电网。目前，许多研究和试点项目正在探索一系列技术，从建立巨大的电池仓库，再到将压缩空气泵入地下洞穴。其中一个想法是，在电力充足时抬升混凝土块，接着将它们放下，便于之后发电。迄今为止，大多数储能方案要么过于昂贵，要么尚未进行大规模展示。一个明显的例外是抽水蓄能，这是一项历史悠久的技术，几十年来一直用于消除水力发电的不稳定性。

抽水蓄能在概念上很简单，通常在现有的水电大坝上做文章。当有多余的电力可用时，水从大坝发电站下方泵回水库，储存在那里。当需要电力时，水会通过大坝的涡轮机重新释放，从而发电。虽然会损失一些能量，但回收效率可达70%~80%。抽水蓄能不是全球性的解决方案，因为它仅限于建造水库所需的相同类型的物理场地，但在条件允许的情况下，它是一种流行而有效的技术，已经在中国、加拿大、美国、俄罗斯联邦和其他大型河流水电产出国广泛投入使用。

胡佛水坝在拉斯韦加斯附近的巨大人工水库米德湖中蓄积了科罗拉多河的河水。如第六章所述，由于河流流量下降和取水的结构性缺陷，米德湖的水位已经降至极低的水平；在我撰写本书时，它的发电量仅占其发电能力的20%。但在2018年，洛杉矶水电部宣布其正在进行一项重大工程研究，以探索能否使米德湖水库成为价值30亿的新储水系统的一部分。

除了价格，该项目不寻常的原因在于，取用的能源都是可再生能源，而非传统能源，它只依靠由风能和太阳能发电场产生的能量，这些能源将储存在胡佛水坝下游约20英里处，位置尚待确定。在可再生能源发电过剩时，水将通过新建的管道泵回大坝的后方。当需要电力时，水将通过大坝的涡轮机被释放出来。

这个想法具有开创性，因为其抽水和蓄水的规模都十分庞大，而且所有取用的能源都将来自无碳可再生能源。正如设想的那样，将如此多的能量存储联网，足以缓解能源不稳定的问题，从而使加州在2030年可以实现使用50%可再生能源的目标。

将整条科罗拉多河变成一块价值30亿美元的发电电池这项宏大的提案，预计将在2028年完成，但在工程上、财政上和政治上，障碍依然存在。因为胡佛水坝属联邦管辖土地，所以美国内政部必须要签署提案，国家公园管理局将组织审查和听证，以评估提案在环境和文化上的影响。在下游，亚利桑那州布尔黑德市的居民担心新计划会干扰他们在莫哈维湖的划船活动，莫哈维湖是科罗拉多河上的人工水库，自新计划开工以来，该湖水位已经发生了显著的变化。

虽然抽水蓄能并不是什么新鲜事，但该提案的范围之大，对存储可再生风能和太阳能的关注，是史无前例的。如果该项目得以通过，肯定能算得上21世纪早期人类取用河流最不寻常的新企划之一。

抽空碗状峡谷

第二个有关河流的宏大企划，道理浅显易懂，因而也很容易被人们忘记。正如第四章所述，河流泛滥对人类构成的威胁，时刻都存在。城市不断开疆辟土，甚至开发了前几辈人都避开的高风险低洼地区，由此增加了河流造成破坏的风险。在河流三角洲，全球海平面上升（由气候变化引起）、土地下沉（由抽取地下水引起）和海岸侵蚀加剧（由大坝后面的河流沉积物引起）进一步加剧了这种威胁。面对这些压力，任何削弱洪水的新技术都能对社会产生直接、即时的好处。

有座美国城市是全球范围内最易受到洪水侵袭的地点之一，它正在通过新的防洪和抽水技术直面这一问题。

路易斯安那州的新奥尔良坐落在碗状的峡谷里。有100多万人，约为该州人口的三分之一，都栖居在弯曲的低洼地带及其附近，南部以密西西比河为界，北部以庞恰特雷恩湖为界。城市大部分地区的海拔都低于这两个水体。沿河驶过的驳船，往往高于建筑地基。土壤长期被水泡着，不宜埋葬死者，死者通常被埋在高出地面的陵墓中。

新奥尔良令人称羡的高地沿着河岸而下，位于几个世纪以来累积的天然堤坝上，当时密西西比河在洪水期间仍然可以自由地越过河岸。当快速移动的洪水漫过河岸时，它会减慢速度，放下最重的沉积物颗粒，并沿着河岸堆积成一条被称作天然堤坝的蜿蜒的脊状物。几千年来，浅滩、沼泽三角洲和低地河谷的定居者一直很珍视这片高地。新奥尔良的创始人在其上建造了历史悠久的法国区。论及洪水的威胁，该市最喧闹的一大地区实际上是最安全的地区之一。

简而言之，新奥尔良没有天然排水系统。几乎所有流入这座城市的水——无论是来自密西西比河的洪水、来自庞恰特雷恩湖的飓风潮，还是只是一场小暴雨——都必须被抽出去，这是维持该城市生存的必要举措。

"抽水人员是最先响应的人，"路易斯安那州东南部城市防洪项目（SELA）的项目经理安吉拉·德索托解释说，她所指导的 SELA 是一项规模宏大的新抽水计划。"没有这些抽水计划，洪水就会泛滥成灾。"我和她以及其他三个人一起参观了 SELA 在杰斐逊教区建的一个新抽水站的"安全室"，那里距离新奥尔良市中心约有 20 分钟车程。抽水站的建筑十分稳固，足以抵御 5 级飓风。它有钢制双层床、离网发电机、食物和储备水，以及一个穿过天花板的逃生舱口。发生水灾时，抽水人员将不得离开。

SELA 是美国陆军工程兵团、路易斯安那州和当地教区之间达成的合作项目。迄今为止，它获得了 27 亿美元的投资，用于建造强大的泵站、街道下的箱式运河，以及将水从城市街道输送到密西西比河的"泵入河"。它有三条硕大的管道从地面伸出并上升到堤坝上方。通过这种设计，SELA有效地将密西西比河变成了一个巨大的雨水渠，以帮助排干这座城市的水。

图7-4 路易斯安那州规模庞大的"路易斯安那州东南部城市防洪项目"，其中一个重要组成部分是"泵入河"，它能将新奥尔良大都市区的街道径流抬升至密西西比河。此图拍摄的是系统的一些流出管道，它们上升并越过堤防，进入河流——请参照人物大小来估算比例。（劳伦斯·C.史密斯/摄）

SELA将为新奥尔良大都市区构建第三道防洪屏障。前两个是飓风和风暴损害风险降低系统（HSDRRS）与密西西比河和支流项目（MR&T）。HSDRRS是一面133英里长的防御周界，由防洪墙、防洪堤、闸门和抽水站构成，于2005年飓风卡特里娜和飓风丽塔过境之后开始建设。MR&T可追溯到1928年的《洪水控制法案》（也就是第四章中描述的，因为1927年密西西比河大洪水所引发的政府举措）。这项全面的法案授权美国陆军工程兵团采取措施，持续管理密西西比河。如今，MR&T囊括了4 000多英里的人工堤防、200万英亩的泄洪道和回水、水库和抽水站，以及大量改造密西西比河航道的项目。

拯救新奥尔良的斗争仍在继续。这座伟大的美国城市在2018年庆祝了它的300岁生日。在我写这本书时，杰斐逊教区已经完成了30个SELA项目，还有20多个已经在奥尔良教区完成，或是正在进行中。一旦竣工，SELA合作伙伴有望获得额外的23亿美元，这笔钱将用于在周边教区建设类似的基础设施。如果计划成功，路易斯安那州东南部城市防洪项目将收到约50亿美元的资金，以帮助保护这个全球最受洪水威胁的大都市。

黑暗沙漠公路

在新奥尔良以西2 000英里处，另一座重要的美国城市正在寻求技术支持，以应对河流带来的困扰。

正如第五章所述，洛杉矶之所以能发展成现代化都市，是因为有从偏远地区的河流抽调的水。令北加州乃至西部六州的居民十分失望的是，和他们临近的几条河的水，萨克拉门托河、欧文斯河和科罗拉多河，都用来供给南加州了。抽出的河水向南、向西运输，穿过加州、洛杉矶和科罗拉多河渡槽。与其他水量更小的当地河流（尤其是圣安娜河和圣加夫列尔河）和地下水含水层一道，三条人工河供养了洛杉矶、奥兰治、里弗赛德、圣贝纳迪诺、圣迭戈和文图拉的 1 900 万居民。

无论它们是否知道，它们都是大都会水区的客户，而大都会水区是南加州大部分供水的批发商和监督者。在第五章曾提到，这个庞大的城市和市政水区合作机构成立于 1928 年（同年美国国会通过了《洪水控制法案》）。大都会地区最初囊括的地点，包括阿纳海姆、贝弗利山庄、伯班克、科尔顿、格伦代尔、洛杉矶、帕萨迪纳、圣贝纳迪诺、圣马力诺、圣安娜和圣莫尼卡等城市。如今，它的 26 个成员包括 15 个城市，以及内陆帝国区、奥兰治和圣迭戈县的中央水务局。其物理设施包括 9 座水库、16 座水电站、5 座水处理厂，以及近千英里的管道、隧道和运河。

我第一次见到大都会的领导人兼总经理杰弗里·凯特林格，是在该组织位于洛杉矶市中心的总部的高级套房里。两幅巨大的瓷砖壁画横跨在建筑的入口处。其中一幅描绘的是一条混凝土渡槽穿过沙漠，向远处的摩天大楼行进，沿途播种了大量蔬菜；另一幅描绘的是一座高耸的大坝喷出了五股蓝色的水流。在酒店里面，大厅的地板上绘制着一个图案，有一只鹰、一只金熊和两个身材魁梧、赤膊上阵的工人，他们正将一条涌出的管道对准看这个图案的人。大都会水区用绘画的形式展现了自己所做的事情。

凯特林格用一小时的时间，描述了大都会在 20 世纪克服的诸多挑战，以及它在下一个世纪必须克服的困难。大都会是加州水资源计划的推动力量，该工程是第五章中描述的加州从北到南的大型河流改道计划。它建造了科罗拉多河渡槽，从亚利桑那州边界出发，将落基山脉的水向外运送242英里。该项目有权与其他州和墨西哥直接谈判，最近也与亚利桑那州和内华达州就科罗拉多河签署了水资源共享协议。每年，其化学实验室对整个配水系统的成分进行近25万次水质测试。它拥有近2 000名永久雇员和接近20亿美元的年度预算，可以看作该地区的一大现存的经济实体。

展望未来，凯特林格正在将大都会引到一个全新的发展方向，即不断循环利用引进的水资源。2015年，南加州经历了史上最严重的水资源短缺，他那时突然顿悟了这一点。"如果没有加州水资源计划，"他严肃地说，"洛杉矶早就被干旱搞垮了。"这场危机促使他更加关注他和其他人已经意识到的问题，也就是，大都会水区需要再一次为这个不断发展的地区寻找更多的水。既然没有遥远的自然河流可供取水，就必须得着眼于非自然的河流。

从历史上看，大都会只关注供水基础设施，而非区域供水规划。然而，在1991年年初，此地遭受严重干旱，大都会之后便开始每五年发布一次前瞻性文件。在这一个个名字普通的"综合水资源计划"之中，隐藏着一系列新想法的演化进程，这些新想法赋予了这个巨大的财团一个新角色，那就是该地区最重要的水资源规划者。

首先，大都会通过实施标准化的测量、指标和节水计划来巩固权力，约束不服规定的成员。为了资助这些计划，它按照每英亩英尺约80美元的价格，向其成员征收普遍税（"水资源管理费"）。这项税收的收入用于在当地开发新的、可持续的水源。为了满足该地区不断增长的用水需求，大都会的部分战略计划是将这些新的本地供应联网。

为此，大都会现在正将经过处理的废水作为新的供水来源。2017年，它宣布与洛杉矶县卫生区（LACSD）建立新的合作伙伴关系，以创建区域循环水计划，将净化处理后的污水送入地下，以便进行再利用。针对废水水源，大都会已将位于加利福尼亚州卡森的大型LACSD设施作为试点目标。该设施是美国最大的卫生设施之一，目前将处理后的废水排放到海洋中。

2018年，LACSD在卡森大院内建造了一个试点示范设施。在收集了约一年的数据后，这些经验将指导现场的全面设施建设。按照目前的设想，区域循环水计划每天将生产多达1.5亿加仑的纯净饮用水，并通过60英里的新管道进行输送，这些管道从卡森延伸至四个地下水含水层，可以供养洛杉矶和奥兰治的720万人。

按照每天1.5亿加仑来算，卡森水处理厂目前每天接收约4亿加仑未经处理的污水，这是500万人所产生的废物流。因此，该回收计划想要回收三分之一以上的水，将其转成清洁、可饮用的地下水，相当于将洛杉矶渡槽近一半的水流回填到地下。

我参加了大都会在卡森的区域循环水计划试点示范设施的奠基仪式。活动就在试点地举行，在LACSD污水处理厂的管道、贮水池和蒸煮器室的庞大背景下，设了一个大遮阳帐篷和舞台。他们为宾客提供了无花果三明治、加州水果和冷藏的纯净废水。政客们四处走动，与会者发表了许多讲话。

凯特林格的讲话是最精彩的之一。他回忆起他在卫生区的第一份工作，说他总是想知道为什么供水和水处理机构从来没有互相交谈过。"我们好不容易才把水引到了南加州，"他咆哮道，"只用一次就把它运走，真是太浪费了！"全场的人一边欢呼，鼓掌，一边喝了更多的净化水。两位政要走到两个镀金的水龙头前，打开它们，象征着为南加州人打开了一个重要的新水源。我不禁想起，在一个多世纪前，作为洛杉矶水电局长的威廉·马尔霍兰，曾在类似仪式上开启了洛杉矶渡槽。

这种名为"地下水扩散"的方法，在南加州有着悠久的历史。然而，它历来都是通过从河流抽水，而不是从污水处理厂取水来完成的。正如奥兰治水区地下水补给系统（GWRS）的助理总经理迈克尔·韦纳向我解释的那样，奥兰治已经在运行世界上最大的地下水补给计划，并将成为大都会的、卡森处理厂净化水的主要客户之一。

沿着圣安娜河干燥的砾石床，GWRS挖了一系列矩形集水池。在洪水期，盆地被水填满，然后被截获的水慢慢渗入地下。洪水也被转移到附近一些废弃的采砾场，并再次渗入地下。奥兰治的做法相当聪明，它通过购买未开发的土地，出售砾石，最终找到了理想的地下井。出售砾石的收益甚至还清了土地成本。

如今，奥兰治水区地下水补给系统，令人印象深刻，且屡获殊荣，其运行效能也一直维持在合理区间，没有超出生产上限。但由于上游更远的其他水区也开始吸收和渗透河流的水，圣安娜河的流量已经下降。奥兰治希望能购买大都会的回收废水,并且已经安装了必要的扩散池。因为这些水将会渗透到已经被人类使用的蓄水层中,而不是直接通过管道流入城市的供水系统,有助于减轻人们面对废水的心理压力。以前,由于这些心理负担,"从马桶到水龙头"的水循环系统饱受争议,障碍重重。

经过处理的废水,是南加州最后一个未经开发的河水来源。现在的废水大多流向了大海,但这一局面很快就会发生改变。建设大都会的区域循环水计划,预计将耗费27亿美元,其雄心壮志可与洛杉矶水电部关于内华达州米德湖的抽水蓄水计划相媲美。如果这一计划得以实施,欧文斯河、萨克拉门托河和科罗拉多河将成为大部分新水的原始来源。然后——就像老鹰乐队经典歌曲《加州旅馆》唱到的那个"你"一样——这些水再也不会离开洛杉矶了。

第八章

渴求数据

我不是个狂热的宗教徒。我只会被我看到的、触摸到的东西所驱使,而开始行动。我相信,即使我们注定无法完全理解世界和宇宙,科学依然是探索它们的最佳工具。对那些价值观与我相似的人来说,测量指标、观察和数据能为我们带来安稳感。

这就是为什么,在2015年7月19日那天,我站在格陵兰的冰盖上,对于眼前出现的似曾相识的物件,会感到惶恐不安,不敢相信自己的眼睛。当时我的同事和学生都还没有叫喊,也没有打手势,我以为自己出现了幻觉。但这两个物件飞快地漂来,迅速进入了我们的视野,它们是如此真实,就像我脚下的冰块、身边的成堆的装备和停留在附近冰盖上的那架鲜红色的格陵兰航空的直升机一样。

尽管它们在冰河上漂得飞快,也不太显眼,但我立刻就认出了它们。每个物件都有一个白色的、环状的救生圈,和那些挂在游泳池、游轮墙上的一样,有个亮橙色的派力肯牌防水气密箱刚好嵌在中间的空心处。我知道在救生圈下是由聚碳酸酯制成的、坚硬的冲浪尾鳍，伸向水下几英寸处，能抓住且顺着海浪前行。我也知道，每个气密箱里有 GPS 信号的接收器、回声探测器、温度仪、铱制调制解调器，它们能将设备收集的测量数据持续传输到航行中的通信卫星，直到这个箱子坠落到冰盖的深处。

正当我们惊讶得拼命尖叫时，一个浮动的救生圈快速向另一个靠近。后面的设备很快赶上了前面的那个，当时两个设备刚好穿过了我们以前经过的一条漫长的索道，穿过这条索道相当难，因为它下面就是蓝色的湍流。这两个设备像是拉紧了缰绳的赛马，一同穿过了绳索，并头行进了一会儿，随后被卷入了轰隆作响的、位于下游几百米处的瓯穴里，完全被粉碎了。

我脖子旁的头发瞬间刺痛起来，一种奇怪的感觉涌上了心头。几小时前，正是我把这两个设备放进了两条不同的上游支流里，两条支流相隔两千多米，而且放置的时间相差约半个小时。正如计划的那样，每个设备沿着弯弯曲曲的支流畅行，最终在我面前的这条河停下，并被冲入瓯穴。但这两个设备，本不可能和彼此相遇。它们沿着两条不同的急流航行，有着不同的速度，也曾在旋涡里打转，而且有一系列时间上的差异，竟然还能在我们的索道里相遇。这一概率，跟我拿着 5 分钱走进赌场，摇身变成百万富翁差不多。

再往前推几小时，我和同事聚成半圆形，围着这两块设备站着，就在我现在所站的地方几码之外，一同祭奠设计并制造了设备的美国国家航空航天局（后简称 NASA）的机器人工程师阿尔贝托·比哈尔。阿尔贝托原本应该和我们一起站在冰盖上的，但他不幸丧生了。6个月前，他所实验的单引擎飞机从洛杉矶的凡尼斯机场起飞后，不久就坠落了，落入了人流颇多的圣费尔南多谷。我代替阿尔贝托把这两件具有开创意义的设备打包好，登上了红色的格陵兰直升机，起飞，把它们放在了两条相隔很远的急速前行的冰河上。

阿尔贝托是那天在场的很多人的挚友，他的死对大家是个沉重的打击。在我们祭奠他时，有位悲痛的同事说，阿尔贝托就在这里，与我们一起站在冰盖上，他来这里的次数比我们任何人都要多。很遗憾，我当时并没有同样的感觉。但现在，在我目睹了令人难以置信的情形之后，我的想法发生了改变。

后来，当我坐上直升机，低空飞越冰盖、返回康克鲁斯瓦格的时候，我一直向飞行员解释这一现象是多么不可思议。他耸了耸肩，说道："也许这两个漂浮物获得了什么助力吧。""可能吧，"我不安地应和着。要是哪天我能鼓起勇气，就会打开这些传感器传输而来的数据，把它们放到流域模型里运行。那时候，我就知道我所见的现象，到底能不能用科学解释了。

阿尔贝托·比哈尔的人生动力，除了他美丽的妻子和三个年幼的孩子，就是创制能在极端环境下收集罕见科学数据的自动传感器和遥感系统了。他为我在格陵兰岛上的工作打造了这两个用于测量的河上漂浮物和一艘自动行驶的小船，而且这只是他诸多发明中的一角而已。作为一位在加州帕萨迪纳喷气推进实验室工作的机器人工程师，阿尔贝托曾为美国"好奇号"火星探测车和"奥德赛号"火星探测卫星设计过仪器。作为亚利桑那州立大学的教授，他主持着"极端环境机器人和仪器实验室"的工作，也和学生研发了敏锐的传感器和绘图设备，以研究深海、结冰的极地湖泊、冒着烟的火山口和其他极具挑战性的场地。

阿尔贝托正处于一场悄悄进行的变革的前沿。这场变革正在改变着科学家研究和监控自然世界的方式。自动汽车市场的勃兴，催生了一大批令人眼花缭乱的小型低廉的传感器。这些组件因科学用途而打造，可以在室外放置好几个月，甚至好几年，也可以装在无人机上，连接无线或有线网络，或是像我们在格陵兰放置的设备一样，能完成自动损毁的任务。NASA 和其他国家航空机构，以及越来越多的私人公司，免费在网上分享由新的卫星传感技术收集的图像和数据。合起来看，这些科技迅速拓展了我们对地球上发生的事情的认知。除了具备很多其他的实用用途，它们也负责监控地球上的海洋、陆地、冰层、植被、人类活动和河流。

此类数据的暴增，出现得正是时候。我们对河流的科学认知，仍存在很多空白，且在不断演化中。读到这里，想必你已经了解了，现在世界上的河流处于各种压力之中，将来还会被剥削得更严重。我们如何能重新描述这些故事呢？是因为有人在某些地方记录了充足的信息，使这些故事得以被传播。但同时，因为河流非常庞大且重要，与人类和其他生物的生活密不可分，我们也遗落了很多片段，无法在历史中寻得其踪迹。在一个拥有 80 亿人口、近 200 个国家的世界，人类和生态系统面临着无数与河流相关的艰巨挑战。我们需要借助机器获取科学知识，填补信息空白。我们也需要传感器、卫星和模型。

河流的目的

数十亿年来，流水为争夺对大陆的统治权而与板块运动进行角力。当板块碰撞使地壳变厚并升高时，河流就会侵蚀、削平地壳。利用气候提供的水源，这些河水将被侵蚀的物质运输入海。这一过程的细节，塑造了地表的样貌，也决定了河流流淌的模式。

如果你驾车冲上坑洼不平的山脉，很可能会开到山谷里去。随着车越开越高，河谷越来越窄，你就能看到河水的影子了。你的目光很可能会锁定在一块崎岖不平、石头遍野的砾石平原和景色如画、急冲而下的瀑布上。河岸上没有农田——这些铺满了石头的走廊，看起来又残破又原始，更适合土拨鼠生存，不适合农民耕地。

车继续往上开，满是砾石的山谷逐渐下沉，沉到了你的脚下。路穿过了山脉，好似在睥睨那些不断升高的山峰。河水缓缓流入了山谷。

最后这块充满碎石的河谷，很可能会收窄，继而消失。你越走越高，到了发夹弯附近，可能会经过几个漂亮的瀑布和珍珠一般的湖泊，这里正是以前山脉冰河曾出现的地方。当到达山口时，也许你可以在冷风中匆忙地拍下几张照片，再重新上路。这条路又开始下陷，一个新的充满砾石的河谷映入你的眼帘。当你从山的另一边下去，开到另一个充满砾石的河谷的时候，眼前的风景会不断重复，就如镜像一般。

你曾拍过照的山口正是流域分水岭，它的位置刚好在两条河争夺山脉高地，抢夺对方领地的前线地段。雨、雪和重力都能将山脉的侧面削掉一块。侵蚀性极强的上游流水，像刀子一样往山上砍。河水将山脉冲碎成山石，卷着它们冲到海里。要是有一天，板块不再增高山脊，河水就会占上风。这还需要几千万甚至几亿年的光景，但河水最终会胜出。

在湖泊和瀑布之下，山谷变宽，被埋在砾石下面，河流又再次展现出它们的力量。这里正是山路和山谷相接的地方，山路随着平缓的斜坡，通向下方的平原。所有的河流都会受到周遭的地形和地质条件的限制。但在这些限制之中，河流可以通过改变当地的环境来施加影响。这一原因似乎特别具有目的性：为了一块接一块地运走那些被侵蚀的山脉碎石，根据沉积物和水源的多寡，以最省的能源实现搬运。

河流为了达到这一目的，会调整河床的坡度。河水流经瀑布，干净且坚硬的基石缓慢地向下移动。然而，一旦溪流或是河水聚集到充足的材料，得以沉淀沉积物，它就能立刻占领周边的环境。河水沉积了携带物，也冲走了一部分——这些动作，都是为了调整河床的坡度，便于将鹅卵石、砾石和沙子冲到下游。

若是这些滑到河水中的瓦石碎砾体积很大——它们有可能是沿着碎石山谷流进河流的——河水会将坡度变得更陡，增加流速和牵引力，推着石头往前流。随着石头流向下游，它们会碎裂成更小的鹅卵石，接着是砾石，再就是碎砂和细砂。与此同时，河水会将河床变得更缓，调整到合适的角度，将更小、更轻、更易搬运的沉积混合物推向下游。河水一边沉积，一边也开始曲折而行，形成了一些倾斜的、缓缓下沉的马蹄形的弯和曲，它们在低洼的河谷极为常见。在高度差相同的情况下，河流所出现的弯曲路径延长了河流的长度，因而减缓了它的坡度。

这一过程的物理效应很复杂，而且所需的数学计算十分精密。因而，即使经过了数十年的研究，它依然是个活跃的研究领域。身为理论物理学家和诺贝尔奖获得者的爱因斯坦，对这一主题的研究十分着迷，但他认为研究这些问题太难了，因此转而投身天文学。他的儿子，汉斯·阿尔伯特·爱因斯坦，则在加州大学伯克利分校专攻这一领域，一辈子都在探究他父亲未竟的研究方向，即提供更为完善的数学性诠释，以此解释河流如何能将沉积物运往下游。

理想的河流状态是均衡河流，有很多河流接近这一状态，但并未达到。美国地质学家约瑟夫·胡佛·麦金曾在其具有开创性的论文中这样论述："经过几年的时间，河流巧妙地调整了坡度，若能辅以充足的排水量，配合当下河道的特点，便能产生适当的流速，得以运输上游的所有沉积物。"这一想法的起源，可以追溯到19世纪晚期，现代地貌学（即研究地形和其如何被创造的学问）的共同创始人G. K. 吉尔伯特和威廉·莫里斯·戴维的作品。

均衡河流呈现出经典的纵向上凹剖面，意味着从河流上游到入海口，河流的坡度会逐渐变得平缓，就像曲线柔和的曲棍球棒那长长的手柄一样。均衡河流的上游有个陡坡，大颗粒沉积物会沿着河床排列。往下游走，河流的坡度就变得更缓，沉积物也会变得更精细。这一现象的原因可以被归结为，河流的重力势能以及推动沉积物、克服河床摩擦阻力所需的能量之间达成了平衡。

很多因素会阻止河流达到这样理想的平衡态，包括地质构造的隆升、河流分支的情况、海平面的升高和人类活动的影响。但在这些因素的干扰下，河流依然会调整自己的形态，以便用更省力的方式将沉积物输送到下游。这是自然出现的物理现象，河流为了实现更高的目标，而调整自身和当地环境这一解释，其实是从人类视角出发做出的解读，展示了自然世界的内部运作原理。

辛苦劳作 vs 冰与火两重天

我在加州大学洛杉矶分校任教时，还是位年轻的自然地理学教授。我当时还没有熟读麦金那篇现象级的论文，是靠学习遥感技术，让我在开展首批研究项目时熟悉了这些河流的原理。在1996年10月的前两周，发生了令人生畏的灾害。在覆盖冰岛东南部大部分地方的瓦特纳冰原，有个火山的裂缝喷发了。这一喷发融化了500米厚的冰层，从冰面上不断扩大的裂缝中，喷出了水汽和火山灰。将近4立方千米的冰融水流入了冰下碗状的洼地。侵入的水最终将洼地向上抬起，抬到冰层，最终升到足以打破冰和基岩的闭合之处，使得新灌入的冰下湖水突然喷发。融化的水在冰川之下的50千米处的蛇形丘（一种冰下河流）中流淌，继而在11月5日和6日涌入黑沙滩，而黑沙滩是世界上最大的活跃的冰水沉积平原。

在冰岛语里，这称得上是一场特大的"jökulhlaup"，即冰川湖突发洪水。洪水从冰河的出口涌出，沿着两条小型、相互交织的河流奔流，这两条河穿越了25英里宽的沙地平原，最终流入大海。在15个小时里，它们的总排水量从几立方米猛增至约5.3万立方米。这些小河通常会聚合多条水流和众多沉积物，水势凶猛，其水量会增至密西西比河的四倍之多。

冰川湖突发洪水的破坏力异常强大，幸运的是，它袭击的是人迹罕至的地区。像小房子一样大的冰块从冰川上断裂，像玩具一样在洪流中翻滚。冰水沉积平原的一些地区已经被埋了12米深的巨石和砾石。其他地区则被洪水侵蚀了多达20多米。两架桥和冰岛国道1号的漫长车道——国道1号是环绕冰岛的唯一高速公路——都直接被冲垮了。

这一灾害的影响极大。当时著名的NASA科学家詹姆斯·加文，曾邀请我参加野外考察，以观察损害的严重程度。在冰水沉积平原的中心被冰川湖洪水袭击的5个月前，美国宇航局测试了一项新的机载激光遥感技术——空中地形绘图仪。时至今日，NASA仍在使用此项技术，从飞机上向下发射螺旋扫描激光，可以非常精确地绘制大面积的地区上的地表隆起。

我们驾着一辆租价异常高昂的四轮驱动车，在黑沙滩上疾驰，对洪水破坏的规模感到震惊。地面上有很多坑洞，房子大小的冰块正在融化。巨石要么堆成了小丘，要么向下游滚动好几千米。在被严重侵蚀的冰水沉积平原的上空，高速路突然消失了。

加文对这一超现实的地理景象很感兴趣，是因为这与观察到的火星的表面极为类似。而我则对河流特别着迷。NASA 洪水前的机载激光测量为评估河流塑造地貌的过程提供了一个难得的机会：罕见的、灾难性的洪水与流水的日常活动，哪个因素更重要？基于河流的破坏程度，我敢肯定应该是洪水作祟。我收集了一些照片，也和加文做了些野外测量，之后便回了家，写了份研究资金计划书，希望能让 NASA 的空中地形扫描测绘仪回到冰岛，调查河流因冰川湖洪水所受的破坏，并跟进随后的修复过程。我的假设是，这场巨大的洪水永久地改变了流经冰水沉积平原的两条小河。

图 8-1　在 1996 年，在冰岛瓦特纳冰原冰盖下方发生的一次火山喷发，引发了灾难性的冰川突发洪水，其高峰期的排水量近似于密西西比河的四倍。洪水破坏了附近的平原，严重侵蚀了部分地区的地貌，而其他地区则被沉积物覆盖了地表。在接下来几年内，这些奇特的景象会随着日常河流小分支的更迭而改变，甚至消失。（劳伦斯·C. 史密斯/摄）

5年后,在参与了美国国家航空航天局(NASA)的两次飞行活动、大量肮脏的野外考察,以及品尝了像煮熟的羊头和腐烂的鲨鱼肉等冰岛当地美食之后,我意识到自己的假设是错误的。机载激光测量和另一种叫作"卫星雷达干涉测量"的新遥感技术已经证明,冰岛现代历史上最大的冰川湖突发洪水的确摧毁了河道,但影响是短暂的。当洪水冲刷河床的深洞时,河流将它们填满了。洪水在那里堆积起碎石,河流把它一点儿一点儿地送入了大海。洪水过后仅仅4年,冰川湖突发洪水对地形的影响已经消失了大约一半。

这些河流真正关心的是回归日常。就像蚂蚁移动沙子一样,河流修复了自己的河床斜坡,这样它们就可以回到以最节能的方式运送泥沙的本职工作中。NASA 的激光遥感技术以厘米级的精度,记录了两条受损的河流如何努力达到平衡的状态。灾难的影响虽然在短期内是看来是巨大的,但在几年之内就消失了。这就是冲积河流不懈坚持的力量。

记录地球的人

1957年10月4日,苏联成功发射了世界上第一颗人造卫星"斯普特尼克1号",开启了太空时代。为此,美国成立了国家航空航天局(即NASA),这是一个新的联邦机构,授权将第一个人类送上了月球。记者查尔斯·菲什曼在他的《一次巨大的飞跃》一书中追溯了后来NASA著名的阿波罗登月计划是如何在卫星、计算机和电信等方面取得技术突破的,如今这些技术仍在不断完善。

很少有人知道，在"斯普特尼克1号"发射两年后，美国发射了一系列秘密间谍卫星，作为"日冕"计划的一部分，开始从太空拍摄地球的照片。它们携带着高质量的胶片摄像机，用飞机从空中劫持或海军舰艇从海上打捞上来的降落伞返回舱将宝贵的货物弹出。太空舱有一个盐塞，如果不能迅速回收，盐塞就会溶解，从而将胶片送入海底。日冕图像现在已经解密，并且可以从南达科他州苏福尔斯附近的美国地质调查局地球资源观测与科学（EROS）中心的网上免费获得。

对NASA一个常见的误解是，它唯一的工作就是进行太空探索。事实上，该机构也一直在观测地球。早期登月任务的宇航员用哈苏相机对准飞船窗户拍摄了这张照片。与秘密的"日冕"计划的图像不同，这些照片是公开发布的，让公众和科学家兴奋不已。20世纪60年代末，在美国地质勘探局主任威廉·T.佩科拉的热情支持下，NASA在开展更为著名的月球探测任务的同时，也启动了一项历史性的地球观测项目。佩科拉去世几天后，NASA发射了首个地球资源技术卫星，后来它被重新命名为"陆地卫星1号"。

陆地卫星1号的核心有效载荷是一个被称为多光谱扫描系统（MSS）的传感器。与胶片相机不同，MSS收集的数字图像可以发送给碟形卫星接收站。这成倍地增加了可以收集的图像的数量。此外，MSS技术获得的不是一幅而是四幅地球表面的图像，每幅都采样不同间隔的电磁光谱（绿光、红光和两种不同范围的红外光）。这使得数字图像处理软件能够以各种方式将这四张独立的图像组合在一起，生成丰富多彩的、信息丰富的地球表面数字地图。

陆地卫星 1 号存活了 6 年，取得了巨大的成功。随后依次是陆地卫星 2 号、陆地卫星 3 号、陆地卫星 4 号、陆地卫星 5 号、陆地卫星 7 号和陆地卫星 8 号（陆地卫星 6 号在发射时坠入印度洋）。陆地卫星 9 号计划于 2020 年 12 月发射。在过去的 50 年里，NASA 的陆地卫星项目共收集了 700 多万张图片，无声无息地扮演了地球上时间最长的纪录片的拍摄者的角色。

2016 年，让-弗朗索瓦·佩克尔、安德鲁·科塔姆、欧洲委员会联合研究中心的艾伦·贝尔沃德，以及瑞士谷歌的诺埃尔·戈雷利克，合写了一篇论文，刊发于《自然》杂志。这篇论文很好地说明了卫星持续监测的威力。他们使用基于云计算的数字图像处理平台谷歌地球引擎，分析了全球所有陆地卫星的图像档案，以跟踪 1984 年至 2015 年全球河流、湖泊和湿地的持续变化。包括我在内的其他科学家，曾使用陆地卫星传回的图像及时研究地表水状况，但这项发表于 2016 年的研究非常不同。通过云计算，研究者们获取了陆地卫星在 32 年来拍摄的每一张地球整体的图片。这一数据量是前所未有的。

《自然》杂志的这篇论文是在旧金山举行的美国地球物理学会年会上发布的。当时有 25 000 多人参加了这次会议，它至今仍是世界上最大的地球和太空科学家聚会。佩克尔在那里展示了他的作品，当他的彩色全球地图在巨大的投影屏幕上一幅接一幅地放映时，观众们都倒吸了一口气。大约有 9 万平方千米的地表水消失了，这几乎是贝加尔湖面积的三倍。超过

16.2万平方千米的水域曾经是恒久且稳定的，但如今已经不再是这样了。中东和中亚地区受到了严重的影响，这是大量的河流改道、抽水和干旱造成的。卫星地图还显示，在以前没有水的地方出现了许多新的水体。新建的水坝水库总计18.4万平方千米——大约是德国面积的一半——大部分都是人工修建的。会议室里人们交头接耳，议论声不断。以前没有任何一项研究能吸收这么多的信息。

此后不久，更多的全球地表水研究开始出现。在北卡罗来纳大学，乔治·艾伦和塔姆林·帕维尔斯基将地球资源卫星的图像档案与艰苦的野外测量数据结合了起来。通过徒步走到7条不同的河流的源头处，测量它们的河道宽度，两人发现了一些奇特的现象：无论位置、地形、气候、植被的情况如何，河水源头的水流的平均宽度均为32厘米（误差小于8厘米）。似乎所有的河流流域都像触角一样，把它们的支流向上游延伸，直到它们收缩到餐盘的宽度。

这一现象的物理原因仍在研究中，但这一发现对许多发生在河流源头盆地边缘的生物地球化学和沉积过程具有深远的影响。尤其是，开阔水域是二氧化碳和甲烷等温室气体的重要天然来源，因此，数十亿微小的供给流的发现表明，这些气体的排放水平肯定比先前认为的要高。

这些源头溪流太过细微、丰富，无法从太空中绘制出来。为了估算它们的全球总面积，艾伦和帕维尔斯基再次利用全球陆地卫星档案，这一次他们绘制出了世界上从太空可见的每条河流的宽度。然后，他们利用统计数据和之前研究中揭示的

32厘米的宽度，评估了全球河流的表面面积，并将源头支流纳入考虑。他们发现河水覆盖了77.3万平方千米的土地（占世界非冰川陆地面积的0.58%），比之前的估计高出44%。因此，河流在温室气体排放中所起的作用比以前认为的要大，这一发现是通过结合详细的野外考察、高端计算和全球卫星图像档案而得出的。

NASA的陆地卫星项目并不是世界仅有的卫星项目。法国的SPOT系列卫星的历史可以追溯到1986年。美国宇航局的两颗巨大的Terra和Aqua卫星上布满了传感器，分别可以追溯到1999年和2002年。自2014年以来，欧盟的哥白尼计划已经使用哨兵系列卫星来收集空间图像，并利用现场网络（如气象站、空气质量传感器、海洋浮标、灌溉用水需求）同时收集地面测量数据。这个欧盟项目已经发射了6颗卫星，在2030年之前还计划发射20多颗。

除了这些长期运行的政府计划，像Maxar（以前被称为DigitalGlobe）和Planet这样的私营公司现在正在收集分辨率非常高的卫星图像。总部位于科罗拉多州的国际公司Maxar拥有并运营着一系列商业卫星，这些卫星以30厘米的精细空间分辨率绘制地球表面影像，从而可以对汽车甚至人进行清晰的探测。位于旧金山的Planet公司正在发射数百枚"立方体卫星"——它们价格低廉、体积极小，仅和面包盒一样大，只能容纳一个摄像头——以收集数量惊人的数据。该公司设想，在不久的将来，人们每天都可以在任何地方查看高分辨率的卫星图像。2018年，该公司开设了新的制造工厂，每周能够生产

40台新的立方体卫星。我指导的学生萨拉·库里在其博士论文中，率先提出了一种使用机器学习算法来收集高分辨率卫星图像洪流的方法，以跟踪整个地球表面的地表水变化。

这些不断增长的全球档案馆拥有PB[①]级（即将成为EB级）的卫星图像。直到最近，我们依然无法对这些庞大的数据进行充分的分析。例如，如果扫描美国国会图书馆的所有印刷品，将得到约0.01PB的数据。在陆地卫星图像档案中有超过800万张图像跨越了40年的时间，其容量仅为1PB。但是云计算技术如今可以分析这些庞大的、不断增长的数据档案，其分析速率和范围都是几年前无法想象的。如今，任何精通网络的人都能通过卫星图像进入时光机，查看过去或现在世界上任何地方的信息。

这场大数据爆炸，对河流研究具有无限的价值。如今，人们可以用洪灾区的卫星图像裁定保险索赔并改善洪灾风险模型，也可以通过监测人口中心上游的河流，在洪水泛滥之前提前预警，还可以通过观察河流颜色的细微变化，追踪悬浮的沉积物、藻类和其他丰富多彩的水质指标。例如，热成像技术可用于绘制水温的细微差别，以检测工业废水和地下水泉汇入河流的位置。马萨诸塞州大学的土木和环境工程学教授科林·格利森，使用存档的卫星图像来发现河流的固有特征，这种方法被称为"站点水力几何学"，这样可以在不经地面测量的情况下，合理

[①] PB（拍字节）、EB（艾字节）都是数据存储容量的单位，1PB=1 048 576GB，1EB=1 024PB。——编者注

地估算河流流量。无论河流远近或政治管辖范围如何，如今这些和其他令人兴奋的遥感技术，都为研究和监测世界河流提供了前所未有的机会。

戴上你的 3D 眼镜

很快，这些全球性的、快速增长的大数据档案馆，将不仅包括二维图像，还将囊括三维图像。

直到最近，高分辨率数字地形数据仍然令人垂涎，很难找到。它们主要是由军方产出的，用于敏感目的，例如操纵低空巡航导弹穿越某个地域，或与地震波记录相结合以监测秘密的核弹试验。我想起我在读研究生的时候，有一次没能在感恩节假期回家，因为当时我只能以手动的方式，一点一点地将纸质地形图上所有短小的棕色轮廓线变成数字图像。当时，国家地理空间情报局（那时被称为国家影像测绘局）将数字地形数据集租借给我们大学使用，版权是受限的，我有名同学曾秘密复制并试图出售这本数据集，后来被捕入狱。

让我们快进到 2020 年，现在我们在网上就可以免费获得分辨率极高的 3D 数字地形数据。这一趋势可以追溯到 2000 年，当时美国宇航局的"奋进号"航天飞机执行了一项特殊的测绘任务，即航天飞机雷达地形图任务（SRTM）。雷达（英文为 radar，是由 radio detecting and ranging 的首字母组成的缩写词）使用一个或多个天线发射和接收微波，其电磁波谱的波长范围比可见光和红外光长得多。SRTM 使用了一种被称为"雷达干涉法"的惊人技术，该技术可同时发射两个雷达，并对各自的回波进行三角测量，以绘制出整个地球表面的地形高程。为了做到这一点，奋进号倒立过来，打开了货舱，用一根天线对准了地球。第二根天线安装在 60 米长的可折叠吊臂的末端，小心翼翼地从航天飞机的侧面伸出。幸运的是，一切正常，在接下来的 10 天里，当这对三角测量雷达绕地球旋转时，宇航员兴奋地将雷达数据记录在磁带上（多么古朴！）。当为期 10 天的任务结束时，宇航员已收集了足够的雷达数据，以创建有史以来最全面的高分辨率地球地形图，其范围覆盖了南纬 54 度和北纬 60 度之间的区域。

如今，奋进号在洛杉矶的加利福尼亚科学中心博物馆中展出，可折叠的吊杆收藏于弗吉尼亚州的史密森尼国家航空航天博物馆，悬挂在史蒂芬·F. 乌德瓦·哈兹中心。但是，SRTM 雷达数据仍在继续使用和重新处理，并且多年来经过了许多改进和重新发布。该任务的 3D 图像是谷歌地球地图软件中的标准背景，并且用于从科学研究到手机信号塔选址再到视频游戏图形的所有内容。

航天飞机雷达地形探测任务背后的技术正是雷达干涉测量，如果航天飞机至少能发回一次地面上同一区域的图像，也可以使用单个天线来完成。因此，两次访问之间的任何时间，都可能会在地形本身之外，绘制出地形的细微变化。我以前的研究生室友，道格·阿尔斯多夫，现在是俄亥俄州立大学的教授，他利用一次名为 "SIR-C/X-SAR" 的航天飞机飞行任务的雷达数据在河流上开创了这一技术。

通过对泛滥的亚马孙河上反射的雷达回波进行三角测量，收集航天飞机出发 24 小时内的数据，阿尔斯多夫绘制出了这段时间内两个轨道之间洪水水位下降的厘米级精度的图片。他发现，当亚马孙河的水位下降 12 厘米的时候，其周围的洪水水位下降了 7~11 厘米，而距该河更远的地方的洪水水位只下降了 2~5 厘米。

这一发现表明，被洪水淹没的河漫滩无法像浴缸一样均匀地上下填充。相反，洪水水位（和流动方向）遵循由死水、植被和次生河道构成的错综复杂的空间格局。使用日本地球资源卫星（JERS-1）和其他雷达卫星的后续研究表明，河漫滩很复杂，通常在某些地区积水较多，而在其他地区积水较少。从太空中绘制这些 3D 特征模型，可以为保护湿地和准确评估大型河漫滩的洪水风险提供有价值的信息。

这种雷达技术即将成为主流。2017 年，美国宇航局（NASA）向北美洲北部最偏远的地区派出了 9 架不同的飞机，这是其长达 10 年的计划北极地区脆弱性实验的一部分，该计划旨在从空中、地面和太空测试新的传感器技术，以回答关于北极和亚北极地区所发生的变化的一系列科学问题。作为这些新技术之一的飞行项目负责人，我的工作是在北美洲的北极和亚北极地区的约 28 000 千米的范围内部署由美国宇航局喷气推进实验室制造的机载实验雷达干涉测量传感器 AirSWOT。AirSWOT 飞机上的仪器套件包括多个雷达天线，这些天线的设计意图是使用雷达干涉测量法绘制河流和湖泊中的水位。

在整个夏天，AirSWOT 拍摄了超过 4 万条湖泊和河流的影像，而我同时在地面上组织了野外团队。来自 4 个国家和 15 个机构的将近 36 个人使用小船、水上飞机和直升机在 AirSWOT 飞行的航迹之下穿越了萨斯喀彻温省、西北地区和阿拉斯加北部的偏远地区。我们的主要目标是使用精密的现场测量设备来测试雷达干涉测量法是否如希望的那样，可以灵敏地测量水位。通过将我们的现场调查与从空中收集的 AirSWOT 图像进行比较，我们证实了这项新技术确实能以精确而有用的方式绘制很大区域的水位图。例如，我指导的一名博士生，林肯·皮彻，使用 AirSWOT 图像来揭示地下永久冻土层对育空平原水位的影响，育空平原是阿拉斯加北部育空河沿岸的一个巨大的、具有生态学意义的重要湿地系统。另外两名学生，杰西卡·费恩和伊桑·基西瓦，则使用在加拿大西部和阿拉斯加收集的 AirSWOT 图像进行了相关研究。

NASA 的北极地区脆弱性实验仅仅是个开始。目前，全球数以百万计的淡水湖泊中只有不到 1% 的水位受到监测。在世界上许多地方，河流和水库的水位要么是未经测量的，要么是受保护的国家机密。NASA 并不是将 AirSWOT 本身作为最终目标，而是将它作为一种将要发射到太空的新型卫星的示范。它为即将到来的更大的技术飞跃提供了可借鉴的原型。

当大数据遇上全球水域

这颗名为"地表水和海洋地形"（后简称 SWOT）的新卫星，将使用雷达干涉测量技术，绘制全球的海洋、河流、水库和湖泊的水位和坡度变化情况图像。它的技术基础来自名为"高度表"的海洋雷达卫星，但因为 SWOT 使用干涉测量技术，与传统的雷达高度计相比，它的图像具有更精细的空间像素，因而能测量并绘制小型内陆水体和海洋的图像。这一任务是 NASA 和法国航天局、加拿大航天局、英国航天局之间的合作，也囊括了两个群体（水文学和海洋学）的科学家以及众多国家。SWOT 从想法变为现实，跨越了 20 年的时间，经历了数十次国际会议，有数千人参与其中，也耗费了 10 亿多美元的公共资金。

SWOT 将于 2022 年启动，它将至少每 20 天就要以 3D 方式绘制地球的地表水图。在陆地上，它将收集 100 米或更宽的河流，以及 250 米 ×250 米的湖泊的水面高度和坡度的测量值。卫星的初步测量数据将立即发布到网上，然后至少每年发布一次重新处理过、质量有保证的全球数据集。这些数据将免费在线提供给科学和商业用途。

SWOT 还将提供河流流量的遥感估算。在美国，美国地质调查局维护着 8 000 多个河流测量站，并将其数据发布到网上，但是这种透明度相对来说很少见。在美国、加拿大、巴西和欧洲以外的地区，河流水位数据通常很少，或者是保密的。水库中的水位测量数据则更为罕见。这使得监视河流流量以及遵守跨界水共享协议（请参阅第二章），对世界上许多地区来说都是很难甚至无法完成的。通过在线提供实时测量数据，SWOT 将改变水计划制定者、政府、非政府组织和私营部门监测世界各地重要的淡水资源储备状况的能力。

由于SWOT是一项实验性技术，因此很难预测人们使用这些数据的所有方式。目前，全世界湖泊和湿地的水位大多未经测量。任务规划者希望通过补充测量站的数据，以帮助河漫滩社区和企业更好地保护自己免受洪水的侵害的方式，来提升河流贸易的收益。水资源规划者可以追踪水库中的蓄水情况，并建立更好的计算机模型来预测农作物的产量、洪灾和旱灾。如果能实现其中的一些目标，那么SWOT将极大地造福于人类，它所执行的任务将取得巨大的成功。

到2022年发布时，我已经投身SWOT 20年了。从一开始，我就参与了这项任务的构思和规划，有些大胆的想法可以追溯到我在20世纪90年代中期所写的博士论文。作为一名稚嫩的博士生，我在美国地球物理学会会议上第一次发言的题目是"我们可以从太空中测量河流流量吗"。我还记得，当自动扶梯把我带到旧金山庞大的莫斯克尼中心熙攘的人群中时，我瞬时不知所措，随后忐忑地将我的想法呈现给面露疑色的观众。毕竟，在1994年，使用卫星测量河流流量的想法听起来有些荒谬。

但是，如果这项激动人心的新技术按计划进行，那么SWOT将只是帮助我们管理世界淡水资源的众多卫星中的第一颗。它将与其他许多成功的卫星任务一起，监测全球水循环的其他要素。例如，全球降雨测量计划卫星和CloudSat卫星负责测量降雨量，土壤水分主被动探测计划卫星负责监测土壤含水量，重力恢复和气候监测实验卫星和即将推出的NASA-ISRO合成孔径任务卫星，负责探测地下水枯竭地区。这些水敏感技术提供了重要的观测结果，也被用于驱动水文模型的发展，提升它们在水资源规划洪水风险评估方面的作用。

人们将结合来自价格低廉的地面传感器网络的观测数据，运用人工智能算法，筛选从卫星输出的全球数据，以监测地球水循环的喧嚣声。传感器、卫星和模型让人类越来越靠近那个原本不可能实现的目标，这个目标就是：对世界水资源及其随时间和空间的变化进行持续的实时记录。

自圣经时代以来，如何正确地认识世界的水循环过程，是一直困扰着我们的问题。正如第一章所讨论的那样，米利都的泰勒斯和后来出现的大批自然哲学家们，曾为搞清每年穿越沙漠的尼罗河洪水的源头而绞尽脑汁。《传道书》第一章第七节的作者（一般认为是所罗门王）写到：河流都流入大海，大海却没有满；河流从那里来，又回到了那里。但一切是如何发生的，始终是一个谜。

亚里士多德认为，河流起源于地下洞穴，它是通过将空气转化为水形成的。在中世纪，人们普遍认为，河流向海洋的排放是由隐藏的隧道系统来平衡的，该隧道系统将海水送回陆地。这个想法一直延续到了文艺复兴时期，列奥纳多·达·芬奇接受了这一观点。他认为，正如人类的动脉将血液从心脏中抽出，静脉将血液送回心脏一样，地球上也有将海水输送到内陆泉水、溪流和河流的地下静脉，以再次开启循环。这种逻辑的许多缺陷（海水是如何被输送到陆地上海拔更高的地方的？它是如何从咸水变成淡水的？）似乎并没有令达·芬奇或其他持这种观点的人感到困扰。值得注意的是，直到 1674 年，法国人皮埃尔·佩罗明确证明降雨是河流流量的主要来源之后，人们才认识到正确的答案。

佩罗出生于一个受过良好教育的家庭，与他的两个弟弟克劳德和查尔斯相比，他逊色不少。克劳德·佩罗是一位成功的解剖学家和建筑师，他是法国科学院的共同创始人，翻译了维特鲁威的《建筑十书》（参见第一章），并设计了卢浮宫的一部分。查尔斯·佩罗因一本名为《附道德训诫的古代故事》的儿童故事书而名声大噪。这本书就是如今在英文世界为人所知的《鹅妈妈的故事》。

皮埃尔·佩罗曾担任税务员一职，这使他陷入了破产的窘境，之后他对塞纳河产生了兴趣。通过测量落在陆地上的降水量，然后将其与从河流中收集的流量数据进行比较，他证明，塞纳河河水的绝大部分水量（即使不是全部）来自雨水和雪。他所采用的定量研究方法，主张通过测量和数学计算来解决问题，而不是从轶事或艺术作品中获得灵感，这也是当时科学进步的表现之一。他的著作《论水的发源》解决了一个被自然哲学家争论了 2 000 多年的难题，并开辟了定量水文学领域。

与卢浮宫、"小红帽"和"灰姑娘"这样著名的作品和故事相比，皮埃尔·佩罗所产生的影响在很大程度上被遗忘了。然而，他的贡献为我们在理解和掌控河流以及整体的水循环方面取得巨大进展奠定了基础。他建立了一种以测量为基础的新的实证科学，如今，传感器、卫星和模型仍在继续推进这一科学。

当然，自佩罗时代以来，定量水文学取得了长足的进步。

科学家们已经确定了水循环的所有主要组成部分，即降水、地下流量、河流流量、蒸发、植物蒸腾作用、凝结和（冰雪的）升华。我们知道，大部分降水最终会进入海洋，但大型储水库——尤其是冰川冰和地下水蓄水层——显著地阻止或延迟了部分水的抵达。水从海洋和陆地蒸发到空中，在空中停留几天，然后以雨或雪的形式落下，完成这个循环。

当水在全球系统中循环流动时，既不会增多也不会减少，而是以相态转化从一个地方转移到另一个地方。就像一个旋转着不同大小和速度的飞轮的房间一样，有些水循环非常快（例如，在空气和河流中流动的水），有些水循环很慢（例如，在地下水、湖泊和积雪中流动的水），还有一些水循环非常慢（例如，在深层化石含水层、深海、冰川和冰盖中流动的水）。在各大洲，小而快速的飞轮（水汽、降雨和地表水）控制着陆地和陆地上的大部分生命。在任何给定的时刻，这些形态都容纳着少量的水，但是它们的循环速度很快，从而能够不断被生物体利用和再利用。

伴随着水的相态转换而发生的是能量的大量释放和吸收。在液态水蒸发成气态水蒸气时，它会吸收本地环境中的热量（这就是汗液蒸发使皮肤冷却的原理）。当蒸气上升到较低的高度并凝结成雨滴时，潜伏的（存储的）热量会重新释放到空气中，从而激发暴风雨、压力系统和天气。当飓风上岸时，它的主要能量来源（蒸发的海水在上升和凝结时释放的热量）就被切断了，于是它开始减弱和消亡。

像增压的燃油管线一样，河流在这个循环中不断奔跑。就绝对存储容量而言，它们非常小，在任何给定的时间点大概拥有2 000立方千米的水。相比之下，地球上存储的淡水（主要在冰川、冰原和地下水含水层中），总量约为14亿立方千米。但是，这类似于将燃油管线的容积与油罐的容积进行比较。河流之所以如此特别，是因为它能快速集中地输送水和能源，这也是人类倾向于在河流而不是湖泊附近定居的主要原因。

此外，河流携带着淡水，在这个星球上，几乎98%的水都是咸水，不适合饮用或灌溉农作物。降雨过于分散，不容易利用。因此，作为淡水质量和能量的巨大物理集中地的河流，成了人类文明和生物生命的重要支持者。

模型的威力

传感器和卫星提供了对全球水循环各个组成部分的全球观测数据，对计算机模型进行编码以开展研究和预测也变得可行。

水文模型是每天使社会受益的强大工具。它们被用于指导水务公司、规划大坝的放水和预测洪水，向农民和救济机构通报干旱情况，并帮助水资源规划者适应短期天气和长期气候变化。

水文模型与天气预报模型相似，后者可以模拟水和能量在大气中的运动，而前者模拟的是水（和能量）以雨或雪的形式从天上掉下来后在地面上的运动。这两种模型通常搭配在一起使用，将天气模型的输出作为水文模型的输入。

水文模型有非常简单的，也有非常复杂的。它们使用不同的方法，并在不同的地理规模内运作。"基于物理"的模型试图根据基本原理明确地模拟过程（例如水的蒸发和水向土壤的渗透）。基于经验的更简单的模型使用对现实世界的测量数据来解释这些过程，同时回避了它们的物理性质和细节。两种方法都有其优点和局限性，在实践中，大多数水文模型都是这两种模型的混合体。

像所有软件一样，水文模型是不断进化的工具，永远不会真正完成。当科学家发现现实世界的某种现象时（例如，通过野外研究），他们会将其纳入模型中。通常，催生新发现的是模型与实际观察结果之间的差异。例如，如果测量结果确定了河流流量的下降，但是水文模型无法模拟该下降过程，那么该模型可能缺少某些重要的内容。模型的提出者们怀着沮丧的心情，开始测试自己的猜想。重新造林（因为树木会将水分蒸发到空气中）会减少径流吗？抽取地下水会导致水源干涸吗？他们把这些想法都纳入了模型中。最终，他们发现有个现实过程被遗漏了，于是对其进行编码，并发布了该模型的新版本。接下来他们会进行现场实验，以确认该模型确实得到了改善。这个过程不仅使我们得到了更好的模型，而且提升了我们对自然世界的运作方式的科学理解。

在数十年间，模型建构者和野外科学家以此方式不断地相互说服。我们对地球的科学了解，因而得以大幅提升。而且所有模型所需的内容——开发和测试、校准、驱动模拟、发现缺失的过程、测试最新的编码——都基于对现实生活的观察。

这就是为什么，来自自动传感器、无人机、飞机和卫星的新数据，会如此令人兴奋。正如天气预测模型一样，水文模型要想运转得顺畅，也需要对现实世界进行观测。有了这些数据，水文模型可以变得更纯熟、更实用、更强大，我们还可以训练机器学习的算法。这一趋势在计算机科学中已经存在很长时间了，现在也在地球科学中取得进展。我们可以想象，要是泰勒斯·达·芬奇、佩罗活到现在，看到传感器、卫星和模型已经被广泛使用，肯定会惊奇不已，他们也会对即将到来的水文学的黄金时代发出赞叹。

我最后一次见到阿尔贝托·比哈尔，是在他去世的两天前。他开车到我家，向我展示了他对即将进行的格陵兰考察的最新想法：在无人看管的情况下，一架远程固定翼无人机可以连续数小时绘制大范围冰盖的地图。

他告诉我，当我和他在冰面上时，无人机如何在我们头顶自动巡航，并把它那环状的传感器发射到湍急的蓝色河流里。漂浮物能将观测的数据传输到铱星通信卫星上，他的无人机可以借助 GPS 导航和摄像头，追踪漂浮物的轨迹，也能为几千处由冰川融水形成的、在冰上肆意流淌的淡水流绘制图像。让直升机从两个不同的地点起飞，飞越同一块区域两次，我们就能用数字摄影测量法创制高清的 3D 地形图，以量化的方式展现冰盖向下融化的情况。

我兴奋极了。这些方式可以极大地协助我们诠释漂浮物传感器传输的数据，也能将它们的发现结果拓展到冰盖的更大区域上。阿尔贝托的无人机，仅需 5 000 美元就能购齐部件，在当时算得上性价比极高了。要知道，仅仅将我的团队带到冰盖并撤离那里，就得花掉比直升机飞行多9倍的钱。

我们俩激动得握了握手。阿尔贝托跳进了他那辆黑色的保时捷里，沿着安静的街道快速驶向机场，回到了他的家。

在短短三年内，这位优秀的、曾为火星建造设备的NASA工程师提出的大胆想法，已经变得稀松平常了。如今，我教的研究生都忙着订购零部件，组装自己的自动传感器和无人机。入门价在不断降低，但硬件和传感器的性能在持续提升。太空机构和私人公司在以前所未有的新技术抢占空中领地，还免费分享数据。长期运营的卫星项目也正默默地在太空中录制长达半个世纪的"影片"。阿尔贝托的后继者们，无论年龄大小，都在传感器、卫星和模型的帮助下，以20年前无法想象的方式推进自然科学事业。

如今在技术和信息领域发生的革命是非同寻常的。它们将极大地提升我们对河流以及地球上的其他淡水资源的认知。

第九章

重新发现河流

> 你永远都不会知道下面在发生什么!
> 这个水池比我们想象得更大……
>
> ——苏斯博士,《麦克利戈特的水池》

我有一个秘密的"钓鱼洞",而我现在要做一件以前没有想过的事情:把它的地点透露给你们。

它的确是个"洞"。没人知道它有多深,至少我不知道它有多深。它位于被茂密的硬木树环绕的小山谷中,它的水是清澈的,但是被单宁酸染了色,从地下涌出来,看起来像红茶。水面泛着无声的旋涡,这说明有垂直的水流从洞的深处升起。古老的岩壁滑入水中,慢慢消失不见。一座水平的石台紧挨着旋涡,像是个舞台。这个黑漆漆的洞,虽然仅有40英尺宽,但有神圣之感,在这里,时间仿佛停滞了。你可以想象一下莫霍克人来这里祈求病愈,或是女巫为了施展法术而来这里偷水的情景。

　　这是洞穴的一道口子，有三分之一的印第安河的水都流经此处，而印第安河位于纽约州北部的阿迪朗达克山麓丘陵地带。在几百码之外，还有另一个洞口，印第安河的一部分河水从那里流入了地下。这里曾经是个入口，能通向一处在路边的景点，即天然桥岩洞。很多骑摩托的人经由三号公路驶向普拉西德湖，他们可以在这里停下来休息，舒展一下双腿。这些人可以乘坐小船进入岩洞，聆听有关洞穴自然历史的讲解，也能了解到为何会有传闻说，这里曾经被拿破仑的哥哥、那不勒斯和西班牙前国王约瑟夫·波拿巴用作秘密逃生通道。约瑟夫曾被此地的天然美景所征服，他在附近的天然桥村建造了一座夏日寝宫，而天然桥一直因横跨洞穴和在下面流淌的印第安河的大理石基岩而闻名。

　　我是因为钓鱼，才对这个洞产生了兴趣。我从小在芝加哥市中心长大，20 世纪 70 年代末和 80 年代初的时候，我去祖母的家里过暑假，我从没见过这样的洞。这个洞在当地有"天坑"之称，除了这一神秘的形象，它也因鱼量丰富而闻名。每天早上，我都会骑一辆借来的车来到这里，毫不费力地钓到两条小口黑鲈。我和祖母会吃这些鱼，我记得每个暑假我都至少能钓 50 条鱼，而我只是众多来这里钓鱼的孩子中的一个。通向洞口的路，其实是在硬土之上的划出的沟壑。石台上散落着空的鱼饵罐、乱糟糟的钓鱼线，还有我们这代更加粗心的人留下的其他垃圾。我们每天都在钓鱼，"天坑"也一直源源不断地供应着猎物。让我十分嫉妒的是，另一个男孩就在我的面前，从洞的底部拖出了一条我这辈子见过的最大的雄性溪红点鲑——它很漂亮，下颚发蓝，肚子泛红，全身都是淡黄色的斑点，长度超过了 16 英寸。这个男孩把一个沉重的钢栓挂在了钓鱼线的尾端，目的是使鱼饵沉入地下洞穴的深处。

如今，这条小道上已经草木丛生，全然没了垂钓的迹象。沼泽附近几乎没有人类的踪迹，似乎也没有人知道"天坑"就在那里。我最近去了一趟天然桥，看到城里有很多小孩，但他们只是坐在门廊上看平板电脑和手机。我很想回"天坑"看一看，但不知为何忘了带鱼竿。时过境迁，一些事情已经变了，甚至我自己也变了，比如我现在竟然愿意向你们分享这个地球上最好的钓鱼点。它的位置是北纬 44°4′16.29″，西经 75°29′38.77″。

非自然的区隔

我很惊讶，这样一个曾经人头攒动的地方已经被荒废了。或许我本不应该这么惊讶，因为这只是一个更广泛的现象的一部分。

我从美国鱼类和野生动物管理局获得了纽约州钓鱼许可证销售的历史记录，该机构追踪了自 1958 年以来全美国范围内钓鱼和狩猎许可证的销售数量。我还从纽约州获得了捕猎皮毛动物的许可证的销售记录。我从这些数据中得知，在 20 世纪 80 年代，我年轻时在阿迪朗达克度过的难忘的夏季，实际上是美国公众最热衷于钓鱼、打猎和诱捕等户外休闲运动的时期。

当时，纽约州大约有90万名持有执照的垂钓者。如今，垂钓者的总数与之前差不多，但考虑到人口增长的因素，垂钓者的比例从每18个居民中有1个人，下降到了每22个居民中

图9-1 图中是一位在纽约州北部的海狸猎捕者，他所从事的狩猎活动吸引的人越来越少，虽然这一活动曾经促使北美向欧洲开放贸易。狩猎、钓鱼和诱捕许可证的销售记录，国家公园的参观人数，以及其他数字数据显示，人类的户外活动在20世纪80年代达到顶峰，此后便急剧下降。（劳伦斯·C.史密斯/摄）

有1个人。捕猎者的绝对数量和所占比例都在下降，20世纪80年代初有近80万名持证猎人，如今已降至约55万名。考虑到人口的增长，捕猎者的比例已经从我小时候的每22个居民中有1个人，下降到现在的每35个居民中有1个人。捕兽者一直都是稀少而孤独的群体，从1980年至今，其绝对数量几乎减少了一半，从大约3万人下降到1.5万人。近年来，在纽约州，每1 000人中只有不到1人获得了捕猎许可证。

这些州级的数字反映了一个国家乃至全球的趋势。2018年，美国售出了约2 980万张捕鱼许可证。这一数字与20世纪80年代初相似，但考虑到人口增长的影响，人均垂钓者比例从每8个居民中有1个人，缩减到了每11个居民中有1个人。猎人的绝对数量略有下降，从1980年的1 630万人下降到了2018年的1 560万人，人均比例从每14个居民中有1个人，减至每21个居民中有1个人。类似的趋势也反映在人们在美国露营、背包、徒步旅行或游览公共用地的天数上，以及人们在日本和西班牙造访国家公园的天数上。对这些数字和其他历史记录的统计研究表明，各类户外娱乐活动的人均参与水平，在1981年至1992年间达到顶峰，此后一直在稳步下降。

人均的统计数字的减少很容易被忽略，因为大多数国家的人口仍在增长。例如，美国国家公园的参观总人数不断打破历史最高纪录。那里的设施和工作人员不堪重负。但在考虑到人口增长的影响后，我们发现美国大多数国家公园的受欢迎程度在1987年达到顶峰，此后一直在下降。

这一趋势背后的根本原因存在争议，而且很可能仍处于变化中。大量研究表明，我们越来越关注室内娱乐活动。室内娱乐始于电视和视频的兴起，后来发展到互联网使用、社交媒体活动和在线游戏。但无论原因如何，多项相互独立的证据证实，全球范围内的智人群体正在大规模地撤离自然界。

在电影、语言和艺术作品描绘自然的方式上，也有一个与此相关的有趣的趋势。例如，一项对70年来迪士尼和皮克斯动画长片的分析发现，世界上最受欢迎的儿童电影大幅缩减了户外的自然场景。当华特·迪士尼在1937年发行《白雪公主和七个小矮人》时，几乎所有的户外场景都采用了丰富的自然背景，这一惯例在接下来约40年间出品的迪士尼电影中得以延续。但自20世纪80年代初期以来，一半的迪士尼/皮克斯动画电影在其外景中几乎没有显示出任何自然的痕迹。此外，在描绘自然环境时，它们所包含的野生动物更少，那些动物看起来更不具有野性，而且越来越多地描绘被人类改造过的景观。

另一项有趣的研究，借助数据挖掘算法追踪了在过去一个世纪中，全世界所有的英语小说、电影故事情节和最热门的100首歌曲的歌词中与自然相关的单词（例如，太阳、花、雨等）的使用频率。调查发现，在整个流行文化中，这类词汇的使用急剧减少。该研究的作者写道："在三种类型的文化产品中，我们发现了相互贴合的证据，它们表明自20世纪50年代以后，自然在集体想象和文化对话中占据的空间正在缩小。"这并不一定意味着人们对自然的关心减少了，但它确实提出了一些发人深省的问题。"与以前相比，人们是否更多地从功利层面，而更少地从审美和心灵的层面来看待自然呢？"作者问道，"他们是不是更常认为自然是用来消费的，是需要控制的，而很少认为自然是可以体验的？这些面对自然的不同态度，对保护自然和人类整体福祉意味着什么？"

这些问题现在还没有答案，很适合人们在咖啡馆畅聊。但对于这种趋势的潜在原因，作者明确地指出：这种现象与全球的人类愈加倾向于参与室内娱乐活动的这一趋势相一致。这一趋势为娱乐、教育和社交互动提供了许多好处，但也产生了一些负面影响。我们将在下文论述这一点。

自然与大脑

记者兼儿童权益倡导者理查德·洛夫于 2005 年出版了一本畅销书，名为《林间最后的小孩》。此书汇总了近年来日益增加的精神病学和生理学研究，表明接触户外环境是促进儿童发育健康的关键因素。洛夫引用了大量科学研究，将童年时期缺乏与大自然的互动和诸多问题联系了起来，包括注意力障碍、肥胖、抑郁和其他疾病。他以"大自然缺失症"一词来统称它们。这本书发起了一项名为"别让孩子留在家里"的国际运动和一个名为"儿童与自然网络"的新组织（洛夫是该组织的联合创始人），两者都试图让儿童重新参与户外活动。这样的想法非常有说服力，让我和我的妻子也考虑到了这一点，我们先是质疑之前为什么告诉自己的三个孩子不要在洛杉矶捡树枝和鲜花，最近又决定从洛杉矶搬到城市较少的新英格兰地区。

洛夫之后的著作《自然法则》综合了更多的证据，表明大自然缺失症也会影响成人。

阅读这些研究文献非常有趣。在《林间最后的小孩》出版三年后，密歇根大学的一个团队，让成人被试者穿过安阿伯公园独自步行 50 分钟，结果显示这样的行为可以恢复他们的认知能力，而若是让被试者步行穿过城市繁忙的市中心，则会降低他们的认知能力。行走在大自然中，无论一个人的情绪、天气条件或其他外部因素如何，研究者都可以观察到成人大脑功能的改善。研究人员就此得出结论："充满有趣的刺激的大自然，以自下而上的方式适度地吸引人们的注意力，使得自上而下的定向注意力能力有机会得到补充。"更有冲击力的刺激，如汽车喇叭、商店和车流，能更充分地吸引我们的注意力，则需要有针对性的注意力来克服或忽略它们。这种效应似乎使得城市环境对成人大脑认知的恢复作用更弱，比不上自然环境。

重要的是，仅仅处于宁静之中，例如坐在安静的房间里，并不能重现研究者所观察到的认知益处，我们需要了解在自然环境中发现的那种刺激。此现象的神经学研究可能涉及视觉皮质，因为研究对象仅通过查看自然户外环境的图片，就可以受到某些相同的积极影响。无论是什么原因，自然所带来的适度有趣的刺激显然有一些特别之处——即使是在城市公园中所发现的刺激——也可以恢复我们大脑的认知能力。

这些积极效应也会影响个人情绪和自尊。两个由埃塞克斯大学的乔·巴顿领衔的元分析研究（即应用统计方法来分析多个其他研究的数据集），发现"绿色运动"——即在自然环境中进行的身体锻炼，对精神健康有着十分积极的影响。她的研究分析了 10 项在英国开展的涉及 1 200 多人的研究，发现所有绿色环境都会提升自尊，改善心情——而且水的存在还会增加这些积极影响。

在一本名为《蓝色思维》的书中，海洋科学家华莱士·尼科尔斯进一步拓展了这一想法，他认为人类神经系统会对自然本身做出积极的反应，尤其是对水。这本书详细介绍了水在生理上和社会上的诸多益处，着重介绍了它对认知、情感和心理方面的益处。例如，流水声可以显著减轻压力。模仿湍急的小溪和汹涌的海浪的噪声机器可以帮助人们入睡。观看潺潺小溪和瀑布视频的癌症患者，与压力有关的激素、肾上腺素和皮质醇等会显著减少。2011 年，华莱士开始定期召开会议，将神经科学家、心理学家、艺术家和水文学家聚集在一起，探讨在内心深处，人类的心灵从根本上被水体吸引的观点。

我不是神经学家，所以会接受由洛夫、巴顿和华莱士三者的综合结论。从个人经验来看，我承认，在与河流打了 40 多年交道之后，他们的主张引起了我的共鸣。无论是孩童时期还是成年后，在河边闲逛半个小时左右，我就会感到心绪平静、思路清晰。

吸引我天天跑到天坑，去印第安河沿岸的几处我喜欢的钓鱼点的，并不是鱼本身。于我而言，这些地方能让我在一段时间里获得平静，也能感受到些许刺激和兴奋。当我悠闲地翻动河石寻找小龙虾和翅虫的幼虫时，我就会把钓鱼竿抛到脑后。我观察旋涡旋转和豆娘捕猎，也观察沙子如何沿着河流流动。那些时间带给我的不仅仅是在城外度过一些愉快的夏日时光。它们教会了我如何保持专注，在独处时感到满足，以及如何从简单的事物中看到美。无论你是孩子还是成人，我相信任何河流、池塘或一片绿地都可以给你带来这些体验。

即使在城市，也是如此。

曼哈顿的三个瞬间

我的妻子最近受邀参加一场在曼哈顿举行的婚礼，于是我们决定让孩子们和他们的祖父母一起度过一个漫长的周末。一直以来，我都在思考城市河流的演变趋势，而在这美好的三天里，有三个观察加深了我对某些趋势的体会。

第一个出现在我们寻找前往婚礼场地的路上。我们到的地铁站，是个在切尔西的闪闪发光的新地铁站（在第34街-哈得孙广场），毗邻哈得孙河。大多数纽约地铁站既狭窄又肮脏，但这个地铁站通风良好、有现代气息而且明亮。当我们走到地面时，发现自己置身于一个巨大的建筑工地中，有玻璃高层建筑围绕着一个由楼梯和平台构成的巨大蜂巢形艺术结构（后来我知道它被称为"容器"，出自英国设计师托马斯·赫斯维克之手）。当我们穿过临时胶合板墙，路过重型设备的撞击声时，我不禁感叹这些新建筑以精巧的设计最大化地拓展了沿着施工现场的西边流淌的哈得孙河上的观景视野。

施工场地很大，西临哈得孙河，东临第十大道，南北分别为第30和34街。这座新的玻璃建筑，正从曼哈顿哈得孙铁路火车站场上拔地而起，该设施占地27英亩，与河相邻。铁路站场没有被拆除，而是被覆盖了起来，变成了地下区域。在它上面，在火车轨道之间的桩上，是哈得孙广场的新骨架，这是自20世纪30年代占地22英亩的洛克菲勒中心建成以来，曼哈顿最大的开发项目。

据开发商称，哈得孙广场是美国历史上成本最高的重建项目，预计总价为250亿美元。与大多数21世纪的大型城市开发项目一样，它强调混合用途分区，这意味着高密度住宅、商业和户外空间的融合。这里将建造一个由公寓楼、商店、餐厅、办公室和户外公共区域组成的新综合体，以及一个新的表演艺术中心、酒店和公立学校。除了拥有14英亩的户外绿地，哈得孙广场还会与高线公园（一条废弃的高架轨道，最近被改造成了非常受欢迎的植被公共人行道）和哈得孙河公园相连，而哈得孙河公园是一片新的绿地，它环绕着哈得孙河，在曼哈顿下城延伸4英里。该项目将创造1 800万平方英尺的建筑面积、约4 000套住宅和100多家商店。预计2022年建成后，哈得孙园区每年将在新建的河滨社区创造约55 000个工作岗位，带来190亿美元的收入。毫无疑问，这是我见过的最惊艳的城市重建项目。

我的第二个观察，则是发生在婚礼举行的时候。仪式和招待会在61号码头举行，这是一个改建的旧航运码头，位于历史悠久的切尔西码头。

61号码头伸入哈得孙河河口。其封闭、细长的空间，享有水景和从四面八方倾泻而入的充足自然光，非常适合举办特别的活动。举办婚礼的地方，叫作"灯塔"，位于码头的尽头。

一个挂着鲜花的彩棚被放置在两面落地玻璃墙交会的角落，可以让新婚夫妇和他们的客人面水而立。就像故事书里的插画一样，这对夫妇被框在由哈得孙河、自由女神像以及新泽西和曼哈顿下城的海滨所组成的壮观全景中。

婚礼仪式在日落时分举行。天空闪耀着橙色和深红色的光，即将逝去的日光勾勒出了新婚夫妇的轮廓。新泽西和纽约的海滨，像是安排好了似的，开始出现星星点点的灯光。哈得孙河变成了一条沟壑，将两道波光粼粼的海岸线剥离开来。拉比吟诵着摩西的律法，并用阿拉姆语喃喃自语。在夕阳、古老的仪式和正在流淌的永恒的河流之间，人们会不禁思考生命周期的意义，它呈现在这对年轻夫妇身上，也体现在这些聚集在他们周围的各个年龄段的人的身上。要是在地下室举行仪式，效果也会很不错，而这里的环境——码头伸向被城市灯光环绕的黑色水面——让这一刻显得绚烂夺目。

第三个观察出现在婚礼第二天。一位老朋友邀请我们参观布鲁克林金斯县酿酒厂并品尝鸡尾酒。尽管酒厂成立于2010年，不知何故，它算得上纽约市最古老的酿酒厂，也是自1933年禁酒令结束以来第一家开业的酿酒厂。其特色产品是玉米酿造的私酿威士忌和波旁威士忌，使用当地采购的原料，并在现场蒸馏。烈酒被倒入烧焦的橡木桶中，在经过修复的两层红砖建筑的木质地板上慢慢陈酿。烧焦的橡木桶和陈酿过程使清澈的玉米酒变暗，口味更醇，成为非常优质的琥珀色威士忌。这次参观很有趣，之后我们去看了门房、酿酒厂的公共品酒室和酒吧，品了酒。

和酿酒厂的生产区类似，酒吧是个真正的复古空间。它被巧妙地安装在原来的砖制警卫室中，该警卫室曾经保卫布鲁克林海军造船厂的入口，而布鲁克林海军造船厂是美国使用时间最长的军用造船厂之一，它包围了纽约市东河河口的一个大海湾。

布鲁克林海军造船厂从1801年持续运营到1966年，它是纽约州持续运营最久的制造工厂。它生产了许多著名的军舰，包括"莫尼特"号（在汉普顿路战役中与"弗吉尼亚"号打成平局的铁甲舰，参见第三章）、"亚利桑那"号（在日本偷袭珍珠港事件中沉没的第一艘船）和"密苏里"号（日本在其甲板上正式投降，以结束第二次世界大战，参见第四章）。

经过165年的运营，布鲁克林海军造船厂于1966年退役。数以万计的工人被解雇，生锈、腐朽的海军造船厂成为美国流失制造业岗位的国家象征。这处300英亩的土地被卖给了纽约市，之后纽约市将其作为商业园区重新开放。多年来，这处地产的主要租户仍然是造船厂，但到20世纪80年代后期，这些工厂也关闭了，破旧的设施也停掉了。

纽约市随后成立了一家开发公司，以重新构想该地产的用途。在接下来的10年里，造船厂旧址的许多大型仓库和建筑物被细分和改造，以吸引各种各样的小企业。到了21世纪初期，布鲁克林海军造船厂租赁空间的租户数量已增至275个，其中包括数量迅速增长的绿色企业。斯坦纳工作室是一个电影和电视制作园区，于2004年开业，并于2010年和2017年先后两次扩建。金斯县酿酒厂则将其威士忌业务重新安置在旧的财务大楼内，大楼是个历史悠久的砖制建筑，曾经是船厂银行的所在地。到了 2018 年，这里已经有了 25 万平方英尺的绿色产品制造中心、3.5 万平方英尺的温室和 6.5 万平方英尺的屋顶农场。布鲁克林海军造船厂，已经从丢失了制造业工作岗位的废墟，转变为多元的、具有前瞻性的城市商业中心，日益繁盛起来。

这三个看似无关的故事，展示了几个有关经济和环境的大趋势，这些趋势为发达国家城市的河滨地段带来了变革。回想一下前面几章，城市与河流之间存在着悠久的联系，可以追溯到最早的农业文明时期。几千年来，这种关系的性质一次又一次地发生变化。现在，城市与河流连接的方式再次发生了改变。河流正在从与城市之间的务实的工业关系中脱离出来，转变为人类的福祉之源。

重工业、造船和制造业向发展中国家长达数十年的迁移，导致许多滨水工业地产倒闭、衰败。工业活动的消失，加上污染控制法的施行（见第六章），正在使城市河滨变得相当干净、美观，适合居住和工作。所有大型城市最初几乎都是沿河而建的（见第二章），许多城市的中心地段已经焕然一新，富裕城镇中废弃的滨河建筑，现在都成了重建的理想地点。

几十年来，业主和城市规划者一直在努力重新利用这些曾经的工业用地，结果喜忧参半。但如今，新一代的城市设计师和规划师们正在用新的视角审视它们。正如纽约市屡获殊荣的景观设计师莉兹·皮尔韦充满希望地向我指出，她将极小的绿洲融入稀有的城市土地，与其他可用地块相比，临河的工业地产面积通常相当庞大。它们的面积能吸引规模宏大的重建项目，包括混合使用的住宅和商业空间、经济适用房项目、环境可持续材料和大量公共户外绿地。

现代城市规划基本上与公共场所和绿地有关，大型河滨建筑为它们的营造提供了极佳的机会。这是因为长期以来，有法律规范保障公众进入河流的权利（可追溯到罗马时代，如第一章所述），以及河流本身存在人身威胁。从原理上看，河漫滩天然容易发生洪水和侵蚀，是不适宜修建永久性建筑的危险地点，但这样的土地非常适合用作户外休闲的空间。此外，大多数市政当局在河流沿线执行严格的退地政策，为沿河的公共人行道和地役权提供了明确的合法空间。

在沿海地区，海平面的上升给滨水建筑带来了另一个长期存在的威胁，使得市政规划者施行更为严格的建筑审查，他们要求新开发的项目离水域更远。虽然这些增加了在海滨附近建设的成本和麻烦，但宽阔的缓冲区为大片以前的工业用地创造了在水边修建绿地的机会，这是值得高兴的。

开发人员也在应对这些挑战。仅在纽约都市圈，此时就有数十个主要的河滨重建项目正在规划或建设中。基本上所有项目都计划建造公共绿地，这也是一座拥挤的都市迫切需要的。由于大多数人都想开发几十年来被围起来的旧工业用地，因而这些重建的提议可以赢得当地居民和政界人士的支持，尤其是如果提到修建新的公共海滨公园的话。如果做得好，这些项目会为城市社区与河流相连创造新的条件。

我们以多米诺糖厂的旧址为例，它位于布鲁克林东河岸边的威廉斯堡。这个工厂有132年的美国糖业生产史，历程漫长，也有许多故事，最终在2004年停了业。现在这里变成了"多米诺糖厂项目",占地 11 英亩,是住宅和绿地的混合体。新社区将囊括 2 800 套公寓单元,其中 700 套将用作经济适用房,还有一个占地 6 英亩的海滨公园。旧糖厂的一些历史元素将被保留,如仓库柱、高架起重机轨道和糖浆罐。因此,多米诺公园将为威廉斯堡的所有居民营造一个公共空间,让他们可以沿着以前无法进入的东河段进入草地、运动场和海滨。

从这里向北两英里,在东河的同一岸,布鲁克林的绿点社区正在进行一个更大的重建项目。该项目名为"绿点区着陆地",将在东河和纽敦溪交汇处附近的 22 英亩前轻工业场地上,建造 10 座高层塔楼和建筑物。它将囊括 5 500 套住宅公寓,其中有 1 400 套经济适用房。沿河将建一所新的公立学校和占地 4 英亩的公共绿地。

图 9-2 在纽约布鲁克林,有众多河滨重建项目正在进行中,包括图中所示的在绿点区着陆地的大项目,绿点区曾经是东河上的一处轻工业区。(劳伦斯·C. 史密斯/摄)

我在2018年首次参观了绿点区着陆地的建筑工地，当时是该项目的首席景观设计师凯伦·塔米尔和公关人员约瓦娜·里佐带我参观的。塔米尔是詹姆斯·科纳景观事务所的高级建筑师和设计师，詹姆斯·科纳景观事务所是一家景观建筑和城市设计公司，专门从事将旧工业用地改造为城市公园。景观事务所设计出了在曼哈顿广受欢迎的高线高架人行道，该人行道于2009年开放。他们最近做的一些其他海滨项目包括芝加哥的海军码头、旧金山的普雷西迪奥公园、西雅图的中央海滨、迈阿密的骑士广场、费城赛马街码头、伦敦伊丽莎白女王奥林匹克公园南方公园广场，以及深圳的前海水城。仅在东河，该公司完成的项目包括绿点区着陆地、多米诺公园和康奈尔大学的新技术园区，这些园区就建在河中央的罗斯福岛上。

像大多数纽约人一样，塔米尔很忙，她敏捷地在坡上爬上爬下，快速地浏览一堆建筑图纸，我根本跟不上她的速度。我不得不请她慢下来，这样我就可以写一些笔记。"飓风桑迪的到来，极大地改变了我们利用海滨的方式，"塔米尔坦率地告诉我，"我们所有的项目现在都以更有弹性的方式推进。"后来，当我们戴着安全帽站在一座半建成的塔楼里等待有人护送时，她瞪着周围的挖掘物和石堆，嘟囔着梯田的搭建进度比原计划晚了。我怀疑在我离开的那一刻，就会有人收到她发去的催促进度的信息。

当2012年飓风桑迪袭击东海岸时，大部分房产都被淹了。其开发商帕克塔有限公司的乔治·克莱因和玛丽安·克莱因随后聘请景观事务所为绿地设计总体规划，以抵御未来的风暴潮和海平面上升。当时，大部分房产仅高于海平面 5 至 5.5 英尺。通过在一系列阶梯式梯田中添加土质填充物，其地面高度又增加了 3 到 5 英尺。新的梯田还将有助于保护周围的内陆社区免受洪水侵袭。与多米诺糖厂项目一样，新建筑会远离水域，底层至少高于海平面 16 英尺。

由于该地产面积较大，其人为抬高的海拔高度并不明显。我看到，沿河岸建造的梯田未来将形成一个长长的阶梯式公共绿地，沿着海滨延伸近半英里。与多米诺公园一样，它将保留该地产过去的工业元素，包括一个半埋在沙子里的巨型钢浮标。场地原码头的锯齿状木桩将保留不动，设计者会在其旁边建造一个新的公共码头，延伸到东河。

绿点区着陆地项目也有很多反对者。许多当地居民不愿意在他们安静的由低矮的砖房组成的社区里，建一个有 10 栋建筑的巨型项目。虽然修建新的海滨公园是件好事，但他们担心随着 5 000 套新公寓的到来，噪声和交通也会增多。他们指出该项目离海平面上升的地方很近，也毗邻纽敦溪，而纽敦溪是东河的一条有毒的支流，是超级基金站点（即联邦政府清理受有害物质污染的场所）排放污水的地方，环保活动家克里斯托弗·斯温曾经为了激发公众保护河流的意识，在这游过泳（见第六章）。

全球各地的城市重建

和其他许多社区组织一样，绿点项目的反对者无法阻止它的建设。的确，纽约市修订后的分区法现在鼓励密集的滨河开发。这项新分区政策的源头可以追溯到 1980 年，当时曼哈顿下城 90 英亩的破旧码头和仓库开始逐步变成今日的炮台公园城。该项目的巨大成功，促使纽约市在 1992 年发布了一项全面的滨水规划，建议重新规划纽约的工业滨水地带，将它们开放给公众使用，用于娱乐和住宅再开发。第二年，第一轮分区改革获得通过。2005 年，布鲁克林的绿点区和威廉斯堡的滨水区也以类似的形式重新分了区。

2011 年，纽约市发布了《愿景 2020》规划，这是一项更新的滨水规划，确定了更多的分区变化，也敲定了众多特定的滨水再开发项目，它们遍布纽约全市。在这份文件的书面前言中，时任纽约市市长迈克尔·布隆伯格称赞该计划开放了几十年来一直不对公众开放的、长达数英里的滨水区。他承诺纽约市要确保"每个社区都能享有对居民生活质量至关重要的娱乐空间"。与配套的实施文件《滨水区行动议程》一道，该计划优先考虑了纽约市 5 个行政区的 130 多个新的滨水区重建项目。

其中之一是布鲁克林大桥公园。布鲁克林大桥下的一个开放广场，将连接现有的滨河公园、北部的新改造的码头，以及南部的更大的滨河公园。有 7 个 19 世纪晚期为储藏咖啡而建的仓库，在 20 世纪 60 年代基本上被废弃了，此后，100 万平方英尺的仓库被改造成了公寓和商店。这里有餐厅、酒店和活动场所。这是一个壮观而充满活力的滨水地点，提供了大量的户外空间，也能观赏到布鲁克林大桥、东河河口和曼哈顿的景色。

向北看，在布朗克斯的哈勒姆河和东河的交汇处，莫特港-莫里斯港滨水区计划将翻新哈勒姆河船厂。哈勒姆河船厂是个占地96英亩的旧铁路船厂，已经关停了好多年。这片土地是公有的，租给了一家房地产控股公司，该公司又把它转租给了一个废物中转站、一家发电厂、一个包裹递送中心和一家报纸印刷和配送中心。在重新规划后，新的滨水区计划将创建一个公众可进入的滨水区公园，其中包括约1 300个住宅单元，其中许多是由旧工厂和仓库建筑改造而来的。新的公共户外空间将包括三个不同的滨水公园，连接它们的滨水小径，一艘船和一个渔码头。

纽约州州长安德鲁·科莫在2018年的州情咨文演讲中特别提到了纽约最宏伟的海滨计划，该计划重新构想了布鲁克林位于总督岛附近的红钩地区。它将在目前由集装箱码头、游轮码头和纽约警察局拖车占用的土地上，重新开发超过130英亩的海滨。该计划设计了45 000套公寓和各种商业空间和户外公园。新的海滨社区将通过东河下方的新地铁站隧道连接到曼哈顿下城。如果红钩项目继续向前推进，那么其规模将会非常庞大——总造价大约是价值250亿美元的哈得孙广场项目的六倍。在我前往那场曼哈顿婚礼的路上，哈得孙广场项目给我留下了深刻的印象。

纽约正在进行的这场海滨革命是一个更广泛的全球现象的一部分。目前，类似的将城市河流从破旧的工业走廊转变为有吸引力的公共和住宅空间的项目，也正在世界各地的主要城市同时开展。看看伦敦、上海、汉堡、开罗和洛杉矶这五个城市的情况,你就能发现这一趋势。

整个19世纪和20世纪初,伦敦作为重商主义的贸易中心,为了凸显其地位,需要沿着城市东区的泰晤士河,建造许多码头、造船厂,在伦敦造船厂修建仓库。其他航运的基础设施,则沿格拉斯哥的克莱德河、利物浦的默西河和纽卡斯尔的泰恩河建造而成。多年来,这些劳动密集型造船厂在无数次经济衰退中幸存下来,但20世纪70年代和80年代标准化集装箱航运的兴起,昭告了它们的使命终结,大多数造船厂最终都被废弃了。

伦敦帮助编写了重新利用这些地产的脚本。这座城市为伦敦造船厂成立了一家重建公司,这个想法被其他城市(包括布鲁克林的海军造船厂)多次效仿。造船厂长期振兴的一个里程碑是1991年标志性的金丝雀码头大厦竣工。随着新的重建项目逐渐在这个旧工业区散布开来,金丝雀码头大厦与附近1999年建成的千禧穹顶一起,稳固了东区的天际线。金丝雀码头以东的其他新项目也正在建设中,包括伦敦城市机场旁边的新皇家码头河滨社区。这座占地40英亩的泰晤士河重建项目正在将一个前工业园区改造成餐厅、商店、学校、户外公园以及3 000多套住宅和公寓。

在上游,在伦敦中部和西部,泰晤士河沿岸一些大型滨河项目也在建设中。九榆树社区一项耗资170亿美元的大型开发项目将以巴特西发电站(一座前燃煤发电厂)和伦敦最大的砖砌建筑为基础建成。该建筑旧址于1983年停止使用。而如今,数以千计的新住宅单元、零售空间和公园已经在这个约42英亩的滨水场地上建成，他们还计划再建数千座建筑。未来这里还将有酒店、办公楼、两个地铁站，当然还有公共海滨区域。

发电站的旧址（曾偶然出现在英国巨蟒剧团的电影《人生七部曲》和著名导演克里斯托弗·诺兰的电影《黑暗骑士》中，以及平克·弗洛伊德乐队的专辑《动物》的封面上）将被重新改造，其大部分极具辨识度的建筑结构，包括砖砌和外骨骼，都将被保留下来。苹果公司计划在2021年将其英国总部搬迁到车站的锅炉房旧址，而整个九榆树综合体计划于2025年完工。

重要的是，伦敦的新河滨居民很快就会享有更为洁净的泰晤士河。这座城市的联合下水道系统有150年历史，这意味着雨水径流与未经处理的污水被排入相同的排水隧道。当暴雨淹没系统，超出了它的容量时，多余的暴雨和污水混合物就会流入泰晤士河。稀释后，这些水会污染河流，威胁水生生物和人类的健康。这一长期存在的问题，将通过泰晤士潮汐隧道的建设得以解决，它是一条在泰晤士河下挖掘的15.5英里长的管道。它将使用专门设计的收集轴来收集受污染的液体。

一个有趣的附带好处是，收集污水的竖井将被平台覆盖，形成一系列小型公园，而这些公园像微型半岛一样，沿着伦敦一些最著名的地区伸入泰晤士河。根据该项目首席建筑师的说法，建造这些公园的目的是鼓励人们参观这条河。有些公园甚至有意让伦敦人将在城市中疲于奔波的双脚，伸入新净化的水域。该项目预计耗资超过50亿美元，计划于2024年完工，它是英国最大的水利基础设施项目之一。

我第一次来上海是在 2017 年，南京大学的杨康教授是我的朋友，他主动提出带我参观这座城市。我当时问他，游客必去的景点是哪个，他立刻回答：外滩。外滩是上海市中心历史悠久的黄浦江西岸的一条滨海大道。河对岸耸立着闪闪发光的东方明珠塔、金茂大厦和最近落成的上海中心大厦，上海中心大厦是中国如今最高的建筑。在外国炮舰在长江上巡逻的时代，上海是亚洲重要的通商口岸（见第三章），外滩是上海的国际金融中心。那些外国资本沿着岸边，建造了一连串宏伟的、具有学院派新古典主义风格的海关大楼和银行，其中许多至今仍保存完好。

到了 20 世纪 90 年代，海滨地带被人遗忘，上海建了一条 10 车道的高速公路，将外滩和城市隔开了。这种情况在 21 世纪初期发生了变化，当时上海为承办 2010 年世博会改造了外滩。6 条交通车道被转移到地下，并在黄浦江沿岸修建了宽阔的高架步行街。新的人行道将外滩与城市其他地方安全相连。上海也建造了户外广场和凉亭，并建成了花园和树木等新绿地。

外滩作为供人们聚集的地方，其改造计划称得上巨大的成功。我参观的时候，广场上挤满了散步、交谈或眺望河流的人。

上海的外滩振兴，属于整个城市重新分区、重新开发黄浦江两岸的大型计划的一部分。目前至少有 45 千米的步行滨水区已经对外开放。虹口滨水区（也被称为"北外滩"）将建成一个滨河公园，徐汇滨水区（西外滩）将建成美术馆、博物馆、剧院、音乐厅和更多公园。浦东区（位于河的东侧）也将建成众多的滨水公园。上海的旧码头、船坞和仓库曾是重要的商业航运中心，现在正在让位于住宅楼、商店、餐厅和户外绿地。与纽约一样，上海的城市规划者正在重新利用这些前工业用地，沿河创造一种新的城市生活方式。

在德国，一个全新的城区正在易北河上逐渐成形。这里紧邻汉堡市中心，而汉堡是德国第二大城市和欧洲最繁忙的港口之一。这座占地 388 英亩的建筑群，由港口旧址和仓库构成，名为"港口新城"，是目前欧洲正在开展的最大的城市再开发项目。为了建成该项目，港口为港口新城让出了土地和水路。为了扼制洪水和海平面上升，这一建筑群被建在了人造土丘（夯实填土）上，将地面抬高到了海平面以上至少 8 米。

港口新城的第一批建筑已于 2009 年完工，第一条地铁于 2012 年建成，一所新大学也在 2014 年落成。易北爱乐音乐厅，取名自"易北河"，是一座壮观的新音乐厅，于 2017 年开放。它由一家瑞士建筑公司设计，耗资近 9 亿美元，打造了也改变了汉堡的文化和建筑景观。到 2030 年左右建成时，港口新城将把该市现有的市中心面积扩大约 40%，它拥有超过 230 万平方米的建筑面积、商店、餐厅和 7 000 多套住宅。沿着易北河堤岸和前码头，这里将建成 14 千米长的海滨长廊和公园，基本上在港口新城的任何地方，都可以看到或接触到水。

开罗市中心几乎没有空置的河畔地产，开罗也称得上世界上最古老且发展最快的城市之一。这座城市的大部分新建地段都在郊区，形成了富裕的郊区和仅有中低收入的市中心。但是，一项旨在振兴开罗市中心和尼罗河之间的市中心的全面计划已经开启。该计划最初得到了时任埃及总统胡斯尼·穆巴拉克的支持，此后由现任总统阿卜杜勒·法塔赫·塞西重启。

位于尼罗河岸边的一块狭窄的三角形土地，被选为尼罗河塔的所在地，尼罗河塔是一座多达70层的、高耸且旋曲的玻璃摩天大楼。该塔由已故获奖建筑师扎哈·哈迪德设计，它将引领马斯佩罗三角区占地86英亩的新重建区的建设，而马斯佩罗三角区是尼罗河河畔近期被拆除的低收入社区。当地居民与该项目抗争多年，但最终在2018年被驱逐，他们的家园被夷为平地。与本章描述的其他重建项目一样，它将创造混合用途的住宅和商业空间，建成一个栽种棕榈树的迷人海滨广场。这里将建成高层建筑、商店和一座步行桥，这座桥可以通往尼罗河上的安静岛屿扎马莱克社区。

与我之前描述的项目不同——其他项目以提供经济适用房、毗邻公共交通、保护历史古迹作为主要的卖点，尼罗河塔项目的明确目标就是打造一个象征现代和富裕的地标。这座塔本身就将花费6亿美元，其附带的高端公寓的花销也将远超附近地区的地产。塔的底层会设为商业空间，包括按摩院、夜店、高档商店和赌场。这一项目的住宅区，将会由来自私人的资金投资建成。在我写作这本书之时，埃及正在争取外国投资者的注意，希望他们能挥金投资。

这个项目似乎不仅仅是一笔新的房地产交易。除了吸引外国投资，它还希望让人们意识到，埃及在该地区开启了一个享有财富和权力的新时期。开罗是中东的重心，如第一章所述，尼罗河塔和马斯佩罗三角区项目代表了世界上最古老、最辉煌的文明之一中心地带的一种新型的河滨用途。如果这个项目继续推进，一座宏伟的建筑——非洲最高的建筑之一——将从尼罗河畔拔地而起。

或许，与洛杉矶河周边的建造计划相比，其他的滨河振兴计划都无法展示这种"重新发现"的感觉。作为一名在洛杉矶生活了20多年的居民，我可以证明，大多数洛杉矶人甚至不知道洛杉矶河在哪里。与大多数城市不同，洛杉矶并没有沿着河岸建造发展。洛杉矶河在一年中的大部分时间里都无法通航，一直都很干燥，它从来不是航运动脉，甚至也算不上可靠的水源。这里易发洪水，偶尔也有土地崩裂，有时河水会跃上河岸，开辟新的河道。

1914年、1934年和1938年的一系列毁灭性洪水，夺走了100多人的生命，造成了超过10亿美元的损失，此后美国陆军工程兵团便开始治理洛杉矶河。他们把原有河岸挖了回来，加宽了通道，并在里面衬上了巨大的倾斜混凝土桥台。这条河的总长度是51英里，其中大部分河段都铺好了河床。

从生态环境上来讲，这条河从一条葱郁的岛屿带和临时水池，变成了一条梯形的混凝土通道。从社会意义上来看，这条河变成了一个巨大的露天暴雨排水道，只有匿名的街头艺术壁画家、非法街头赛车手和许多电影（如《油脂》和《黑暗骑士崛起》）的外景经理会注意到它，其他人基本上都把它遗忘了。当暴风雨来临时，在汹涌的河道里，快速水上救援是很常见的，其河水排放量大于每秒 10 万立方英尺 ①。

目前洛杉矶正在开展一项庞大的计划，在一些混凝土建筑上修复一部分自然生态，使洛杉矶河重新成为拥有公共绿地和重振经济的走廊。这个想法至少可以追溯至 2002 年，当时洛杉矶市起草了河流修复的早期概念计划。这份最初的文件多年来不断迭代发展，在此过程中，洛杉矶市、县和美国陆军工程兵团之间建立了牢固的合作伙伴关系。全球知名建筑师弗兰克·盖里最近也签了约，将帮助设计河流修复与开发的最终蓝图。与盖里密切合作的是一个名为"洛杉矶河流"的非营利组织，其使命是沿着河流"整合设计和基础设施，将人、水和自然融合在一起"。

全长 51 英里河流的最终总体规划的细节尚未公布，但大概是在 2020 年或 2021 年发布。2016 年，美国国会批准了主要的第一阶段计划，即"洛杉矶河生态系统恢复项目"，以恢复在洛杉矶市中心延伸了 11 英里的自然河岸生态系统。2017 年，该市购买了一个名为"泰勒货场河畔 G2"的废弃货运中转铁路站，是项目进展上的一大突破。这座占地 42 英亩的滨河地产原为联合太平洋铁路公司所有，是整个河流复兴计划的重要组成部分。"这片广阔的场地可以改变洛杉矶人与自然世界产生联系的方式，"洛杉矶市长埃里克·加希提在宣布购买土地时说，"因为有了它，栖息地得以修复。长期与河流隔绝的社区，将通过一条超过一英里长的通道直接与河水相连。"

---

① 1 立方英尺 ≈0.03 立方米。——编者注

在这里，房地产开发商嗅到了更大的振兴经济的机会。他们在这条曾被忽视的水道上，发起了众多项目。在我撰写本书时，洛杉矶河沿岸已经有 20 多个新的开发方案了，它们的进展各不相同。其中包括围绕"伯钛地块"（另一块废弃的铁路场）而进行的项目，该地块将建成一处户外公共艺术空间、一座未来派桥梁和一个河滨公园。在洛杉矶市中心，会建成一座新桥，连接洛杉矶河绿道（有步行道和自行车道）、河对面的格伦代尔海峡水道和自行车道系统。往下游走，一项名为"洛杉矶河下游振兴计划"的计划则提出了 146 个令人称奇的滨河项目，包括公园、拥有绿植的人行道和从弗农延伸到长滩的自然景观。

图9-3　目前，洛杉矶河只不过是一条混凝土制的雨水排水管。现在，有一项大规模的河流修复和振兴计划，力图将被忽视的水道变为充满活力的休闲、生态和发展走廊。（劳伦斯·C.史密斯/摄）

河流是部文明史　318

洛杉矶河的下游流经南洛杉矶的林伍德、康普顿和北长滩的工人阶级社区，这些社区是该市尘土最多的地区。河流开裂的混凝河床已经变得光秃秃的，毫无生气。周围的住宅区时常被暴晒，尘土飞扬，数英里内没有绿地。在这些被提议的项目中，哪怕只有一小部分得以实现，想必理查德·洛夫、乔·巴顿、华莱士·尼科尔斯以及"别让孩子留在家里"运动的所有支持者们，都会拍手叫好。

当城市人口变成大多数

如上文所述，现在正是城市需要翻新河流的时候。

在 2008 年的某个时候，人类跨越了一个历史性的城市化的门槛。我们永远无法知晓那个确切的时刻是什么，但在地球上的某个地方，有个婴儿出生了，我们进入了一个完全陌生的世界。大部分地方都变成了城市。

在人类文明史上，居住在城市的人口从未超过农村。人们以前从未对农业、狩猎以及饲养食用动物的行为感到如此生疏，在户外玩耍的孩子也没有那么少。2008 年，我们正式成为城市物种，主宰我们自己创造的全球粮食生产经济。

自从那个婴儿出生以来，我们的人口又增加了 10 亿，从 67 亿增加至 77 亿。我们的城市人口比例从 50% 增加到 55%。到 2050 年，这一比例将接近 70%，城市人口将比现在的 42 亿还要再多 25 亿。城市人口的这一增长速度，若是延续下去，将会在接下来的 32 年里，每年为地球增加三个与上海等同的超级大都市。

　　此类城市发展，大多发生在亚洲和非洲，全球超过三分之一的城镇化发生在印度、中国和尼日利亚这三个国家。数百个超百万人口的城市和数十个超千万人口的"特大城市"的出现，是史无前例的。据人口模型预测，特大城市的数量将翻一番，从 2015 年的 28 个增至 2035 年的近 50 个。如果他们的预测成立，世界上最大的城市将是印度德里，拥有 4 300 万人口。东京、上海、达卡和开罗将跻身全球前五名。

　　从这些变化来看，在 1970 年，纽约是全球的第二大城市，当时全球只有 144 个人口突破百万级的城市。到 2035 年，纽约预计会排到第 13 位，全球超过百万人口的城市数量可能会增至 759。这些城市将会是什么模样？未来当然是可以由人塑造的，但我们也知道，除非未来发生巨大的变革，能扭转已经延续了数十年的趋势，否则今日大多数的大型城市还会继续扩大规模。我们也可以预见到，更多的高层建筑还将在稀缺的城市土地上继续抬升住房密度，这些建筑会密集出现在公共交通或个人流动走廊附近。我们可以预测，社会中的高龄人口的比例将会上升。我们可以想象充满自动飞行设备的天空和塞满新型自动驾驶汽车的街道。我们将会看到，城市的土地价格高得惊人，而进入开放绿地和自然生态也要花费很多钱。

　　我所描述的城市河流趋势，也就是城市将过时的工业滨水区改造成新的公共绿地走廊，可以帮助解决最后一个问题。原因如下：在城市世界中，很少有孩子可以在树林里露营。在一个日渐老龄化的世界里，很多人只能追忆过往的攀岩时光。大脑认知研究和常识告诉我们，大自然对人类有益。科学和常识也告诉我们，清除河流中的工业废物对自然有益。虽然城市改造无法使得所有河漫滩和沿海三角洲抵御由洪水概率变化和海平面上升所带来的影响——这些变化的始作俑者是气候变化，但城市的结构紧凑，也相对富裕，有能力更好地设计防御措施。

在2005年飓风卡特里娜摧毁墨西哥湾沿岸后，大新奥尔良地区建立了广泛的新防洪设施，城市人口开始恢复增长。但在墨西哥湾沿岸的其他地方，数英里被抹去的海滨社区从未被恢复。人口众多、地产价格高且规模相对较小的城市更有可能保护其滨水区，至少能再保护一至两个世纪。

城市可以改造河流的机会非常多，为了说明这一点，让我们聊一聊我在第二章提到的全球地理信息系统的研究，当时我与我的学生萨拉·波佩尔卡合作，以计算这些自然特征在当今城市中的普遍程度。你可能还记得，这个新的数据集会采用由卫星遥感绘制的全球大河（30米或更宽的河）地图来量化河流作为政治边界的次数。现在，让我们检验一下，这个全球河流的数据库是如何与全球人口的空间分布状况相匹配的。

通过这个测试，我们了解到，人类不仅是一个城市物种，也是一个河流物种。事实上，大约三分之二（63%）的世界人口生活在距离大河20千米的范围内。世界上大约84%的大城市（即人口大于100万但少于1 000万）位于一条大河的沿岸地带。就世界特大城市（人口超过1 000万）而言，沿河的比例将上升到93%。因为我的分析不包括数量更多的较小水道（有关研究灵感，请参见本书前面的全球地图，其中展示了地球表面的地形排水模式），我们可以有把握地说，上述百分比算得上保守估计。

	总数	靠近大河的数量与占比	靠近港口的数量与占比	靠近两者的数量与占比	仅在港口附近的数量与占比
人口超1 000万的城市	30	28（93%）	21（70%）	19（63%）	2（7%）
人口超100万的城市	429	359（84%）	181（42%）	138（32%）	43（10%）
所有城市	75 445	42 946（97%）	9 073（12%）	3 773（5%）	5 300（7%）
2015年世界人口	7 349 286 991	4 623 518 316（63%）	1 397 438 116（19%）	1 038 787 479（14%）	358 650 637（5%）

在这项研究中，我们可以看到，绝大多数"沿海"城市实际上是河流城市，这意味着，它们处在河流三角洲上。许多人住在海岸附近，这是人们反复提到的事实，实际上，只有大约五分之一（19%）的人住在海岸附近。大多数人生活在河流三角洲上。只有5%的世界人口和不到10%的城市临近海岸，而不是临近河流。简而言之，河流是我们建造城市文明首选的自然特征。现如今，世界上几乎所有的主要城市都有机会以某种方式与河流产生互动。

当然，重新开发滨水区要面临很多问题。河漫滩会泛滥，因此在这些地方建房是有风险的。气候变化使得我们更难预测洪水概率，而且在许多地区，泛洪的风险可能还会增加。在沿海地区，风暴的增多和长期海平面上升对海滨地产构成了生存威胁。与此同时，从富裕城市迁出的重工业正在扩散至发展中国家，并侵入世界上仅存的一些原始地区，在其他地方造成河流污染、河流改道和生态破坏等新问题。

其他问题则纯粹是社会经济问题。在伦敦、上海和洛杉矶等生活成本高昂的城市，用崭新的滨水开发项目取代破旧的工业走廊，抬高了周边社区的房地产价格，把中低收入居民都赶走了。经济适用的社区的消失，会降低城市的整体社会多样性和经济多样性，也会削弱大都市本身的文化和活力。

城市河滨地段的重建，也会损害其他将该地段当作公共区域的群体的利益。公共区域包括无家可归者的居住区，有些居住区的规模十分庞大，例如那些建在巴西马瑙斯内格罗河、加州奥兰治的圣安娜河沿岸的居住区。这些人中不乏街头艺人，他们往往把桥台和由混凝土填充的通道当作空白画布。

从布鲁克林的绿点到开罗的马斯佩罗三角区，重建引起了许多当地人的不满，但这些负面回应并没有叫停城市河滨翻新的热潮。大多数城市都在继续拓展，它们的中心正在变得愈加密集。越来越多的年轻人和专业人士选择在市中心居住，而非郊区。大片位置优越的旧工业用地、被遗弃的船坞和石化厂，正在被新的公园、住宅楼和服务业工作所取代。由于住房紧张，绿地稀缺，城市规划者正在寻找适宜开发的河滨地段，以满足居住和生态的双重需求。

图9-4 罗得岛州普罗维登斯市中心会定期举行河滨节日的庆祝活动，吸引上千人走出了户外。这些节日的举办，象征着当地居民开始重新造访黑石河谷的河流，这里原本是美国工业革命的中心地带，也是美国污染最严重的水路之一。（艾比·廷斯塔德/摄）

总的来说，这是一件好事。如果处理得当，城市河滨的重建项目，就能为创建密集的、有吸引力的社区提供不可多得的机会，让社区享有宁静的户外环境、精心设计的自然空间。数百万城市人口已经在享用新建的河滨公园，在那里他们可以散步、锻炼，或者只是在户外开心个几分钟。在大大小小的城市里，这些公园营造了公共场所，人们聚集在那里参加文化活动，例如正在进行的水火节，每年夏天都会吸引近100万人来到罗得岛普罗维登斯市中心，这里曾经是美国污染最严重的河流走廊之一。

有了这些项目，人们不必远足至阿巴拉契亚小径，即可获得户外环境所带来的认知和健康上的益处。在这个迅速城镇化的世界中，河滨区域将成为数百万人——甚至数十亿人——日常共享的空间。

拥有力量的河流

对我们来说，一个没有河流的世界将会变得面目全非。我们的大陆将变得更为崎岖、高耸、寒冷、狭小。我们的定居模式将以迥异于现状的方式不断演变，会有分散的农场和村庄依绿洲和海岸线而建。战争会以不同的方式展开，国家的边界也会变得陌生。我们最为熟知的城市将不复存在。用于界定我们自身的人口迁徙、贸易流动，可能永远都不会发生。

纵观历史，河流以其提供的自然资本、运输通道、领土疆域、生态健康和权力基础，为我们的社会打上了深深的印记。它们创造的平坦又肥沃的河谷，给我们带来了赖以生存的食物和水。历史上最早出现的几个水利社会发源于充满淤泥的河谷，它们位于今日的埃及、伊拉克、印度、巴基斯坦和中国，催生了城镇、贸易、统治阶级，也孕育了政治政权。早期城市规划者们对抽水、排污的实际需求，培育出了世界上第一批工程师。关于河流源头、河水所有权的哲学辩论，则为科学和法律打下了重要的早期基础。

在美洲，史前的殖民者曾沿着河谷定居，建立了其他几个水利社会，例如位于今日新墨西哥州的阿纳萨齐、中美洲的玛雅，和密西西比河河谷的卡霍基亚。当欧洲殖民者去探索和丈量全球地域时，他们以河流作为探索的路径，用河道和分水岭界定领土范围。时至今日，很多河流依然存在，充当着国家之间和国家内部的领地边界。我们在全球的各处河岸建起了定居点，这些定居点逐渐发展成了镇、城，最终演变为大都会。

一代又一代的人，不假思索地依傍着河流而生。河流就在那里，是一道宜人的风景线，也能提供一些有限但必需的价值。河流带来了渔产，灌溉了水利王国，提供了探索大陆的航道，催化了工业进程，净化了污染，制造了电力，开垦了干涸的土地，冷却了发电厂，激发了环保和技术运动，创造了发展房地产的机遇，安抚了紧张焦虑的都市情绪。从任何一代人的角度来看，河流的价值都显而易见，且有实际效益，甚至有些平淡无奇。只有从长远来看，才能体会到河流对人类文明的基础性作用。

如果要浓缩河流和人类漫长的历史，把它们编成一篇短小精悍的故事，讲给我的三个孩子听，我会这么讲：

在很久很久以前，一滴滴雨水凝聚在一起，降落在地上，塑造了地表的样貌。数百万年来，流水雕刻出了山峦，搬运着泥土。河流从陆地发源，流入大海，塑造出了宽阔的河谷平原，那里充满了肥沃的冲积土壤。

游牧民族先发现了这些河谷，开始学着耕种，相互协作，在同一个地方定居。河流就成了维系他们生活方式的根本。有了河流，食物的盈余变多了，社会也愈加复杂，层级愈加分明。

人们开始支持并鼓励那些愿意探寻自然世界的思想者。哲学、法律、工程和科学的最初尝试因而出现。人们学知识，做买卖，变得越来越有创造力，人口数量也越来越庞大。

我们利用河流的方式，也越来越多样化了。河流变成了我们通行的管道和重新探索大陆的方式。我们建立了新的殖民地，文化和语言也因而变得越来越丰富。随着人口扩大，死亡的数字也在增长，因为洪水时不时会夺走生命，并以难以预料的方式震荡着我们的政治体系。在竞争日益激烈的世界里，河流成了左右战事的计谋策略，也是判定领土边界的仲裁标准。

我们的技术进步了，学会了如何利用河流，满足工业所需，继而建造了水车、制革厂和纺织厂。河流带来了电力，冲走了污水，协助我们的经济迈入工业化。它们运输集装箱和交易船只，我们挖了河道——运河——来将它们连在一起。

后来，我们的技术力量有了巨大提升。我们学着大范围地驯服河水，不惜拉远与河水之间的距离。我们通过建造巨大的水库来吸纳河水，将原本寸草不生的干旱之地变成了可以耕种的农田。这些大坝像是希腊神话中的丰饶之角，给我们带来了水源、电力和城镇。大坝的水源非常宝贵，这促使不同地区达成新的合作协定，也为了跨境河流而形成共同管治。

随着我们越来越富裕，对污染的容忍度也减弱了。那些被污染了的水路，原本被视为经济增长的必然结果，是情有可原的，但现在状况变得越来越糟糕了。后来有了新的法律条文，遏制了污水排放。这些河流随之也被重新修复了，我们发现河流很灵活，适应力很强。大坝被炸毁了，河流也发生了变化，很快又重新从陆地向海里运输沉积物，鱼儿们沿着炸毁了的遗迹回到了原来的家。

河流的故事讲到了现在。我们如有神助，可以搬运土壤，也有了充足的工程知识，可以将河流改道的规模扩大到惊人的程度。全球人口最多的两大国家，面临着严重的水源供应危机，正在推进有史以来最大的跨流域调水工程。虽然河流的健康是我们优先考虑的事，但它们所承受的生态重压并未消减。我们在建造新的传感器、卫星和模型，以便更好地了解河流，监控它们的状态。新的技术或许可以减少对环境的损害，有效利用河流的能量。

与此同时，我们也在向大城市迁徙，日益沉浸在数字世界当中，自然世界逐渐淡出了我们的日常生活。但人类的大脑和生理状况还没有跟上现在环境的变化。接触自然依然有益于人体健康。我们再一次意识到，那些河流环绕在日益坚固的城市周围，依然在那里流淌着。

它们总是在那里，满足生活生产的需求，不断变换着样貌，伴随着我们发展的每一步。我们就像是在谢尔·希尔弗斯坦的《爱心树》里长大的孩子，所求所需会随着时间而变化，河流的馈赠也在跟着改变。我们索求的东西变了，但与河流的依存关系却始终如一。河流流淌着，已经历经了几百个世代。和希尔弗斯坦笔下最终因被过度索求而枯萎的苹果树桩不同，只要我们创造机会，河流就依然可以重生。河流可以是永不停歇，永不衰朽的。

尼罗河丈量仪是古代河流知识的来源，被法老们用来征税、维系社会运转，就在今日尼罗河塔的下游。尼罗河总是为埃及人带来馈赠，先是泥土肥沃的农田和灌溉水源，继而是阿斯旺大坝的能源，如今则是开罗市中心河滨沿岸的高档地产。

从城邦的创立到整个星球的探索，从领土的纷争到城市的出现，从能源的获取到经济体的工业化进程，从促进合作、环保和技术的发展，再到为数十亿人营造自然空间，河流始终在那里。

一个庞大的、像动脉一样的力量低吟着，围绕着我们运转，但又总是深藏功与名。它塑造了我们的文明，比任何一条路、一项技术，或是任何一位领导人都要强大。它开启了边界，搭建了城镇，划定了疆域，喂养了数十亿人。它改善了生活，促进了和平，授予了权力，又总是任性地摧毁着阻拦它前行的任何事物。如今，河流愈加被人们驯服，甚至浑身被绑上了枷锁，但它依旧是那个古老的力量，依旧在统领着我们所有人的生命。

致　谢

我感谢我的父母，因为他们，我才能写出这本书。我的父亲，诺曼·D. 史密斯，在我成长的历程中多次把河流带入我的视野中。他第一次告诉我河流的故事，是作为城里孩子的家长，之后则是作为加拿大萨斯喀彻温河的权威专家、著名的河流沉积学家，向我分享见解。我要向他表示感谢。

若是没有布罗克曼出版社的组稿人罗素·温伯格的鼓励和高水准，这本书也不可能写成。他陪我完成了整个写作过程，坚持让我专注于写作自己熟知的主题。

我想感谢利特尔·布朗出版社的编辑伊恩·施特劳斯，他一直慷慨地拨出时间，为我的文稿提供了多次编辑意见。我也想感谢出版商、出版社副社长兼主编特蕾西·比哈尔，感谢她同意出版这本书。还要感谢贝琪·乌里希、凯瑟琳·罗杰斯、杰西卡·秦和朱莉安娜·霍巴切夫斯基，他们分别负责了本书的编辑、审稿、推销、宣传工作。多亏了劳伦·哈姆斯，本书精装版的封面设计让人眼前一亮。

我之前教过的两位本科学生，布朗大学的娜塔莉·珀尔和加州大学洛杉矶分校的萨拉·波佩尔卡，提供了珍贵的研究协助。本书所有的地图和插图，都是与加州大学洛杉矶分校地理系、优秀的制图师马修·热布罗夫斯基合作完成的。

书中部分研究的资金支持是由布朗大学（环境与社会研究所）、约翰·阿特沃特和戴安娜·纳尔逊基金会、美国国家航空航天局的地球科学学部提供的。

曾为本书协助采访，提供参考书目、研究支持和建议，或是以其他形式提供帮助的个人，包括弗雷德·阿贾里安、约翰·阿格纽、特斯费·阿莱姆塞格德、道格·阿尔斯多夫、科斯塔斯·安德烈亚迪斯、洛雷娜·阿波达卡、盖迪翁·阿斯富、保罗·贝茨、阿尔贝托·比哈尔、杰森·博克斯、蕾切尔·卡利科、凯特琳·坎贝尔、朱迪·卡尼、威廉·A.V.克拉克、阿德里安·克莱顿、凯莉·科斯珀、约翰·克里利、安吉拉·德索托、贾雷德·戴蒙德、迈克·杜兰德、科里·艾德、贾里德·恩廷、杰伊·法米列蒂、乌巴莱姆·费卡德、詹姆斯·加文、梅康宁·格布雷迈克尔、帕姆·吉塞尔、汤姆·吉莱斯皮、彼得·格里菲斯、科琳·哈夫克、泰勒·哈兰、莱恩·豪格、杰西·詹金斯、克里斯·约翰逊、雅拉·科什诺、杰弗里·凯特林格、威廉·克拉比尔、库拉由美子、斯科特·勒法弗、卡尔·莱格莱特、丹尼斯·莱滕迈尔、亚当·勒温特、埃里克·林德斯特伦、理查德·洛曼、卢拉·卢、阿曼达·林奇、格伦·麦克唐纳、弗兰克·马格利根、汉克·马戈利斯、托尔斯滕·马库斯、卡西·麦克默里、弗洛德·梅勒姆维克、莱亚尔·默特斯、查尔斯·米勒、科里·米洛内、托比·迈尼尔、妮可·莫拉莱斯、保罗·莫林、艾琳·莫滕森、贝基·马德、法卡汉德·内加什、彼得·诺尔、拉里·纳尔蒂、格雷格·奥金、布兰登·奥弗斯特里特、弗雷德·皮尔斯、艾尔·彼得罗内罗、埃丽卡·彼得罗内罗、特里·皮塞、鲍勃·普里斯、丽兹·皮尔韦、韦斯利·雷耶斯、约瓦娜·里佐、埃内斯托·罗德里格斯、肖克·索瓦纳雷、乔安妮·斯托克斯、凯伦·塔米尔、马尔科·特德斯科、阿尔贾·廷斯塔德、杰里·廷斯塔德、德克·范·阿斯、苏必润·范、托马斯·瓦格纳、王继达、迈克尔·韦纳、辛迪·叶和凯西·杨。

多位我曾经指导过的研究生、博士生和博士后,在有意无意间,也都对本书的写作做出了贡献,他们包括:米娅·贝内特、韦娜·朱、莎拉·库利、马修·库珀、杰西卡·费恩、凯伦·弗雷、科林·格里森、辛西娅·霍尔、伊桑·基西瓦、叶卡捷琳娜·莱津、马修·默塞尔、塔姆林·帕维尔斯基、林肯·皮彻、艾莎·伦纳马尔姆、约翰·瑞安、盛永伟、斯科特·斯蒂芬森、杨康。

本书中未注明出处的照片,是由盖迪翁·阿斯富、米娅·贝内特、约翰·古斯曼、泰勒·哈兰、米哈尔·胡涅维奇、理查德·洛曼、曼恩水电有限公司／大卫曼恩、美国国家航空航天局、国会图书馆、理查德·尼克松总统图书馆和博物馆、约翰·瑞恩、艾比·廷斯塔德、凯尔文·特劳特曼和联合国难民署提供的。

这本书的初稿是我在布朗大学为期一年的学术休假期间写成的,当时加州大学洛杉矶分校为我提供了资助。塔姆林·帕维尔斯基、杰里·廷斯塔德和杨康审阅并评议了本书的关键章节，使得书稿的质量有了巨大提升。道格·阿尔斯多夫、诺曼·史密斯、伊恩·施特劳斯和艾比·廷斯塔德则阅读了整本书，也提出了批评建议。萨拉·利平科特专业地完成了本书的核查工作。书中任何遗留的错误、偏差和疏漏，都应归咎于我本人。

劳伦斯·C.史密斯
美国罗得岛州普罗维登斯
2019年12月2日

参考文献 & 拓展阅读

前 言

Holden, Peter, et al. "Mass-spectrometric mining of Hadean zircons by automated SHRIMP multi-collector and single-collector U/Pb zircon age dating: The first 100,000 grains," *International Journal of Mass Spectrometry* 286.2–3 (2009): 53–63. doi.org/10.1016/j.ijms.2009.06.007

Kite, Edwin S., et al. "Persistence of intense, climate-driven runoff late in Mars history," *Science Advances* 5.3 (2019). doi.org/10.1126/sciadv.aav7710

Lyons, Timothy W., et al. "The rise of oxygen in Earth's early ocean and atmosphere," *Nature* 506 (2014): 307–315. doi.org/10.1038/nature13068

O'Malley-James, Jack T., et al. "Swansong Biospheres: Refuges for Life and Novel Microbial Biospheres on Terrestrial Planets near the End of Their Habitable Lifetimes," *International Journal of Astrobiology* 12.2 (2012): 99–112. doi.org/10.1017/S147355041200047X

Valley, John W., et al. "Hadean age for a post-magma-ocean zircon confirmed by atom-probe tomography," *Nature Geoscience* 7 (2014): 219–223. doi.org/10.1038/ngeo2075

第一章 巴勒莫石碑

两河流域

Fagan, Brian. *Elixir: A History of Water and Humankind* (New York: Bloomsbury Press, 2011).

Hurst, H. E. "The Roda Nilometer." (Book Review of *Le Mikyâs ou Nilometrè de l'Ile de Rodah, Par Kamel Osman Ghaleb Pasha.*) *Nature* 170 (1952): 132–133. doi.org/10.1038/170132a0

Morozova, Galina S. "A review of Holocene avulsions of the Tigris and Euphrates rivers and possible effects on the evolution of civilizations in lower Mesopotamia," *Geoarchaeology* 20.4 (2005): Wiley Online Library. doi.org/10.1002/gea.20057

Shaw, Ian, ed. *The Oxford History of Ancient Egypt* (New York: Oxford University Press, 2000).

Tainter, Joseph A. *The Collapse of Complex Societies* (Cambridge: Cambridge University Press, 1990).

两河流域的方舟

Davila, James R. "The Flood Hero as King and Priest," *Journal of Near Eastern Studies* 54.3 (1995): 199–214.

Kennett, D. J., and J. P. Kennett. "Early State Formation in Southern Mesopotamia: Sea Levels, Shorelines, and Climate Change," *Journal of Island and Coastal Archaeology* 1.1 (2006): 67–99. doi.org/10.1080/15564890600586283

Lambeck, K. "Shoreline reconstructions for the Persian Gulf since the last glacial maximum," *Earth and Planetary Science Letters* 142.1–2 (1996): 43–57. doi.org/10.1016/0012-821X(96)00069-6

Lambeck, K., and J. Chappell. "Sea Level Change Through the Last Glacial Cycle," *Science* 292.5517 (2001): 679–686. doi.org/10.1126/science.1059549

Ryan, W. B. F., et al. "Catastrophic Flooding of the Black Sea," *Annual Review of Earth and Planetary Sciences* 31 (2003): 525–554. doi.org/10.1146/annurev.earth.31.100901.141249

Teller, J. T., et al. "Calcareous dunes of the United Arab Emirates and Noah's Flood: the postglacial reflooding of the Persian (Arabian) Gulf," *Quaternary International* 68–71 (2000): 297–308. doi.org/10.1016/S1040-6182(00)00052-5

Tigay, Jeffrey H. *The Evolution of the Gilgamesh Epic* (Philadelphia: University of Pennsylvania Press, 1982).

辩才天女的秘密

Gangal, K., et al. "Spatio-temporal analysis of the Indus urbanization," *Current Science* 98.6 (2010): 846–852. www.jstor.org/stable/24109857

Giosan, L., et al. "Fluvial landscapes of the Harappan civilization," *PNAS* 109.26 (2012): 1688–1694. doi.org/10.1073/pnas.1112743109

Sarkar, A., et al. "Oxygen isotope in archaeological bioapatites from India: Implications to climate change and decline of Bronze Age Harappan civilization," *Scientific Reports* 6 (2016). doi.org/10.1038/srep26555

Tripathi, J. K., et al. "Is River Ghaggar, Saraswati? Geochemical Constraints," *Current Science* 87.8 (2004): 1141–1145. www.jstor.org/stable/24108988

大禹回归；来自哈比神双乳的知识

Biswas, A. K. *History of Hydrology* (London: North-Holland Publishing Company, 1970).

Loewe, Michael, and Edward L. Shaughnessy, eds. *The Cambridge History of Ancient China: From the Origins of Civilization to 221 BC* (Cambridge: Cambridge University Press, 1999).

Makibayashi, K., "The Transformation of Farming Cultural Landscapes in the Neolithic Yangtze Area, China," *Journal of World Prehistory* 27.3–4 (2014): 295–307. doi.org/10.1007/s10963-014-9082-0

Mays, Larry W. "Water Technology in Ancient Egypt," *Ancient Water Technologies* (Dordrecht, Netherlands: Springer, 2010).

Truesdell, W. A. "The First Engineer," *Journal of the Association of Engineering Societies* 19 (1897): 1–19.

Wittfogel, Karl A. *Oriental Despotism: A Comparative Study of Total Power* (New Haven: Yale University Press, 1957).

Wu, Q., et al. "Outburst flood at 1920 BCE supports historicity of China's Great Flood and the Xia dynasty," *Science* 353.6299 (2016): 579–582. doi.org/10.1126/science.aaf0842

Zong, Y., et al. "Fire and flood management of coastal swamp enabled first rice paddy cultivation in east China," *Nature* 449.7161 (2007): 459–462. doi.org/10.1038/nature06135

汉穆拉比法典；为所有人共享的河

Bannon, Cynthia. "Fresh Water in Roman Law: Rights and Policy," *Journal of Roman Studies* 107 (2017): 60–89. doi.org/10.1017/S007543581700079X

Campbell, Brian. *Rivers and the Power of Ancient Rome* (Chapel Hill: University of North Carolina Press, 2012).

Finkelstein, J. J. "The laws of Ur-Nammu," *Journal of Cuneiform Studies* 22.3–4 (1968): 66–82. doi.org/10.2307/1359121

——— "Sex Offenses in Sumerian Laws," *Journal of the American Oriental Society* 86.4 (1966): 355–372. doi.org/10.2307/596493

Frymer, T. S. "The Nungal-Hymn and the Ekur-Prison," *Journal of the Economic and Social History of the Orient* 20.1 (1977): 78–89. doi.org/10.2307/3632051

Gomila, M. "Ancient Legal Traditions," *The Encyclopedia of Criminology and Criminal Justice* (2014): 1–7. Wiley Online Library. doi.org/10.1002/9781118517383.wbeccj252

Husain, M. Z., and S. E. Costanza. "Code of Hammurabi," *The Encyclopedia of Corrections* (2017): 1–4. Wiley Online Library. doi.org/10.1002/9781118845387.wbeoc034

Teclaff, Ludwik A. "Evolution of the River Basin Concept in National and International Water Law," *Natural Resources Journal* 36.2 (1996): 359–391. digitalrepository.unm.edu/nrj/vol36/iss2/7

Yildiz, F. "A Tablet of Codex Ur-Nammu from Sippar," *Orientalia* 50.1 (1981): 87–97. www.jstor.org/stable/43075013

代表影响力的水轮；新大陆的河谷；乔治·华盛顿的大美国

Arnold, Jeanne E. "Credit Where Credit Is Due: The History of the Chumash Oceangoing Plank Canoe," *American Antiquity* 72.2 (2007): 196–209. doi.org/10.2307/40035811

Canuto, Marcello A., et al. "Ancient lowland Maya complexity as revealed by airborne laser scanning of northern Guatemala," *Science* 361.6409 (2018): doi.org/10.1126/science.aau0137

Cleland, Hugh. *George Washington in the Ohio Valley* (Pittsburgh: University of Pittsburgh Press, 1955).

"The Founders and the Pursuit of Land," The Lehrman Institute, lehrmaninstitute.org/history/founders-land.html#washington

Davis, Loren G., et al. "Late Upper Paleolithic occupation at Cooper's Ferry,

Idaho, USA, ~16,000 years ago," *Science* 365.6456 (2019): 891–897. doi: 10.1126/science.aax9830

Liu, Li, and Leping Jiang. "The discovery of an 8000-year-old dugout canoe at Kuahuqiao in the Lower Yangzi River, China," *Antiquity* 79.305 (2005): www.antiquity.ac.uk/projgall/liu305/

Pauketat, T. R. *Ancient Cahokia and the Mississippians* (New York: Cambridge University Press, 2004).

Pepperell, Caitlin S., et al. "Dispersal of *Mycobacterium tuberculosis* via the Canadian fur trade," *Proceedings of the National Academy of Sciences (PNAS)* 108.16 (2011): 6526–6531. doi.org/10.1073/pnas.1016708108

Van de Noort, R., et al. "The 'Kilnsea-boat,' and some implications from the discovery of England's oldest plank boat remains," *Antiquity* 73.279 (1999): 131–135. doi.org/10.1017/S0003598X00087913

Wade, L. "Ancient site in Idaho implies first Americans came by sea," *Science* 365.6456 (2019): 848–849. doi: 10.1126/science.365.6456.848

第二章　边境上的河

作为领土边境的河流；河流背后的政治私利

Apodaca, Lorena (Border Patrol Agent, Border Community Liaison, U.S. Customs and Border Protection) and Irine Mortensen (Community Relations Officer, U.S. Customs and Border Protection). Personal interviews. 14 Aug. 2017. El Paso, Texas.

Carter, Claire, et al. *David Taylor: Monuments* (Radius Books/Nevada Museum of Art, 2015).

Popelka, Sarah J., and Laurence C. Smith. "Rivers as Political Borders: A New Subnational Geospatial Dataset," *Water Policy*, in review.

Reisser, Wesley J. *The Black Book: Woodrow Wilson's Secret Plan for Peace* (Lanham, MD: Lexington Books, 2012).

Sahlins, Peter. "Natural Frontiers Revisited: France's Boundaries since the Seventeenth Century," *The American Historical Review* 95.5 (1990): 1423–1451. doi.org/10.2307/2162692

Ullah, Akm Ahsan. "Rohingya Refugees to Bangladesh: Historical Exclusions and Contemporary Marginalization," *Journal of Immigrant & Refugee Studies* 9.2 (2011): 139–161. doi.org/10.1080/15562948.2011.567149

国家的范围与形状；对水域战争的担忧；曼德拉也会用轰炸机争夺水源；水源，也是天然护卫

Alesina, Alberto, and Enrico Spolaore. *The Size of Nations* (Cambridge: MIT Press, 2005).

Likoti, Fako Johnson. "The 1998 Military Intervention in Lesotho: SADC Peace Mission or Resource War?" *International Peacekeeping* 14.2 (2007): 251–263. doi.org/10.1080/13533310601150875

Makoa, Francis K. "Foreign military intervention in Lesotho's election dispute: Whose Project?" *Strategic Review for Southern Africa* 21.1 (1999).

Viviroli, Daniel, et al. "Mountains of the world, water towers for humanity:

Typology, mapping, and global significance," *Water Resources Research* 43.7 (2007): 1–13. doi.org/10.1029/2006WR005653

由"哈蒙主义"衍生的国际合作；争夺湄公河

Convention between the United States of America and Mexico: Equitable Distribution of the Waters of the Rio Grande. Proclaimed January 16, 1907, by the U.S. and Mexico. www.ibwc.gov/Files/1906Conv.pdf

Convention on the Law of the Non-Navigational Use of International Watercourses, United Nations. Adopted 1997. legal.un.org/avl/ha/clnuiw/clnuiw.html

Cosslett, Tuyet L., and Patrick D. Cosslett. *Sustainable Development of Rice and Water Resources in Mainland Southeast Asia and Mekong River Basin* (Singapore: Springer Nature, 2018).

Harris, Maureen. "Can regional cooperation secure the Mekong's future?" *Bangkok Post,* 10 January 2018. www.bangkokpost.com/opinion/opinion/1393266/can-regional-cooperation-secure-the-mekongs-future

McCaffery, Stephen C. "The Harmon Doctrine One Hundred Years Later: Buried, Not Praised," *Natural Resources Journal* 36.3 (1996): 549–590. digitalrepository.unm.edu/nrj/vol36/iss3/5

Middleton, Carl, and Jeremy Allouche. "Watershed or Powershed? Critical Hydropolitics, China and the Lancang-Mekong Cooperation Framework," *The International Spectator* 51.3 (2016): 100–117. doi.org/10.1080/03932729.2016.1209385

Salman, Salman M. A. "Entry into force of the UN Watercourses Convention: Why should it matter?" *International Journal of Water Resources Development* 31.1 (2015): 4–16. doi.org/10.1080/07900627.2014.952072

Schiff, Jennifer S. "The evolution of Rhine river governance: historical lessons for modern transboundary water management," *Water History* 9.3 (2017): 279–294. doi.org/10.1007/s12685-017-0192-3

Sosland, Jeffrey K. *Cooperating Rivals: The Riparian Politics of the Jordan River Basin* (Albany: State University of New York Press, 2007).

Teclaff, Ludwik A. "Fiat or Custom: The Checkered Development of International Water Law," *Natural Resources Journal* 31.1 (1991): 45–73. digitalrepository.unm.edu/nrj/vol31/iss1/4

Wolf, Aaron T. "Conflict and cooperation along international waterways," *Water Policy* 1.2 (1998): 251–265. doi.org/10.1016/S1366-7017(98)00019-1

Ziv, Guy, et al. "Trading-off fish biodiversity, food security, and hydropower in the Mekong River Basin," *PNAS* 109.15 (2012): 5609–5614. doi.org/10.1073/pnas.1201423109

第三章　由耻辱和战争故事注解的世纪

恐怖的溺水处决

Brockell, Gillian. "How a painting of George Washington crossing the Delaware on Christmas went 19th-century viral," *The Washington Post,* 25 Dec. 2017. www

.washingtonpost.com/news/retropolis/wp/2017/12/24/how-a-painting-of-george-washington-crossing-the-delaware-on-christmas-went-19th-century-viral/?utm_term=.05b8375ce759

Groseclose, Barbara S. "'Washington Crossing the Delaware': The Political Context," *The American Art Journal* 7.2 (1975): 70–78. www.jstor.org/stable/1594000

"Islamic State and the crisis in Iraq and Syria in maps," *BBC News*, 28 Mar. 2018. www.bbc.com/news/world-middle-east-27838034

Jones, Seth G., et al. *Rolling Back the Islamic State* (Santa Monica, CA: RAND Corporation, 2017). www.rand.org/pubs/research_reports/RR1912.html

撕裂美国的南北战争

Bearss, Edwin C., with J. Parker Hills. *Receding Tide: Vicksburg and Gettysburg: The Campaigns That Changed the Civil War* (Washington, DC: National Geographic Books, 2010).

Joiner, Gary D. *Mr. Lincoln's Brown Water Navy: The Mississippi Squadron* (Lanham, MD: Rowman & Littlefield Publishers, 2007).

Tomblin, Barbara Brooks. *The Civil War on the Mississippi: Union Sailors, Gunboat Captains, and the Campaign to Control the River* (Lexington: University Press of Kentucky, 2016).

Van Tilburg, Hans Konrad. *A Civil War Gunboat in Pacific Waters: Life on Board USS Saginaw* (Gainesville: University Press of Florida, 2010).

中国的"百年国耻"

Chang, Iris. *The Rape of Nanking: The Forgotten Holocaust of World War II* (New York: Basic Books, Reprint Edition, 2012).

Cole, Bernard D. "The Real Sand Pebbles," *Naval History Magazine* 14.1 (2000): U.S. Naval Institute. www.usni.org/magazines/naval-history-magazine/2000/february

Feige, Chris, and Jeffrey A. Miron. "The opium wars, opium legalization and opium consumption in China," *Applied Economics Letters* 15.12 (2008): 911–913. doi.org/10.1080/13504850600972295

"A Japanese Attack Before Pearl Harbor," *NPR Morning Edition*, 13 Dec. 2007. Audio here: www.npr.org/templates/story/story.php?storyId=17110447

Kaufman, Alison A. *The "Century of Humiliation" and China's National Narratives* (2011). www.uscc.gov/sites/default/files/3.10.11Kaufman.pdf

Konstam, Angus. *Yangtze River Gunboats 1900–49* (Oxford, U.K.: Osprey Publishing, 2011).

Melancon, Glenn. "Honour in Opium? The British Declaration of War on China, 1839–1840," *The International History Review* 21.4 (1999): 855–874. doi.org/10.1080/07075332.1999.9640880

"The Opening to China Part 1: the First Opium War, the United States, and the Treaty of Wangxia, 1839–1844." Office of the Historian, U.S. Department of State. history.state.gov/milestones/1830-1860/china-1

"The Opening to China Part 2: the Second Opium War, the United States, and the Treaty of Tianjin, 1857–1859." Office of the Historian, U.S. Department of State. history.state.gov/milestones/1830-1860/china-2

"USS *Saginaw*," military.wikia.com/wiki/USS_Saginaw

扭转战争的河流与矿藏；英国的惩戒行动；默兹河和德军的虚招

Builder, Carl H., et al. "The Technician: Guderian's Breakthrough at Sedan," *Command Concepts*, 43–54 (Santa Monica, CA: RAND Corporation, 1999). www.rand.org/content/dam/rand/pubs/monograph_reports/MR775/MR775.chap4.pdf

Cole, Hugh M. "The Battle Before the Meuse," *The Ardennes: Battle of the Bulge*. U.S. Army Center of Military History. history.army.mil/books/wwii/7-8/7-8_22.HTM

"The Dam Raids," The Dambusters. http://www.dambusters.org.uk/

Evenden, Matthew. "Aluminum, Commodity Chains, and the Environmental History of the Second World War," *Environmental History* 16.1 (2011): 69–93. doi.org/10.1093/envhis/emq145

Hall, Allan. "Revealed: The priest who changed the course of history…by rescuing a drowning four-year-old Hitler from death in an icy river," *Mailonline*, 5 Jan. 2012. www.dailymail.co.uk/news/article-2082640/How-year-old-Adolf-Hitler-saved-certain-death—drowning-icy-river-rescued.html

King, W. L. Mackenzie. "The Hyde Park Declaration," *Canada and the War*. 28 Apr. 1941. wartimecanada.ca/sites/default/files/documents/WLMK.HydePark.1941.pdf

Massell, David. "'As Though There Was No Boundary': the Shipshaw Project and Continental Integration," *American Review of Canadian Studies* 34.2 (2004): 187–222. doi.org/10.1080/02722010409481198

Royal Air Force Benevolent Fund. "The story of the Dambusters." www.rafbf.org/dambusters/the-story-of-the-dambusters

Webster, T. M. "The Dam Busters Raid: Success or Sideshow?" *Air Power History* 52.2 (2005): 12–25. www.questia.com/library/journal/1G1-133367811/the-dam-busters-raid-success-or-sideshow

Willis, Amy. "Adolf Hitler 'Nearly Drowned as a Child,'" *The Telegraph*, 6 Jan. 2012. www.telegraph.co.uk/history/world-war-two/8996576/Adolf-Hitler-nearly-drowned-as-a-child.html

Zahniser, Marvin R. "Rethinking the Significance of Disaster: The United States and the Fall of France in 1940," *International History Review* 14.2 (1992): 252–276. www.jstor.org/stable/40792747

越战中的冒死服役

Carrico, John M. *Vietnam Ironclads: A Pictorial History of U.S. Navy River Assault Craft, 1966–1970* (John M. Carrico, 2008).

Dunigan, Molly, et al. *Characterizing and exploring the implications of maritime irregular warfare*. RAND Document Number MG-1127-NAVY (Santa Monica, CA: RAND, 2012) www.rand.org/pubs/monographs/MG1127.html

Helm, Glenn E. "Surprised at TET: U.S. Naval Forces—1968," Mobile Riverine Force Association. www.mrfa.org/us-navy/surprised-at-tet-u-s-naval-forces-1968/

Lorman, Richard E. "The Milk Run," *River Currents* 23.4 (2014): 2–3. Mobile Riverine Force Association. www.mrfa.org/wp-content/uploads/2016/06/River CurrentsWinter2014WEB.pdf

———. Personal interview. 22 April 2018. Hull, Massachusetts.

Qiang, Zhai. "China and the Geneva Conference of 1954," *China Quarterly* 129 (1992): 103–122. www.jstor.org/stable/654599

第四章 毁坏与新生

改变人口构成的洪水

"Billion-Dollar Weather and Climate Disasters: Overview." NOAA National Centers for Environmental Information. www.ncdc.noaa.gov/billions/

Blake, Eric S., and David A. Zelinsky. *National Hurricane Center Tropical Cyclone Report: Hurricane Harvey* (NOAA, 2018). www.nhc.noaa.gov/data/tcr/AL09 2017_Harvey.pdf

Elliott, James R. "Natural Hazards and Residential Mobility: General Patterns and Racially Unequal Outcomes in the United States," *Social Forces* 93.4 (2015): 1723–1747. doi.org/10.1093/sf/sou120

Fussell, Elizabeth, et al. "Race, Socioeconomic Status, and Return Migration to New Orleans after Hurricane Katrina," *Population and Environment* 31.1–3 (2010): 20–42. doi.org/10.1007/s11111-009-0092-2

Haider-Markel, Donald P., et al. "Media Framing and Racial Attitudes in the Aftermath of Katrina," *Policy Studies Journal* 35.4 (2007): 587–605. doi.org/10.1111/j.1541-0072.2007.00238.x

"Hurricane Costs." NOAA Office for Coastal Management. www.coast.noaa.gov/states/fast-facts/hurricane-costs.html

Jonkman, Sebastian N., et al. "Brief communication: Loss of life due to Hurricane Harvey," *Natural Hazards and Earth System Sciences* 18.4 (2018): 1073–1078. doi.org/10.5194/nhess-18-1073-2018

Leeson, Peter T., and Russell S. Sobel. "Weathering Corruption," *Journal of Law and Economics* 51.4 (2008): 667–681. doi.org/10.1086/590129

Schultz, Jessica, and James R. Elliott. "Natural disasters and local demographic change in the United States," *Population and Environment* 34.3 (2013): 293–312. www.jstor.org/stable/42636673

SHELDUS (Spatial Hazard Events and Losses Database for the United States), University of South Carolina. cemhs.asu.edu/sheldus/

Team Rubicon (various volunteers). Personal interviews. 29–30 Sept. 2017. Houston and Conroe, Texas.

Zaninetti, Jean-Marc, and Craig E. Colten. "Shrinking New Orleans: Post-Katrina Population Adjustments," *Urban Geography* 33.5 (2012): 675–699. doi.org/10.2747/0272-3638.33.5.675

被冲垮的防洪堤，被重组的政治版图

Barry, John S. *Rising Tide: The Great Mississippi Flood of 1927 and How It Changed America* (New York: Simon & Schuster, 1998).

Rivera, Jason David, and DeMond Shondell Miller. "Continually Neglected: Situating Natural Disasters in the African American Experience," *Journal of Black Studies* 37.4 (2007): 502–522. www.jstor.org/stable/40034320

Walton Jr., Hanes, and C. Vernon Gray. "Black Politics at the National Republican and Democratic Conventions, 1868–1972," *Phylon* 36.3 (1975): 269–278. www.jstor.org/stable/274392

扭转中国局势的黄河

Alexander, Bevin. *The Triumph of China*. www.bevinalexander.com/china/

Edgerton-Tarpley, Kathryn. "A River Runs through It: The Yellow River and The Chinese Civil War, 1946–1947," *Social Science History* 41.2 (2017): 141–173. doi.org/10.1017/ssh.2017.2

———. "'Nourish the People' to 'Sacrifice for the Nation': Changing Responses to Disaster in Late Imperial and Modern China," *Journal of Asian Studies* 73.2 (2014): 447–469. www.jstor.com/stable/43553296

Lary, Diana. "Drowned Earth: The Strategic Breaching of the Yellow River Dyke, 1938," *War in History* 8.2 (2001): 191–207. doi.org/10.1177/096834450100800204

Muscolino, Micah S. "Refugees, Land Reclamation, and Militarized Landscapes in Wartime China: Huanglongshan, Shaanxi, 1937–45," *Journal of Asian Studies* 69.2 (2010): 453–478. www.jstor.org/stable20721849

———. "Violence Against People and the Land: The Environment and Refugee Migration from China's Henan Province, 1938–1945," *Environment and History* 17.2 (2011): 291–311. www.jstor.org/stable/41303510

Muscolino, Micah. "War, Water, Power: An Environmental History of Henan's Yellow River Flood Area, 1938–1952," *CEAS Colloquium Series*. 9 Apr. 2012. Yale Macmillan Center.

Phillips, Steven E. *Between Assimilation and Independence: the Taiwanese Encounter Nationalist China, 1945–1950* (Redwood City, CA: Stanford University Press, 2003).

Rubinstein, Murray A., ed. *Taiwan: A New History* (Armonk, NY: M.E. Sharpe, 1999).

Selden, Mark, and Alvin Y. So. *War & State Terrorism: The United States, Japan, and the Asia-Pacific in the Long Twentieth Century* (Lanham, MD: Rowman & Littlefield, 2004).

Shu, Li, and Brian Finlayson. "Flood management on the lower Yellow River: hydrological and geomorphological perspectives," *Sedimentary Geology* 85.1–4 (1993): 285–296. doi.org/10.1016/0037-0738(93)90089-N

影响美国司法的约翰斯敦洪水

Connelly, Frank, and George C. Jenks. *Official History of the Johnstown Flood (1889)*, (Pittsburgh: Journalist Publishing Company, 1889).

Eaton, Lucien, et al. *The American Law Review, Volume 23* (St. Louis, MO: Review Publishing Co., 1889), 647.

Shugerman, Jed H. "The Floodgates of Strict Liability: Bursting Reservoirs and the Adoption of *Fletcher v. Rylands* in the Gilded Age," *Yale Law Journal*, 110.2 (2000). digitalcommons.law.yale.edu/ylj/vol110/iss2/6

Simpson, A. W. B. "Legal Liability for Bursting Reservoirs: The Historical Context of 'Rylands v. Fletcher,'" *Journal of Legal Studies*, 13.2 (1984): 209–264. www.jstor.org/stable/724235

第五章　追寻水流

修建埃塞俄比亚复兴大坝；属于大型水坝的世纪

Abdalla, I. H. "The 1959 Nile Waters Agreement in Sudanese-Egyptian Relations," *Middle Eastern Studies* 7.3 (1971): 329–341. www.jstor.org/stable/4282387

Bochove, Danielle, et al. "Barrick to Buy Randgold to Expand World's Largest Gold Miner," *Bloomberg*, 24 Sept. 2018. www.bloomberg.com/news/articles/2018-09-24/barrick-gold-agrees-to-buy-rival-randgold-in-all-share-deal

"Grand Inga Dam, DR Congo," *International Rivers*. www.internationalrivers.org/campaigns/grand-inga-dam-dr-congo

Hammond, M. "The Grand Ethiopian Renaissance Dam and the Blue Nile: Implications for transboundary water governance," *GWF Discussion Paper 1306*, Global Water Forum (2013). www.globalwaterforum.org/2013/01/25/the-grand-ethiopian-renaissance-dam-and-the-blue-nile-implications-for-transboundary-water-governance/

Negash, Fekahmed (Executive Director, Eastern Nile Technical Regional Office). Personal interview. 28 April 2018. Cambridge, MA.

Pearce, Fred. "On the River Nile, a Move to Avert a Conflict Over Water," *Yale Environment 360*. Yale School of Forestry & Environmental Studies. 12 Mar. 2015. e360.yale.edu/features/on_the_river_nile_a_move_to_avert_a_conflict_over_water

Stokstad, Erik. "Power play on the Nile," *Science* 351.6276 (2016): 904–907. doi.org/10.1126/science.351.6276.904

Taye, Meron Teferi, et al. "The Grand Ethiopian Renaissance Dam: Source of Cooperation or Contention?" *Journal of Water Resources Planning and Management* 142.11 (2016). doi.org/10.1061/(ASCE)WR.1943-5452.0000708

三项改变世界的水利发明；人造河流；加州的北水南调

Bagwell, Philip, and Peter Lyth. *Transport in Britain, 1750–2000: From Canal Lock to Gridlock* (London: Hambledon and London, 2002).

Davis, Mike. *City of Quartz: Excavating the Future in Los Angeles* (New York: Vintage Books, 2006).

Doyle, Martin. *The Source: How Rivers Made America and America Remade Its Rivers* (New York/London: W. W. Norton, 2018).

History of Canals in Britain—Routes of the Industrial Revolution. London Canal Museum. www.canalmuseum.org.uk/history/ukcanals.htm

Johnson, Ben. "The Bridgewater Canal," *Historic UK*. www.historic-uk.com/HistoryMagazine/DestinationsUK/The-Bridgewater-Canal/

Karas, Slawomir, and Maciej Roman Kowal. "The Mycenaean Bridges—Technical Evaluation Trial," *Roads and Bridges* 14.4 (2015): 285–302. doi.org/10.7409/rabdim.015.019

Redmount, Carol A. "The Wadi Tumilat and the 'Canal of the Pharaohs,'" *Journal of Near Eastern Studies* 54.2 (1995): 127–135. www.jstor.org/stable/545471

Wang, Serenitie, and Andrea Lo. "How the Nanjing Yangtze River Bridge Changed China Forever," *CNN Style: Architecture*, 2 Aug. 2017. www.cnn.com/style/article/nanjing-yangtze-river-bridge-revival

Wiseman, Ed. "Beipanjiang Bridge, the World's Highest, Opens to Traffic in Rural China," *The Telegraph*, 30 Dec. 2016. www.telegraph.co.uk/cars/news/beipanjiang-bridge-worlds-tallest-opens-traffic-rural-china/

大型河流改道计划：不可忽视的治河代价

Bagla, Pallava. "India plans the grandest of canal networks," *Science* 345.6193 (2014): 128. doi.org/10.1126/science.345.6193.128

Bhardwaj, Mayank. "Modi's $87 billion river-linking gamble set to take off as floods hit India," *Environment*, Reuters, 31 Aug. 2017. www.reuters.com/article/us-india-rivers/modis-87-billion-river-linking-gamble-set-to-take-off-as-floods-hit-india-idUSKCN1BC3HD

Bo, Xiang. "Water Diversion Project Success in First Year," *News*, English.news.cn. 12 Dec. 2015. www.xinhuanet.com/english/2015-12/12/c_134910168.htm

"From Congo Basin to Lake Chad: Transaqua, A Dream Is Becoming Reality," *Top News*. Sudanese Media Center. 29 Dec. 2016. smc.sd/en/from-congo-basin-to-lake-chad-transaqua-a-dream-is-becoming-reality/

Mekonnen, Mesfin M., and Arjen Y. Hoekstra. "Four billion people facing severe water scarcity," *Science Advances* 2.2 (2016). doi.org/10.1126/sciadv.1500323

Mengjie, ed. "South-to-north water diversion benefits 50 mln Chinese," *Xinhuanet*, 14 Sept. 2017. www.xinhuanet.com/english/2017-09/14/c_136609886.htm

"Metropolitan Board approves additional funding for full-scale, two-tunnel California WaterFix," The Metropolitan Water District of Southern California. 2 April 2018. www.mwdh2o.com/PDF_NewsRoom/WaterFix_April_board_decision.pdf

Mirza, Monirul M. Q., et al., eds. *Interlinking of Rivers in India: Issues and Concerns* (Leiden, Netherlands: CRC Press/Balkema, 2008).

Pateriya, Anupam. "Madhya Pradesh: Ken-Betwa river linking project runs into troubled waters," *Hindustan Times*, 8 July 2017. www.hindustantimes.com/india-news/madhya-pradesh-ken-betwa-river-linking-project-runs-into-troubled-waters/story-Sngb6U8mq2OeTMlB57KGsL.html

"Saving Lake Chad," *African Business Magazine*, 18 Apr. 2018. africanbusinessmagazine.com/sectors/development/saving-lake-chad

Whitehead, P. G., et al. "Dynamic modeling of the Ganga river system: impacts of future climate and socio-economic change on flows and nitrogen fluxes in India and Bangladesh," *Environmental Science: Processes & Impacts* 17 (2015): 1082–109. doi.org/10.1039/C4EM00616J

Zhao, Zhen-yu, et al. "Transformation of water resource management: a case study of the South-to-North Water Diversion project," *Journal of Cleaner Production* 163.1 (2017): 136–145. doi.org/10.1016/j.jclepro.2015.08.066

第六章　河流污染与治理

美国的超级基金

Beck, Eckardt C. "The Love Canal Tragedy," *EPA Journal*, Jan. 1979. archive.epa.gov/epa/aboutepa/love-canal-tragedy.html

Bedard, Paul. "Success: EPA set to reduce staff 50% in Trump's first term," *Washington Examiner*, 9 Jan. 2018. www.washingtonexaminer.com/success-epa-set-to-reduce-staff-50-in-trumps-first-term

Darland, Gary, et al. "A Thermophilic, Acidophilic Mycoplasma Isolated from a Coal Refuse Pile," *Science* 170.3965 (1970): 1416–1418. www.jstor.org/stable/1730880?seq=1/subjects

Davenport, Coral. "Scott Pruitt, Trump's Rule-Cutting E.P.A. Chief, Plots His Political Future," *New York Times*, 17 Mar. 2018. www.nytimes.com/2018/03/17/climate/scott-pruitt-political-ambitions.html

Deakin, Roger. *Waterlog: A Swimmer's Journey Through Britain* (New York: Vintage, 2000).

Guli, Mina. "The 6 River Run," www.minaguli.com/projectsoverview

———. "What I Learned from Running 40 Marathons in 40 Days for Water," *Huffpost*, 3 May 2017. www.huffpost.com/entry/what-i-learned-from-running-40-marathons-in-40-days_b_591acc92e4b03e1c81b008a1

Johnson, D. Barrie, and Kevin B. Hallberg. "Acid mine drainage remediation options: a review," *Science of the Total Environment* 338.1–2 (2005): 3–14. doi.org/10.1016/j.scitotenv.2004.09.002

Mallet, Victor. *River of Life, River of Death: The Ganges and India's Future* (New York: Oxford University Press, 2017).

Marsh, Rene. "Leaked memo: Pruitt taking control of Clean Water Act determinations," *CNN: Politics*, 4 April 2018. www.cnn.com/2018/04/04/politics/clean-water-act-epa-memo/index.html

O'Grady, John. "The $79 million plan to gut EPA staff," *The Hill*, 16 Feb. 2018. thehill.com/opinion/energy-environment/374167-the-79-million-plan-to-gut-epa-staff

Smith, L. C., and G. A. Olyphant. "Within-storm variations in runoff and sediment export from a rapidly eroding coal-refuse deposit," *Earth Surface Processes and Landforms* 19 (1994): 369–375. doi.org/10.1002/esp.3290190407

Swain, Christopher. "Swim with Swain." www.swimwithswain.org

中国的"河长制"；疾病缠身的水流

"China appoints 200,000 'river chiefs,'" *Xinhuanet*, 23 Aug. 2017. www.xinhuanet.com/english/2017-08/23/c_136549637.htm

Diaz, Robert J., and Rutger Rosenberg. "Spreading dead zones and consequences for marine ecosystems," *Science* 321.5891 (2008): 926–929. doi.org/10.1126/science.1156401

Eerkes-Medrano, Dafne, et al. "Microplastics in drinking water: A review and assessment," *Current Opinion in Environmental Science & Health* 7 (2019): 69–75. doi.org/10.1016/j.coesh.2018.12.001

Jensen-Cormier, Stephanie. "China Commits to Protecting the Yangtze River," *International Rivers*, 26 Feb. 2018. www.internationalrivers.org/blogs/435/china-commits-to-protecting-the-yangtze-river

Jones, Christopher S., et al. "Iowa stream nitrate and the Gulf of Mexico," *PLoS ONE* 13.4 (2018). doi.org/10.1371/journal.pone.0195930

Leung, Anna, et al. "Environmental contamination from electronic waste recycling at Guiyu, southeast China," *Journal of Material Cycles and Waste Management* 8.1 (2006): 21–33. doi.org/10.1007/s10163-005-0141-6

U.S. Fish and Wildlife Service, "Intersex fish: Endocrine disruption in smallmouth bass." www.fws.gov/chesapeakebay/pdf/endocrine.pdf

Williams, R. J., et al. "A national risk assessment for intersex in fish arising from steroid estrogens," *Environmental Toxicology and Chemistry* 28.1 (2009): 220–230. doi.org/10.1897/08-047.1

格陵兰岛的里维埃拉

Davenport, Coral, et al. "Greenland is melting away," *New York Times*, 27 Oct. 2015. www.nytimes.com/interactive/2015/10/27/world/greenland-is-melting-away.html

Fountain, H., and D. Watkins. "As Greenland Melts, Where Is the Water Going?" *New York Times*, 5 December 2017. www.nytimes.com/interactive/2017/12/05/climate/greenland-ice-melting.html

Kolbert, Elizabeth. "Greenland Is Melting," *New Yorker*, 24 October 2016. www.newyorker.com/magazine/2016/10/24/greenland-is-melting

Smith, L. C., et al. "Direct measurements of meltwater runoff on the Greenland Ice Sheet surface," *Proceedings of the National Academy of Sciences (PNAS)* 114.50 (2017): E10622-E10631. doi.org/10.1073/pnas.1707743114

顶峰水期

Bolch, T., et al. "The State and Fate of Himalayan Glaciers," *Science* 336.6079 (2012): 310–314. science.sciencemag.org/content/336/6079/310

Dottori, Francesco, et al. "Increased human and economic losses from river flooding with anthropogenic warming," *Nature Climate Change* 8 (2018): 781–786. www.nature.com/articles/s41558-018-0257-z

Green, Fergus, and Richard Denniss. "Cutting with both arms of the scissors: the economic and political case for restrictive supply-side climate policies," *Climatic Change* 150.1–2 (2018): 73–87. doi.org/10.1007/s10584-018-2162-x

Hirabayashi, Yukiko, et al. "Global flood risk under climate change," *Nature Climate Change* 3 (2013): 816–821. www.nature.com/articles/nclimate1911

Huss, Matthias, and Regine Hock. "Global-scale hydrological response to future glacier mass loss," *Nature Climate Change* 8 (2018): 135–140. www.nature.com/articles/s41558-017-0049-x

Immerzeel, Walter W., et al. "Climate change will affect the Asian water towers," *Science* 328.5984 (2010): 1382–1385. science.sciencemag.org/content/328/5984/1382

Mallakpour, Iman, and Gabriele Villarini. "The changing nature of flooding across the central United States," *Nature Climate Change* 5 (2015): 250–254. www.nature.com/articles/nclimate2516

Milliman, J. D., et al. "Climatic and anthropogenic factors affecting river discharge to the global ocean, 1951–2000," *Global and Planetary Change* 62.3–4 (2008): 187–194. doi.org/10.1016/j.gloplacha.2008.03.001

Smith, Laurence C. "Trends in Russian Arctic river-ice formation and breakup: 1917 to 1994," *Physical Geography* 21.1 (2000): 46–56. doi.org/10.1080/02723646.2000.10642698

Udall, Bradley, and Jonathan Overpeck. "The twenty-first century Colorado River hot drought and implications for the future," *Water Resources Research* 53.3: 2404–2418. agupubs.onlinelibrary.wiley.com/doi/pdf/10.1002/2016WR019638

Woodhouse, Connie A., et al. "Increasing influence of air temperature on upper Colorado River streamflow," *Geophysical Research Letters* 43.5 (2016): 2174–2181. agupubs.onlinelibrary.wiley.com/doi/full/10.1002/2015GL067613

Xiao, Mu, et al. "On the causes of declining Colorado River streamflows," *Water Resources Research* 54.9 (2018): 6739–6764. agupubs.onlinelibrary.wiley.com/doi/abs/10.1029/2018WR023153

第七章　随着水流而行

再现二战时的大坝摧毁

American Rivers (2019): American River Dam Removal Database. Dataset www.americanrivers.org/2018/02/dam-removal-in-2017/

Foley, M. M., et al. "Dam removal: Listening in," *Water Resources Research* 53.7 (2017): 5229–5246. doi.org/10.1002/2017WR020457

Monterey Peninsula Water Management District, *San Clemente Dam Fish Counts*. www.mpwmd.net/environmental-stewardship/carmel-river-steelhead-resources/san-clemente-dam-fish-counts/

Schiermeier, Quirin. "Europe is demolishing its dams to restore ecosystems," *Nature* 557 (2018): 290–291. doi.org/10.1038/d41586-018-05182-1

Steinbeck, John. *Cannery Row* (New York: Penguin Group, Reprint Edition, 2002).

Williams, Thomas H., et al. "Removal of San Clemente Dam did more than restore fish passage," *The Osprey* 89 (2018): 1, 4–9. USGS Steelhead Committee Fly Fishers International. pubs.er.usgs.gov/publication/70195992

渴求沉积物

Smith, Norman D., et al. "Anatomy of an avulsion," *Sedimentology* 36.1 (1989): 1–23. doi.org/10.1111/j.1365-3091.1989.tb00817.x

———. "Dam-induced and natural channel changes in the Saskatchewan River below the E. B. Campbell Dam, Canada," *Geomorphology* 260 (2016): 186–202. doi.org/10.1016/j.geomorph.2016.06.041

Smith, Norman D., and Marta Pérez-Arlucea. "Natural levee deposition during the 2005 flood of the Saskatchewan River," *Geomorphology* 101.4 (2008): 583–594. doi.org/10.1016/j.geomorph.2008.02.009

Smith, Norman D. et al. "Channel enlargement by avulsion-induced sediment starvation in the Saskatchewan River," *Geology* 42 (2014): 355–358. https://doi.org/10.1130/G35258.1.

减少危害

Chen, W., and J. D. Olden. "Designing flows to resolve human and environmental water needs in a dam-regulated river," *Nature Communications* 8.2158 (2017). doi.org/10.1038/s41467-017-02226-4

Holtgrieve, G. W., et al. "Response to Comments on "Designing river flows…,"" *Science* 13.6398 (2018). doi.org/10.1126/science.aat1477

Kondolf, G. Mathias, et al. "Dams on the Mekong: Cumulative sediment starvation," *Water Resource Research* 50.6 (2014): 5158–5169. doi.org/10.1002/2013WR014651

———. "Sustainable sediment management in reservoirs and regulated rivers: Experiences from five continents," *Earth's Future* 2 (2014): 256–280. doi.org/10.1002/2013EF000184

Sabo, J. L., et al. "Designing river flows to improve food security futures in the Lower Mekong Basin," *Science* 358.6368 (2017). doi.org/10.1126/science.aao1053

Schmitt, R. J. P., et al. "Improved trade-offs of hydropower and sand connectivity by strategic dam planning in the Mekong," *Nature Sustainability* 1 (2018): 96–104. www.nature.com/articles/s41893-018-0022-3

Zarfl, C., et al. "A global boom in hydropower dam construction," *Aquatic Sciences* 77.1 (2015): 161–170. doi.org/10.1007/s00027-014-0377-0

未来的水轮；小型水电，广阔中国

Harlan, Tyler. "Rural utility to low-carbon industry: Small hydropower and the industrialization of renewable energy in China," *Geoforum* 95 (2018): 59–69. doi.org/10.1016/j.geoforum.2018.06.025

Hennig, Thomas, and Tyler Harlan. "Shades of green energy: Geographies of small hydropower in Yunnan, China and the challenges of over-development," *Global Environmental Change* 49 (2018): 116–128. doi.org/10.1016/j.gloenvcha.2017.10.010

Khennas, Smail, and Andrew Barnett. *Best practices for sustainable development of micro hydro power in developing countries* (Department for International Development, UK: 2000). openknowledge.worldbank.org/handle/10986/20314

Low Impact Hydropower Institute, 2018. lowimpacthydro.org/wp-content/uploads/2018/05/2018LIHIFactSheet.pdf

Low Impact Hydropower Institute, "Pending Applications." lowimpacthydro.org/pending-applications-2/

被烹煮的蛇头鱼；最"先进"的三文鱼；偶发性的水产养殖

Brooks, A., et al. *A characterization of community fish refuge typologies in rice field fisheries ecosystems* (Penang, Malaysia: WorldFish, 2015).

Brown, David A. "Stop Asian Carp, Earn $1 Million," 2 Feb. 2017. www.outdoorlife.com/stop-asian-carp-earn-1-million/

Food and Agriculture Organization of the United Nations. *2018 The State of World Fisheries and Aquaculture* (2018). www.fao.org/state-of-fisheries-aquaculture/en/

Ge, Celine. "China's Craving for Crayfish Creates US$2 Billion Business," *South China Morning Post,* 26 June 2017. www.scmp.com/business/companies/article/2100001/chinas-craving-crayfish-creates-us2-billion-business

Love, Joseph W., and Joshua J. Newhard. "Expansion of Northern Snakehead in the Chesapeake Bay Watershed," *Transactions of the American Fisheries Society* 147.2 (2018): 342–349. doi.org/10.1002/tafs.10033

Lu, Lula, and John Crilley (founders and co-owners, FIn Gourmet Foods). Personal interview. Teleconference, 29 Aug. 2018. Paducah, KY.

Penn, Ivan. "The $3 Billion Plan to Turn Hoover Dam into a Giant Battery," *New York Times,* 24 July 2018. www.nytimes.com/interactive/2018/07/24/business/energy-environment/hoover-dam-renewable-energy.html

Rehman, Shafiqur, et al. "Pumped hydro energy storage system: A technological review," *Renewable and Sustainable Energy Reviews* 44 (2015): 586–598. doi.org/10.1016/j.rser.2014.12.040

Souty-Grosset, Catherine, et al. "The red swamp crayfish *Procambarus clarkii* in Europe: Impacts on aquatic ecosystems and human well-being," *Limnologica* 58 (2016): 78–93. doi.org/10.1016/j.limno.2016.03.003

旧河新用；价值 30 亿美元的电池；抽空碗状峡谷；黑暗沙漠公路

Calico, Rachel (USACE), Caitlin Campbell (USACE), Angela DeSoto (Jefferson Parish), and Larry Nulty (Pump Station Superintendent). Personal Interviews. 14 Dec. 2017. SELA "Pump to the River" pumping station at 1088 Dickory, Jefferson, LA.

Maloney, Peter. "Los Angeles Considers $3B Pumped Storage Project at Hoover Dam," *Utility Dive,* 26 July 2018. www.utilitydive.com/news/los-angeles-considers-3b-pumped-storage-project-at-hoover-dam/528699/

Metropolitan Water District of Southern California. "Metropolitan study demonstrates feasibility of large-scale regional recycling water program," 9 January 2017. www.mwdh2o.com/PDF_NewsRoom/RRWP_FeasibilityStudyRelease.pdf

Kightlinger, Jeffrey. Personal Interview, 16 Sept. 2017, at the Metropolitan Headquarters in Los Angeles, California. Other Kightlinger heard at the Groundbreaking Ceremony for the Regional Recycled Water Advanced Purification Center, 18 Sept. 2017, at the Joint Water Pollution Control Plant (JWPCP), Carson, California.

"Southeast Louisiana Urban Flood Control Project—SELA," U.S. Army Corps of

Engineers, Feb. 2018. www.mvn.usace.army.mil/Portals/56/docs/SELA/SELA Fact Sheet Feb 2018.pdf. rsc.usace.army.mil/sites/default/files/MR&T_17 Jun15_Final.pdf

Wehner, Michael. Personal Interview, 20 Sept. 2019, at the Orange County Water District GWRS (Groundwater Replenishment System), Fountain Valley, California.

第八章 渴求数据

河流的目的

Blom, A., et al. "The graded alluvial river: Profile concavity and downstream fining," *Geophysical Research Letters* 43.12 (2016): 6285–6293. doi.org/10.1002/2016GL068898

Cassis, N. "Alberto Behar (1967–2015)," *Eos* 96 (2015). doi.org/10.1029/2015EO032047

Mackin, J. H. "Concept of the Graded River," *Bulletin of the Geological Society of America* 59 (1948): 463–512. doi.org/10.1177/030913330002400405

辛苦劳作 vs 冰与火两重天

Magilligan, F. J., et al. "Geomorphic effectiveness, sandur development and the pattern of landscape response during jökulhlaups: Skeiðarársandur, southeastern Iceland," *Geomorphology* 44.1–2 (2002): 95–113. doi.org/10.1016/S0169-555X(01)00147-7

Smith, L. C., et al. "Estimation of erosion, deposition, and net volumetric change caused by the 1996 Skeiðarársandur jökulhlaup, Iceland, from Synthetic Aperture Radar Interferometry," *Water Resources Research* 36.6 (2000): 1583–1594. doi.org/10.1029/1999WR900335

———. "Geomorphic impact and rapid subsequent recovery from the 1996 Skeiðarársandur jökulhlaup, Iceland, assessed with multi-year airborne lidar," *Geomorphology* 75 (2006): 65–75. doi.org/10.1016/j.geomorph.2004.01.012

记录地球的人

Allen, G. H., et al. "Similarity of stream width distributions across headwater systems," *Nature Communications* 9.610 (2018). doi.org/10.1038/s41467-018-02991-w

Allen, G. H., and T. M. Pavelsky. "Global extent of rivers and streams," *Science* 361.6402 (2018): 585–588. doi.org/10.1126/science.aat0636

Cooley, S. W., et al. "Tracking Dynamic Northern Surface Water Changes with High-Frequency Planet CubeSat Imagery," *Remote Sensing* 9.12 (2017): 1306. doi.org/10.3390/rs9121306

Fishman, Charles. *One Giant Leap* (New York: Simon & Schuster, 2019).

Gleason, Colin J., and Laurence C. Smith. "Toward global mapping of river discharge using satellite images and at-many-stations hydraulic geometry,"

Proceedings of the National Academy of Sciences (PNAS) 111.13 (2014): 4788–4791. doi.org/10.1073/pnas.1317606111

Gleason, C. J., et al. "Retrieval of river discharge solely from satellite imagery and at-many-stations hydraulic geometry: Sensitivity to river form and optimization parameters," *Water Resources Research* 50 (2014): 9604–9619. doi.org/10.1002/2014WR016109

Pekel, J.-F., et al. "High-resolution mapping of global surface water and its long-term changes," *Nature* 540 (2016): 418–422. doi.org/10.1038/nature20584

Smith, L. C., and T. M. Pavelsky. "Estimation of river discharge, propagation speed, and hydraulic geometry from space: Lena River, Siberia," *Water Resources Research* 44.3 (2008): W03427. doi.org/10.1029/2007WR006133

戴上你的3D眼镜；当大数据遇上全球水域；模型的威力

Alsdorf, D. E., et al. "Amazon water level changes measured with interferometric SIR-C radar," *IEEE Transactions on Geoscience and Remote Sensing* 39.2 (2001): 423–431. doi.org/10.1109/36.905250

———. "Interferometric radar measurements of water level change on the Amazon flood plain," *Nature* 404 (2000): 174–177. doi.org/10.1038/35004560

———. "Spatial and temporal complexity of the Amazon flood measured from space," *Geophysical Research Letters* 34 (2007): L080402. doi.org/10.1029/2007GL029447

Altenau, Elizabeth H., et al. "AirSWOT measurements of river water surface elevation and slope: Tanana River, AK," *Geophysical Research Letters* 44 (2017): 181–189. doi.org/10.1002/2016GL071577

Biancamaria, S., et al. "The SWOT Mission and Its Capabilities for Land Hydrology," *Surveys in Geophysics* 37.2 (2016): 307–337. doi.org/10.1007/s10712-015-9346-y

Deming, D. "Pierre Perrault, the Hydrologic Cycle and the Scientific Revolution," *Groundwater* 152.1 (2014): 156–162. doi.org/10.1111/gwat.12738

Pavelsky, Tamlin M., et al. "Assessing the potential global extent of SWOT river discharge observations," *Journal of Hydrology* 519, Part B (2014): 1516–1525. doi.org/10.1016/j.jhydrol.2014.08.044

Pitcher, Lincoln H., et al. "AirSWOT InSAR Mapping of Surface Water Elevations and Hydraulic Gradients Across the Yukon Flats Basin, Alaska," *Water Resources Research* 55.2 (2019): 937–953. doi.org/10.1029/2018WR023274

Rodríguez, Ernesto, et al. "A Global Assessment of the SRTM Performance," *Photogrammetric Engineering & Remote Sensing* 3 (2006): 249–260. doi.org/10.14358/PERS.72.3.249

Shiklomanov, I. A. "World Fresh Water Resources," in P. H. Gleick, ed., *Water in Crisis* (New York: Oxford University Press, 1993), 13–24.

第九章 重新发现河流

非自然的区隔

Kesebir, S., and Pelin Kesebir. "A Growing Disconnection from Nature Is Evident in Cultural Products," *Perspectives on Psychological Science* 12.2 (2017): 258–269. doi.org/10.1177/1745691616662473

New York State Department of Environmental Conservation, Fish and Wildlife, 625 Broadway, Albany, NY 12233-4754.

Pergams, Oliver R. W., and Patricia Zaradic. "Evidence for a fundamental and pervasive shift away from nature-based recreation," *Proceedings of the National Academy of Sciences (PNAS)* 105.7 (2008): 2295–2300. doi.org/10.1073/pnas.0709893105

Prévot-Julliard, A.-C., et al. "Historical evidence for nature disconnection in a 70-year time series of Disney animated films," *Public Understanding of Science* 24.6 (2015): 672–680. doi.org/10.1177/0963662513519042

Price Tack, Jennifer L., et al. "Managing the vanishing North American hunter: a novel framework to address declines in hunters and hunter-generated conservation funds," *Human Dimensions of Wildlife* 23.6 (2018): 515–532. doi.org/10.1080/10871209.2018.1499155

U.S. Fish and Wildlife Service, "Historical License Data." wsfrprograms.fws.gov/Subpages/LicenseInfo/LicenseIndex.htm

Zaradic, Patricia, and Oliver R. W. Pergams, "Trends in Nature Recreation: Causes and Consequences," *Encyclopedia of Biodiversity* 7 (2013): 241–257. doi.org/10.1016/B978-0-12-384719-5.00321-X

自然与大脑

Barton, Jo, and Jules Pretty. "What is the best dose of nature and green exercise for improving mental health? A multi-study analysis," *Environmental Science and Technology* 44.10 (2010): 3947–3955. doi.org/10.1021/es903183r

Barton, Jo, Murray Griffin, and Jules Pretty. "Exercise-, nature- and socially interactive-based initiatives improve mood and self-esteem in the clinical population," *Perspectives in Public Health* 132.2 (2012): 89–96. doi.org/10.1177/1757913910393862

Berman, M. G., et al. "The Cognitive Benefits of Interacting with Nature," *Psychological Science* 19.12 (2008): 1207–1212. doi.org/10.1111/j.1467-9280.2008.02225.x

Brown, Adam, Natalie Djohari, and Paul Stolk. *Fishing for Answers: The Final Report of the Social and Community Benefits of Angling Project* (Manchester, UK: Substance, 2012). resources.anglingresearch.org.uk/project_reports/final_report_2012

Freeman, Claire, and Yolanda Van Heezik. *Children, Nature and Cities* (London: Routledge, 2018).

Kuo, M. "How might contact with nature promote human health? Promising mechanisms and a possible central pathway," *Frontiers in Psychology* 25 (2015): 1–8. doi.org/10.3389/fpsyg.2015.01093

Louv, Richard. *Last Child in the Woods* (Chapel Hill, NC: Algonquin Books of Chapel Hill, 2008).

———. *The Nature Principle: Reconnecting with Life in a Virtual Age* (Chapel Hill, NC: Algonquin Books of Chapel Hill, Reprint Edition, 2012).

Nichols, Wallace J. *Blue Mind* (New York: Little, Brown and Company, 2015).

曼哈顿的三个瞬间

Beauregard, Natalie. "High Line Architects Turn Historic Brooklyn Sugar Factory into Sweet Riverside Park," *AFAR*, 6 June 2018. www.afar.com/magazine/a-riverfront-park-grows-in-brooklyn

"History of the Yard." *A Place to Build Your History*, Brooklyn Navy Yard. brooklynnavyyard.org/about/history

Kimball, A. H., and D. Romano. "Reinventing the Brooklyn Navy Yard: a national model for sustainable urban industrial job creation," *WIT Transaction on the Built Environment* 123 (2012): 199–206. doi.org/10.2495/DSHF120161

Pulver, Liz (Landscape Architect PLLC, Liz Pulver Design). Personal Interview. 25 March 2018. Brooklyn, NY.

Tamir, Karen (James Corner Field Operations), and Jovana Rizzo (Berlin Rosen). Personal Interviews. 11 May 2018. Greenpoint Landing, Brooklyn, NY.

全球各地的城市重建；当城市人口变成大多数

Barragan, Bianca. "Mapped: 21 Projects Rising along the LA River," *Curbed Los Angeles*, 3 May 2018. la.curbed.com/maps/los-angeles-river-development-map-sixth-street-bridge

"Battersea Power Station." Battersea Power Station Iconic Living. batterseapowerstation.co.uk

"Brooklyn Bridge Plaza." Brooklyn Bridge Park. www.brooklynbridgepark.org/pages/futurepark

Chiland, Elijah. "New Plans Could Reshape 19 Miles of the LA River, from Vernon to Long Beach," *Curbed Los Angeles*, 14 Dec. 2017. la.curbed.com/2017/12/14/16776934/la-river-plans-revitalization-vernon-long-beach

Cusack, Brennan. "Egypt Is Building Africa's Tallest Building," *Forbes*, 28 Aug. 2018. www.forbes.com/sites/brennancusack/2018/08/28/egypt-is-building-africas-tallest-building/#3ead57512912

da Fonseca-Wollheim, Corinna, "Finally, a Debut for the Elbphilharmonie Hall in Hamburg," *New York Times*, 10 Jan. 2017. www.nytimes.com/2017/01/10/arts/music/elbphilharmonie-an-architectural-gift-to-gritty-hamburg-germany.html

Garcetti, Eric. "Mayor Garcetti Celebrates Final Acquisition of Land Considered 'Crown Jewel' in Vision to Revitalize L.A. River," Mayor Eric Garcetti, City of Los Angeles, 3 Mar. 2017. www.lamayor.org/mayor-garcetti-celebrates-final-acquisition-land-considered-%e2%80%98crown-jewel%e2%80%99-vision-revitalize-la-river

Garfield, Leanna. "6 Billion-Dollar Projects That Will Transform London by 2025," *Business Insider,* 22 Aug. 2017. www.businessinsider.com/london-mega projects-that-will-transform-the-city-2017-8

"Mott Haven–Port Morris Waterfront Plan." South Bronx Unite. southbronx unite.org/a-waterfront-re-envisioned

"New York City Comprehensive Waterfront Plan," *Vision 2020,* NYC Department of City Planning. www1.nyc.gov/site/planning/plans/vision-2020-cwp/vision-2020-cwp.page

United Nations Department of Economic and Social Affairs. "2018 Revision of World Urbanization Prospects," Publications, www.un.org/development/desa/publications/2018-revision-of-world-urbanization-prospects.html

White, Anna, "Exclusive First Look: London's 4.2bn Pound Thames Tideway Super Sewer Is an Unprecedented Planning Victory to Build into the River," *Homes & Property,* 4 Sept. 2018. www.homesandproperty.co.uk/property-news/buying/new-homes/londons-new-super-sewer-to-open-up-the-thames-with-acres-of-public-space-for-watersports-arts-and-a123641.html